정신역동
임상미술치료
방법론

okmhc 정신건강지침서 1편

정신역동 임상미술치료 방법론

옥금자 지음

圖書出版 하나醫學社

서 문

이 책을 쓰게 된 배경은, 현재 임상현장에 있고 이미 정신역동이론을 학습하였지만 치료관계와 실천에서 오는 혼돈으로 갈등하고 있는 분들과 정신역동 관점에서 임상대상을 이해하려고 노력하는 학습과정에 있는 미술치료사들과 대학원생들 그리고 정신역동미술치료사가 되고자 하는 분들에게 도움이 되고자 시작하였다. 특히 임상가로서 실천하고 있는 치료사들이 이 책을 통해 학습하는 동안 자신의 임상과정에서 경험되는 마음의 움직임을 살피고 되돌아보는 기회가 되어, 혹시라도 아직 살펴보지 못했거나 미해결된 내면의 과제로 인해 갈등하고 있다면 통찰을 향한 자기분석에 활용되어 성숙한 전문가로서 뿌리내리는데 도움 되기를 바라는 마음으로 이 책을 썼다.

이 책은 이미 출간된 “okmhc 정신건강지침서” 2편(이상심리 미술치료 지침서)과 3편(신경발달장애와 행동장애 미술치료)에서 밝혔듯이 “청소년임상미술치료방법론”의 전반부 내용인 임상방법영역의 내용을 구체화하였고, 일부는 2008년부터 정신건강상담사와 학교미술치료사 훈련과정에서 제공되었던 사례개념화와 위기개입에 대한 내용을 포함하고 있다. 과거에 간호사로서 가족상담사로서 학교상담사로서 정신건강의학전문영역에서의 경험 속 핵심 대상이 정신건강의학과의 도움을 받아야하는 고통을 가진 대상들이었기에, 그동안 임상가로서 교육자로서 살아온 30년 이상의 경험을 통합하여 후배들에게 전달해야한다는 소망이 있었다. 그렇듯 이 책은 아마도 그동안에 출간된 19권의 책들 가운데 가장 기초적이면서 중심적인 모든 임상에서 반드시 함께 보아야할 안내서일 것이다.

이 책의 구성은 크게는 2부로 구성되었다. 제1부에서는 임상 시작 전에 숙지해야할 기초준비로, 역동심리치료의 구조와 환경에서 요구되고 숙지하고 있어야할 치료울타리로서의 환경, 합리적 비합리적 전이·역전이 탐색과 이해, 치료관계에서 유의해야할 추가사항들을 다루고 있다. 제2부에서는 임상사례접근의 구체적인 방법으로 크게는 평가, 사례개념화, 개입방법 등 세 영역으로 나누어 제시하였다. 임상평가를 위한 개념적 요소들에서는 치료관계 가능성 평가를 위한 틀, 정신역동평가를 위한 필요요소와 이론적 근거, 성격발달수준과 이상 징후진단, 정신역동평가의 과정 등에 대해 다루고 있다. 사례개념화 내용에서는 사례개념화를 시작하기 전에 생각해봐야 하는 요소들, 초기평가면담을 위한 원리, 역동적 사례개념화의 기본요소와 적용방법에 대해 구체적으로 제시하고 있다. 마지막으로 치료체계화와 개입을 위한 방법으로 청소년 개입의 개별, 집단, 가족, 위기개입, 보호시설 등에서의 접근방법들, 치료에서의 실천내용을 좋은 기록으로 남기기 위해 기억하고 있어야 할 사항들, 임상평가와 종결시점에서 무엇을 확인하고 고려해야하는지 등에 대한 방법을 담고 있다.

이 책의 전반적인 내용 부분들에서 언급하고 있는 "치료대상, 그, 도움이 필요한"이라는 표현들은 모두 치료의 주요대상인 즉 일반적으로 사용하고 있는 용어로는 "내담자"를 의미한다.

나는 흔히 도움이 필요한 사람의 의미를 내포하고 있는 "클라이언트"라는 개념을 선호해왔는데, 그 이유는 나의 치료접근법이 치료실에 오는 사람만을 돕는 것이 아니라 도움을 필요로 하는 사람이 있으면 어디든지 찾아가는 포괄적 통합적 접근법에 기초해야한다고 믿고 있으므로 교육현장에서 늘 클라이언트라는 확장된 개념을 강조해 왔다. 그러나 치료사들의 대부분이 이 개념을 낯설어하고 내담자라는 개념을 사용하는데 익숙하여 클라이언트를 내담자로 수정했으나, 나로서는 이 내담자라는 개념이 불편했을 뿐만 아니라 독자가 익숙하지 않는 개념을 고집하는 것도 피해가고 싶은 마음에 치료대상이라는 표현을 언급하게 되었다는 것도 밝힌다.

이 책을 읽는 독자들이 대부분 치료사와 상담사 특히 미술치료사들일 것이므로, 서두에서 이미 밝혔듯이 나의 기대는 이 책을 단편적인 학습 도구로써가 아니라 실천적 치료관계 안에서 그리고 한 인간으로서 자신의 내적탐구로 연결되고 성숙으로 가는 작업이 함께 이어지기를 간절히 소망한다. 이 마음을 드러내고 보니 내 삶의 동무이자 소중한 아이인 그녀가 아른거린다. 끊임없이 자기를 느끼며 걷는 걸음걸음에 묻어나는 마음이 엿보여 시리도록 아프기도 고맙기도 한 그녀의 과정이…… 오늘은 특히 그녀를 위해 기도한다.

하나의학사 오무근 사장님의 오늘도 내일도 건강하시고 제주에서의 공간도 좋음으로 채워지시기를 기원하며, 늘 마음으로 찾아와 도와주시는 하나의학사의 새로운 대표 소정영님의 나날도 평안함으로 이어지시기를 기도한다. 오늘도 나에게 아픈 부위를 내보이며 통증을 호소하는 분들을 위해서도, 늘 도움을 요청해오지만 끊임없이 내게 가르침을 주는 모든 분들의 계속되는 성숙과 평안을 위해서도 기도한다.

사랑하는 며느리와 축복의 빛으로 온 아기와 현성이를 위해서도 나의 가족 김춘남님과 혜진이와 혜원이와 현준이와 막내 혜천이에게 사랑의 마음을 전한다. 특히 큰딸이 시작한 '두 개의 공간'이 원하는 대로 잘 성장해 가고, '꿈 앤 만달라'로 전하는 치유의 이야기가 많은 분들에게 기쁨으로 전해지도록 나 또한 더욱 성숙한 오늘이기를 소망하며 마친다.

장한평에서의 작은 여유를 감사하며

옥금자

차 례

서문 … 5

제1부 임상시작 전에 숙지해야 할 기초준비 … 15

제1장 역동심리치료의 구조와 환경설정 … 16

치료울타리로서의 환경 … 16
물리적 환경 설정하고 구조화하기 … 17
심리적 환경으로서 관계 창조하기 … 20
치료계약을 명료화하기 … 22
심리적 공간 제공하고 유지하기 … 25
치료의 매 회기 시작과 종료시점에 주의 기울이기 … 26
임상 범위와 한계 인식하고 의뢰하기 … 30
치료사의 욕구 자제하고 치료대상을 있는 그대로 보기 … 34

합리적 비합리적 전이 • 역전이 탐색과 이해 … 37
치료사 자신을 치료대상의 내면세계에 맞추기 … 37
전이대상 다루기 … 40
치료거부와 저항에 대처하기 … 41
해석에 대한 반응과 관련짓기 … 44
치료사 자기 사용하기 … 47
반응하는 치료사로서 균형 유지하기 … 49
임상감독을 통해 역전이 대처하기 … 50
해결되지 않은 치료사 자신의 갈등이 치료관계에 미치는 영향 다루기 … 52

치료관계에서 유의하고 숙지해야 할 추가사항 … 53
방어욕구 이해하고 임상적으로 다루기 … 53
치료사 자신을 신뢰하기 … 56
종결에 대한 양가감정 다루기 … 58

제2부 임상사례접근의 구체적 방법 … 61

제2장 미술치료에서 임상평가를 위한 개념적 요소들 … 62

치료관계 가능성 평가를 위한 틀 … 63
- 평가면담의 안전한 틀 갖기 … 63
- 평가면담이 필요한 이유 바르게 알기 … 65
- 치료관계 유지능력 평가하기 … 67
- 이해할 수 없는 특성을 단순화시키지 않기 … 67
- 공감 전달로 치료회피 예방하기 … 69

정신역동적 평가를 위한 필요요소와 이론적 근거 … 70
- 역동진단을 위해 고려해야할 사항 … 71
- 고전적 정신분석학적 시각에서의 진단법 … 71
- 자아심리학적 시각에서의 진단법 … 72
- 대상관계심리학적 시각에서의 진단법 … 73
- 자기심리학적 시각에서의 진단법 … 74

성격발달수준과 이상 징후진단 … 76

정신역동 평가의 과정 … 77

제3장 사례개념화와 개입에 필요한 요소들 … 78

사례개념화 전에 생각해 볼 사항 … 78

초기 평가면담의 기초원리 … 79
- 평가를 위한 환경 조성하기 … 80
- 발달수준의 성숙도 평가하기 … 82
- 애착행동과 애착에 대한 기억 평가하기 … 83
- 내적갈등과 작업능력 평가하기 … 85

역동적 사례개념화의 기본요소와 적용 … 85
사례를 공식화하기 위한 토대 갖기 … 86

초기면담의 목적과 방법 바로 알기 … 87
의뢰경로는 무엇인가? … 89
주요 문제는 무엇인가? … 90
가장 최고수준으로 기능했던 시기와 그 수준은 어느 정도인가? … 90
의학적 진료 및 약물처방 또는 미술치료나 기타상담경험이 있는가? … 91
왜 지금에서 문제를 해결하려고 하는가? … 92
현재 겪고 있는 갈등은 어느 정도이며, 그 갈등은 객관성이 있는가? … 92
가족은 적극적으로 치료에 협조할 것인가? … 94
간과한 중요한 무의식적인 내용은 없었는가? … 95

초기면담이 함축하고 있는 구성요소 이해하고 준비하기 … 96
이상적인 면담공간이란 어떤 모습인가? … 97
면담의 주목적은 무엇인가? … 98
누구를 먼저 만날 것인가? … 99
자신이 왜 이곳에 와 있는지 모른다면 어떻게 할 것인가? … 100
주관적 세계와 객관적 세계에 대해 어떻게 이해할 것인가? … 101
작품에 대한 심층적 접근을 하고 있는가? … 103
기록내용과 기억내용의 균형은 어떠한가? … 104
개인력과 작품표현의 관련성을 어떻게 이해할 것인가? … 104
비밀보장문제와 관련하여 부모개입은 어떻게 할 것인가? … 105
전이와 역전이 탐색은 우리에게 무엇을 알려주는가? … 106

주호소와 증상의 의미 이해하고 임상에 적용하기 … 107
주호소가 갖는 의미와 우선 확인해야하는 것은 무엇인가? … 108
문제에 대한 가족과 주변체계의 시각을 어떻게 이해할 것인가? … 109
주호소와 증상의 관계는 무엇인가? … 110

개인력 탐색하기 … 112
개인력을 확인하는 이유는 무엇이며 적정 시기는 언제인가? … 112
출산준비와 부모환경 이해는 왜 필요한가? … 114
기질적문제의 가능성을 파악하기 위해 무엇을 확인해야하는가? … 115
영・유아기에는 어떠한 특성이 있었는가? … 116
유・아동기에는 어떠한 특성이 있었는가? … 118
학령기에는 어떠한 특성이 있었는가? … 119
청소년기에는 어떠한 특성이 있었는가? … 121
개인력 탐색에서 발견된 강점을 어떻게 활용할 것인가? … 125
성인기 및 중년기에는 어떠한 특성이 있었는가? … 126
은퇴기에는 어떠한 특성이 있었는가? … 128
노년기 개인력에 대한 평가기준은 무엇인가? … 129

가족력 탐색하기 … 130
그 가족만이 갖는 문화에는 무엇이 있는가? … 131
대물림되고 있는 의식이나 유전요소가 있는가? … 133
가족 내에 어떠한 위기상황이 있는가? … 134

드러난 문제의 요인에 대해서 확인하기 … 135
문제의 현재 상태는 어떠한가? … 136
문제를 발생시킨 유발요인은 무엇인가? … 136
문제를 지속시키는 요인이 있는가? … 138

긍정적 자원과 취약성 확인하기 … 139
임상에서 자원이란 무엇인가? … 140
자원평가를 하는 이유는 무엇인가? … 141
자원평가를 위한 면담기술이 있는가? … 141
자원평가를 위해 도움 되는 척도는 무엇인가? … 142

치료에서 자원사용과 문제 극복에 장애가 되는 요소 확인하기 … 143
치료에 영향을 미치는 장애물에는 어떠한 것이 해당하는가? … 144
임상적 문제와 장애물의 관계는 무엇인가? … 147
장애물 관련하여 치료사의 역할은 무엇인가? … 148

확인된 핵심문제에 대해 이론적으로 설명해내기 … 150

수집된 정보를 토대로 치료목표 설정하기 … 151
목표설정에서 고려되어야 할 사항은 무엇인가? … 151
목표설정의 핵심조건은 어디에 두어야 하는가? … 152
목표설정의 동기화와 적합성을 위한 전략은 무엇인가? … 153
목표측정을 위한 필요요소는 무엇인가? … 153
비자발적인 참여자의 목표는 어떻게 설정할 것인가? … 153
목표의 바람직한 용어사용은 무엇인가? … 154
목표설정에서 치료사가 경험할 수 있는 윤리적 딜레마는 무엇인가? … 155

치료목표에 근거한 계획세우기 … 156
계획을 세운다는 것은 무엇인가? … 156
치료계획은 임상에서 어떻게 활용되는가? … 157
치료계획의 사전 재점검은 왜 필요한가? … 160
치료계획은 어떻게 구성되는가? … 161

제4장 미술치료 체계화와 개입을 위한 방법 … 163

아동청소년 개입에서 고려해 보아야할 사항들 … 164

청소년 개별접근의 방법 … 164
청소년의 최대관심사는 무엇인가? … 166
외부의 스트레스를 어떻게 이해하고 다룰 것인가? … 167
은유적인 의사소통은 무엇을 의미하는가? … 167
거리두기란 무엇이며 어떻게 가능한가? … 168
박탈에 대한 홀딩은 적절한가? … 169
치료관계에서 간과된 메시지는 없었는가? … 170
적절한 매체가 사용되었는가? … 171

청소년 집단접근의 방법 … 172

청소년 가족접근의 방법 … 175

가족항상성문제를 어떻게 이해하고 중재해야 하는가? … 177

삼각관계가 가족관계에게 미치는 영향은 무엇인가? … 178

가족규칙에서 무엇을 확인할 수 있는가? … 179

가족신화의 의미와 기능은 무엇인가? … 180

가족경계선의 개념은 무엇이며 경계수준은 무엇을 알려주는가? … 181

가계도작성에서 필요한 기본적인 도식과 기호는 무엇인가? … 182

가족개입에서 질문의 범위는 어디까지인가? … 183

청소년 위기상황에서의 접근 방법 … 184

어머니(부모)개입 연습하기 … 188

청소년개입 연습하기 … 198

보호시설에서의 접근방법 … 206

임상기록에서 고려되어야할 사항들 … 210

임상평가에서 고려되어야할 사항들 … 219

종결시점에서 고려되어야할 사항들 … 224

종결준비하기 … 224

다른 기관에 의뢰하기 … 228

사후개입 또는 사후관리 약속하기 … 229

참고문헌 … 232

부록 … 237

찾아보기 … 273

제 1 부

임상시작 전에 숙지해야 할 기초준비

이 책은 미술치료의 임상현장에서 부딪히는 문제들에 구체적인 도움을 제공하기 위해 요구되는 기초이해로부터 시작한다. 전체적인 이론적 접근경향은 대상관계에 초점을 두었으므로 이 책을 읽는 독자들은 역동심리 특히 대상관계정신분석에 대한 기초적인 이해가 필요할 것이다. 또한 이 내용을 숙지하는 과정에서 스스로에게 질문을 던지고 탐색하는 자연스러운 경험을 통해 임상가로서의 준비와 치료를 위한 출구를 찾는데 자신감을 갖게 되리라 기대한다.

제 1 장

역동심리치료의 구조와 환경설정

모든 치료의 기본적인 기능은 안전한 환경 안에서 치료대상이 가지고 온 경험을 치료사로부터 이해받는 것으로부터 시작된다. 이에 치료사의 역할은 적극적인 경청을 통해 그가 자신의 경험과 현재생활에 미치는 영향을 돌아볼 수 있는 심리적 환경을 제공하고 유지하는 것이며, 이를 위해서는 치료실 외부로부터의 소음을 차단하고 내부의 조명과 편안한 의자 그리고 물 사용 및 매체의 적절한 준비와 치료활동의 특성에 효율적인 공간크기 등의 물리적 환경을 준비하는 것이다. 임상을 시작하기위해 준비되어야하는 이 필요요소 중에서 가장 중심적인 요소는 치료관계로서, 우리의 준비는 이러한 물리적 심리적 요소들과 관련한 몇 가지 조건들에 대해 살펴보는 것으로부터 시작하기로 하자.

치료울타리로서의 환경

도움이 필요한 치료대상을 위해 안전하고 안정된 작업환경을 준비하는 것은 치료사의 유일한 역할이자 몫이며 책임이다. 이것은 치료공간에 필요로 하는 여러 조건을 설정하고, 치료관계에 대한 약속이자 경계로서 틀을 마련하고, 심리적 공간을 구성하는, 치료사만이 할 수 있는 창조적 환경을 준비하는 것을 의미한다. 다음에서는 이에 대한 요소들을 사례와 연결하여 다루기로 한다.

물리적 환경 설정하고 구조화하기

치료의 물리적 환경이란 안전한 치료공간을 위한 울타리를 만드는 것이다. 치료실에 들어서는 첫 순간부터 이미 치료는 시작되므로 두 사람이 만나는 환경의 조건을 적절하게 설정한다는 것은 치료사가 해야 하는 가장 기본적인 역할이자 책임이다. 미술치료실의 위치와 크기 및 분위기는 치료대상의 연령, 발달수준, 질병유형과 정도, 목적에 따라 달라진다.

치료실의 일반적 조건

일반적으로 고려되어야할 점은 심리적인 안정감을 줄 수 있을 만큼 아늑하고, 작업에 몰입하는데 방해를 주지 않을 정도로 산만하지 않으며, 창작품을 만들 수 있도록 충분하고, 적절한 크기의 공간을 갖추고 유지되어야 한다. 더불어 자유로운 움직임에 불편감이 없을 정도의 분위기여야 한다. 조명은 자연광에 가까운 조명을 사용해야 하며, 싱크대와 같은 물을 사용할 수 있는 환경은 미술치료실에서 없어서는 안 되는 중요한 부분이다. 의자와 책상을 사용할 것인지 바닥을 사용할 것인지도 고려되어야 한다.

안전한 치료환경

미술치료실의 또 다른 촉진적인 물리적환경은 공간의 안전성이다. 예를 들면, 깨질 수 있는 도구와 날카로운 위험성 있는 도구는 안전하게 보관하고 필요시 사용하도록 배려해야하며 창작과정에 방해받지 않아야 한다. 사용할 재료는 언제나 같은 위치에 정리되어 있어야하며 가구는 불필요하게 교체되거나 바꾸지 않음으로서 환경의 신뢰도를 유지해야한다. 치료실 내부에 치료사의 개인상징물이나 징표 또는 종교적인 내용물 같은 것을 비치하는 것은 경우에 따라서 다를 수 있으나, 치료사의 삶을 우발적으로 드러내는 것이 되며 치료환경에 방해요소가 될 수 있으므로 유의해야 한다. 공간과 재료의 사려 깊은 준비는 존중받는다는 느낌을 갖게 할 뿐 아니라 양육적 음식을 대접받는 경험을 가능하게 한다.

치료 관계 약속과 조건

이 외에도 치료환경과 관련하여 고려되어야하는 조건에는 시간, 회기, 비용과 지불방법, 약속 취소시의 조건, 전화 가능시간 등의 내용이 포함된다. 이러한 조건들은 물리적 환경에 포함된 치료의 외적 틀로서 약속이기도 한 반면에 심리적인 울타리이기도 하다. 치료사가 최선을 다해 준비한 치료적 틀이라 해도 치료대상은 때때로 무시하고 약속을 지키지 않거나 상식적이지 못한 요구를 해 오기도 한다.

그들이 치료관계에서 약속에 긍정적으로 반응하든 아니든 간에 치료 상황에서 나타내는 감정과 행동은 그의 일상적인 관계패턴을 보여주는 것일 것이다. 이러한 경우 치료사는 대상관계의 한 단면을 시연하는 것으로 이해하고 반드시 치료적으로 다루어야 한다. 다음 사례는 치료공간에 투사된 한 여성의 감정을 이해하게 한 사례이다.

치료공간의 상징성

그 당시 38세인 그녀는 주변으로부터 자녀문제에 대해 전문가도움이 필요하다는 권유를 받고 방문했었다. 치료실에 들어서자마자 불안이 역력히 드러나는 표정으로 자리에 앉지도 못하고 선채로 "이 공간이 너무 어둡고 습하고 자신이 동굴 속에 갇힌 것 같다"며 불만을 쏟아내기 시작했다.

자리에 앉기를 거부하며 짜증을 내는 그녀에게 나는 다른 방으로 옮겨갈 수 있음을 제안하고 안내했지만 역시 같은 반응으로 그녀는 아랑곳없이 불만을 쏟아냈다. 그러한 그녀에게 나는 방석과 따뜻한 차를 제공했는데 그러한 나의 태도와 좌식형태의 공간구조가 그녀의 감정을 다소 진정시키는데 도움을 주었는지 점차 태도는 안정되어 갔다.

개별성에 따른 공간의 상징적 의미

처음 안내되었던 그 곳(당시에 내가 사용하고 있었던 연구소 공간은 4개의 방으로 구성되어 있었고 안내했던 방은 가장 안쪽에 있는 공간이었으며, 아동과 부모의 움직임과 역동을 관찰하기위해서 공간에 여유가 있는 조용한 곳이었다. 이 일로 인해 나는 사전 정보가 없는 대상에 대해서 그리고 "안쪽, 깊은"이라는 느낌에 대해 많이 생각하게 되었고 첫 만남에 안쪽 공간이 주는 의미에 대해 더 관심을 기울이고 대처하게 되었다)은 치료환경 중 가장 안쪽에 배치된 공간으로 사실상 어둡거나 습하지 않았으며 다만 가장 안쪽에 있기 때문에 삶의 경험과 생각하기에 따라 "깊은"이란 상징적 경험과 관련하여 무의식의 정서를 자극할 수 있겠다고 생각하게 한 그 날의 경험은 나의 임상에서 중요한 깨우침이었다. 아무튼 개인에 따라 투사요소와 관련하여 경험의 차이가 있을 수도 있는 방이었지만 대부분의 방문자들은 매우 안정적으로 느끼는 공간이었다.

이날 나는 아이의 상담보다 그녀의 상담이 더 시급하다는 생각을 했으므로 아이의 치료약속 이외에 부모개입의 통과의례적인 접근법에 대해 설명하고 강조함으로써 그녀와의 만남을 약속할 수 있었다. 일차적인 목표의 초기면담 과정에서 그녀의 개인치료약속이 가능했고 첫 만남의 상황을 재연하게 한 이미지가 이 후의 작업에서 등장했으므로 자연스럽게 그 날의 경험을 돌아보는 기회를 가질 수 있게 되었다. 그 과정을 통해 그녀는 자신의 감정에 대해 이야기할 수 있었고, 이 일로 인해 나는 그녀의 깊은 상처로 잠재해있는 어린 시절의 외상을 이해할 수 있었으며 그녀 역시 자신의 내적감정을 탐색할 수 있는 기회를 갖게 되었다.

최선을 다해 치료적울타리를 잘 준비한다 해도 잠재된 문제를 자극하여 투사가 일어나고 치료사를 공격하는 상황이 일어날 수 있다. 그러므로 어린 시절 외상이 있는 대상과 작업을 할 때는, 더욱 더 방어자세로 환경의 정당성을 설명하려고 하기보다는 행동 그 자체를 수용하고 개인에 적합하게 재배치하려는 노력이 필요하다.

개별성을 고려한 환경설정

모든 대상의 개별성에 맞춘 공간설정은 쉬운 일이 아니지만 이 사례를 통해 우리는, 현재의 계획된 환경을 확정적으로 여기거나 개인의 욕구를 무시해서도 안 되며, 세심한 배려와 관심을 제공함으로서 위안을 주고 중요한 단서를 끌어낼 수 있다는 것과, 물리적 심리적환경이 치료관계에 얼마나 중요한지를 알게 한다.

심리적 환경으로서 관계 창조하기

치료대상이 치료공간에서 불안, 화, 두려움, 소망 등 자신을 괴롭히는 다양한 생각과 경험을 마음대로 자유롭게 쏟아낼 수 있는 놀이적 환경을 심리적환경이라고 한다. 치료사가 치료대상의 경험을 받아들이고 그의 과정에 집중하고 공감함으로써, 그는 위안을 받으며 전능감을 경험하게 되고 자신의 갈등문제를 다루는 새로운 관계방식을 시도할 수 있는 용기를 갖게 된다.

심리적 환경

이러한 치료의 일차적인 심리적환경은 치료사의 준비된 마음자세라고 볼 수 있다. 때로는 신뢰하기 힘든 대상이 있을 수 있지만 인간의 근본적인 가능성을 믿고 관심을 가진다면 그 사람은 심리내면에 자기를 탐색할 수 있는 창조적 공간을 유지하게 될 것이다. 심리적환경은 치료사가 가진 “안아주기” 능력과 “담아주기” 능력에 의해 창조되며 전문적으로 훈련된 경험에 의해 불가능한 것도 가능하게 하는 능력이기도하다. 뿐만 아니라 놀이할 수 있는 치료대상과 치료사의 능력과 관심이 서로 만남으로서 가능해진다.

다음은 부모의 무감동한 방임적 정서환경과 심한 신체적 정서적학대로 인해 정신적 혼란을 겪고 있는 후기청소년의 사례이다. 이 사례에서는 물리적 환경을 유지하는 것과 같은 맥락에서, 치료사가 치료대상의 고통에 무감각하지 않으면서 일관성 있고 일정거리를 유지하는 자세가 치료관계의 신뢰성을 위해 얼마나 중요한지에 대해 생각하게 한다.

치료경험의 부정적 태도에 담긴 의미

> 첫 만남에서부터 침묵과 상담이 의미가 없을 거 같다는 말로 일관하는 그 아이에게 나는 이 시간을 어떻게 대처해야할지 잠시 망설이다 난화를 제시했다.
>
> 다행히 그 아이는 나의 제안을 받아들였고 순식간에 그려낸 난화에서 연상된 이미지를 찾아냈는데 전반적인 공통이미지는 "멸시와 무시"라는 표현이었다. 이 날의 특징적인 이미지는 "우산으로 태양을 가리고 서있지만 얼굴도 손도 발도 없는 사람"이었는데 그 아이는 "우산처럼 뜨거운 태양(멸시)을 막아주고 나를 지켜주는 사람이 있으면 좋겠다"라고 했다.
>
> 매 회기마다 상담을 하고 싶지 않다는 표현을 반복했으므로 나는 이 아이가 말하는 의미를 생각해보았을 때 거절에 대한 암시와 치료사의 신뢰를 확인하는 복합적인 의미로 받아들였고 우산으로 태양을 막아주는 사람을 필요로 한다는 의미는 언어표현과는 다르게 치료사의 필요를 원하고 있다고 느꼈다. 시간이 지나면서 그 아이는 치료관계에서 감사표현을 반복했지만 부모에게는 상담의 무의미와 치료가 별거 아니라는 표현을 반복함으로써 치료경험에 대해 부정적인 태도를 보였다.

이에 대해 나는 진정으로 이 아이가 원하는 절실한 마음에 대해 다시 생각해 보았고 그것에 대해 자기문제를 스스로 추론해 보도록 도우려고 노력했다. 치료관계에서 치료사의 행동과 태도는 심리적 치료환경의 설정과 유지에 있어서 핵심요소이다. 이 사례는 역전이요소와 관련하여 치료적 반응을 위해서는 단순히 상황마다의 반사적인 해석적 태도보다는 일정거리를 두고 유보적이고 절제된 관찰을 할 필요가 있음을 알려준다.

일정거리를 둔 절제된 관찰

치료계약을 명료화하기

물리적 환경에서 이미 말했듯이 치료계약은 상호책임에 대한 약속을 포함한 치료적울타리의 한 요소로서 치료대상과 치료자간의 합의하에 이뤄진 명시적 틀이자 윤리적 요소이다.

치료조건의 명시적 틀

첫 면담에서 치료사는 부모와 치료대상에게 치료조건에 대한 합의점을 찾기 위해 명시된 틀 안에서 설명하고 동의여부를 확인한다. 구체적으로는 주 1회(또는 2-3회) 50분씩 매주 같은 날 같은 시간에 같은 장소에서 치료를 실시한다. 치료가 종료될 때까지 치료관계를 약속한 그를 위해 치료사는 시간을 비워두므로 하루 전에 사전 약속이 없었다면 그가 치료시간에 참여하든 않든 간에 비용이 부과된다는 사실을 설명하며, 만약 부득이한 상황이 있을 경우 하루 전에 합의하여 일정에 대한 수정이 가능하다는 것에 대해서도 설명이 필요하다.

치료공간에서는 일상적인 환경에서와는 다르게 어느 정도 불가피한 퇴행문제가 등장할 수 있으며 치료사와 치료대상 두 사람 관계도 미숙한 수준으로 퇴행이 일어날 가능성을 배제할 수가 없다. 그러므로 적정수준의 비용문제를 명확히 하는 것은 치료사가 치료적울타리를 유지하고 관리하는데 반드시 필요한 계약명료화의 중요한 요소이다. 계약의 명료화 의미는 또한 치료사가 어떠한 개인과도 감정적 차원과 심리적차원 둘 다를 통합적으로 갖춘 상태에서 치료 작업에 임할 수밖에 없기 때문에 일어날 수 있는 현실적인 문제를 직시할 필요가 있다는 것을 포함한다.

계약의 명료화

심리적 환경에서 이야기되었듯이 치료사는 치료관계에서 일어날 수 있는 무의식적인 감정을 미리 차단하기 위해 상담초기에 행동방식의 기준을 세우고 명시화한다. 이러한 명시화는 단순히 시간과 비용 및 공간에 한정되지 않으며 전이를 일으키고 그것에 초점을 맞추기 위한 환경을 조성하는 문제이기도 하다. 다음의 사례는 피 감독자인 한 치료사의 사례로서 대부분의 치료사들에게 한번쯤은 있을법한 경험일 것이다.

최근에 개원한 이 치료사는 감독상황에서 아직 자신을 전문가라고 주장하기에는 불편한 마음이 있는 상태에서 치료관계를 약속하고 1시간 동안 면담을 했지만, 이후 예고 없이 오지 않거나 아이가 거부하여 치료를 지속할 수 없다고 알려오는 부모에게 치료비를 요구할 수가 없었다고 했다.

그러나 이러한 일이 반복되면서 치료사는 점점 그 부모에게 화가 나기 시작했고 그러한 화에 대한 죄책감으로 종종 스트레스를 받는 자기가 한심하다며 호소해 왔다. 이러한 일은 임상에서 간간히 있을 수 있는 일이며 오랜 임상경험이 있는 나 역시 예외가 아니다.

가학성과 지배욕이 투사된 반응

나는 그 치료사에게(그리고 나 자신에게) "우리는 약속한 그 시간에 한 사람의 그를 위해 시간을 비워 두고 준비하고 기다리고 있으며 그 시간에 다른 누군가를 대신 만나지 않는다는 사실을 분명하게 전달해야한다. 그러므로 약속시간에 참여하지 않았어도 비용을 지불해야하는 것은 당연하며 보충시간을 요구할 때는 비용을 추가로 지불해야한다는 사실을 명확히 해야 한다. 그도 자신의 치료시간에 치료사가 다른 대상을 만나지 못할 거라는 사실을 안다. 그럼에도 마음대로 시간을 조절하고 요구한다면 그의 내면에 있는 가학성이 투사된 결과라고 볼 수 있다.

치료사 역시 정한 틀과 무관하게 자신이 무시되어도 된다는 자학적 욕구와 지배욕 그리고 상처적인 자존심의 문제가 내재되어 있음과 관련될 수 있으니 이에 대해 깊이 생각해보자"라고 했다.

> 유사한 다른 사례에서는, 20대 후반의 한 여성이 시간을 잊었다며 수시로 약속된 시간에 오지 않고, 약속종료시간 10분도 채 남지 않은 시간에 오겠다거나 다른 날 시간을 내 달라거나 또는 오늘 못한 시간을 다음 주 상담에 2시간을 하겠다고 요구해왔다.
>
> 처음에는 반사적으로 그녀의 요구에 반응하여 일정표를 살피곤 했지만 내가 그녀의 요구를 들어주는 것이 그녀에게 어떠한 영향을 미칠지에 대해 깊이 생각하게 되었고, 그러한 그녀의 모습에 담긴 욕구는 무엇일지 그리고 나의 욕구는 무엇을 반영한 것인지 분석이 필요했다.

치료계약에 담긴 무의식적 의미

설령 내게 시간적 여유가 있고 규정된 시간에 참여하지 못한 그녀의 상황이 현실적으로 합당하다해도 나는 전이표현으로 해석해볼 의미가 있다고 생각했으며 전체적인 과정에서 노출되는 흐름과 상황을 이해할 필요가 있다고 느꼈다.

추가적인 상담을 원하는 욕구에는 실제로 치료관계의 공백에 대한 그녀의 감정과 관련이 있을 수 있음과 반복되는 행동에 함축된 무의식적 요소는 치료 상황에서 간혹 등장하는 그녀의 어린 시절 양육환경과 관련된다는 것을 깨닫는 것은 그리 어려운 일이 아니었다.

나는 우리가 세운 계약이 무의식적 의미를 탐구할 수 있는 명료한 지표가 되어 준다는 것을 의심치 않는다. 치료관계에서 전이관계는 강한 어떠한 감정과 내포되어 있다는 것과, 치료과정에서 약속의 취소나 어떠한 이유로 인한 공백도 합당한 이유가 있든 또는 실수였든 간에 치료대상의 심리적문제가 잠재되어 있다는 것 또한 무시하지 않아야 할 것이다.

심리적 공간 제공하고 유지하기

모든 역동적 치료관계의 시작은 치료대상이 지나온 자신의 경험과 내적 세계를 탐구하고 그것이 자신의 사회적 관계와 일상에 미치는 영향을 탐색하도록 심리적 공간(위니캇의 잠재적 공간 또는 중간공간에 해당하는 개념)을 제공하는 것이다. 치료사는 창작활동을 제공함으로써 예술언어가 말하는 것을 경청하고 받아들이고 치료대상의 내적세계에 스스로의 소리를 받아들일 수 있는 공간을 만들도록 지지하게 된다.

잠재적 공간

심리적공간은 앞의 심리적 환경에서도 말했듯이 치료사의 안아주기 능력과 담아주기 능력에 의해 창조된다. 치료사와 치료대상 두 사람만이 존재하는 치료공간은, 둘만이 공유하는 삶이 그 곳에서 시작되고 때로는 그 삶이 공격당하기도 하고 불안하고 두렵고 희망을 가지면서 환상과 현실이 교차되는 경험 속에서 갈등이 등장하지만, 이 과정은 새로운 관계를 시도하고 성장해가는 기회가 되기도 한다. 다음 사례는 그러한 과정을 거치면서 성장을 시도하고 있는 한 30대 여성의 사례이다.

안아주기와 담아주기 능력

사례의 여성은 10세 이전의 정신적 외상으로 인해 성인이 된 후에도 지속적으로 그 당시 외상에 대한 트라우마에 시달리고 있었고 그로 인해 사회적 관계에 어려움을 겪고 있었다.

외상과 이미지접근법

그녀는 첫 만남에서 불안한 마음이 역력히 드러나는 표정으로 긴 숨을 몰아쉬며 한동안 침묵을 지켰다. 한참 후에야 그녀는 자신의 손은 늘 땀에 젖어있고 머릿속은 알 수 없는 것들로 꽉 차 있고 자신의 몸 또한 쓰레기냄새 같은 것으로 채워져 있어서 아무리 씻어도 소용이 없다고 격한 목소리로 말하기 시작했다.

첫 만남에서 내가 그녀의 고통스러운 마음 속 깊은 곳으로부터 울려오는 이야기를 경청하고 공감함으로서 감정이 안정된 즈음에, 이미지사용의 치료방법에 대해 소개했을 때 그녀는 그림에 소질이

경청과 공감

없는데… 라고 했다. 치료를 받기위해서 그림소질이 있어야하는 것은 아니라는 설명에도 머뭇거림이 있었지만 곧 무언가를 극적이기 시작했고 표현된 이미지에 대해 "이것이 내 몸과 머릿속의 모습이에요"라고 했다.

표현된 이미지는 매우 복잡하고 얽혀있는 듯 빈 공간을 찾을 수 없을 정도로 꽉 차있었지만, 회기가 진행될수록 그녀가 표현한 이미지와 공간사용은 점점 여유가 생기고 적합한 색과 형태로 구성되어갔다.

심리적 삶이 존재하는 공간

그녀와의 만남이 있었던 그 치료 작업공간은, 오직 그녀와 나 두 사람만의 심리적 삶이 존재하고 그 안에서 드러나는 여러 가지 생각과 감정 상태들을 쏟아내면서 우리의 관심이 만나고 서로 연결되어 갔다. 점차 우리를 만나게 한, 즉 우리 두 사람이 가진 관심의 능력이 그 곳에서 발휘되고 결국은 그녀의 마음속에 일상을 다룰 수 있는 공간이 만들어지고 치료환경 또한 담아내고 안아주는 울타리로서 심리적 공간으로 유지되어갔다. 때로는 웃고 때로는 눈물을 흘리고 분노를 터트리면서…

치료의 매 회기 시작과 종료시점에 주의 기울이기

자기탐색을 안내받고 보다 더 성숙한 삶을 위해서도 치료환경에 들어오지만, 치료를 원하는 대부분의 사람들은 개인마다의 어떠한 어려움을 더 이상은 감당하기 힘들다고 느낄 때 전문가의 도움을 받기 위해 치료에 들어오게 된다.

초기의 호소문제와 다른 내용의 등장

그러나 치료관계가 진행되면서 정작 처음에 호소했던 문제와는 전혀 다른 것 같은 내용들이 등장할 때 치료사는 어떻게 이해해야할지 무엇을 받아들이고 무엇을 배재해야할지 혼란을 겪게 된다. 특히 회기의 막바지에 표면적인 문제와는 전혀 무관한 것 같은데 무시할 수 없는 중요한 것 같은 이야기를 할 때 어떻게 해야 할지 모르겠다는 치료사들의 갈등은 감독상황에서 흔히 접하는 사례이다.

어떤 치료사는, 치료공간에 들어오자마자 불필요한 것 같은 이야기를 두서없이 해서 중간에 말을 중단시킬 수도 없어서 난감할 때가 많다는 하소연을 하기도 하고, 또는 중요한 것 같지만 오늘 해야 할 목표가 있으니 그들의 하소연을 무시하고 넘어가기도 한다고 한다. 그럴 때 나는 치료에서 의미 없는 것은 없고 다만 우선적인 것은 있겠다며, 어쩌면 그가 보이고 있는 행동이나 말이 표면적인 문제보다 더 시급하다고 생각하는 어떤 문제나 고충을 치료사에게 알리는 것일 수도 있으니, 그의 입장에서 생각해보자며 융통성 있는 관심의 방향을 제시하기도 한다.

문제의 초점을 보여주는 회기 시작과 종료시점

사실 치료관계에서 다뤄지는 내용들을 살펴보면 회기시작에서 무의식적으로 나온 이야기가 종료시점에서 연결되고, 그것은 정작 표면적인 문제의 핵심이기도 한 반면에 그들의 어떠한 이야기와 행동도 해결해야할 문제요소를 떠나서 나타나지는 않는다는 것이다. 물론 그것이 그의 삶에서 주요핵심이 될 만한 정보나 사실이 아닐지라도 작품이든 언어나 생각이든 치료실에서 나오는 모든 이야기들은, 일상에서는 흔히 나오지 않는 치료환경에서만이 나올법한 내적인 이야기들일 수 있다는 점을 우리는 기억해야할 것이다.

이와 관련하여 회기의 시작과 종료시점에서 나오는 표현과 행동들을 관심 있게 살펴보면, 치료사들이 간혹 놓칠 수 있는 중요한 사실을 깨우치게 되거나 문제해결의 실마리를 찾는 메시지를 만나게 될 것이다. 즉 그것은 이제야 내보이는 내면의 어떤 신호일 수도 있고, 지금까지 말하지 않아서 우리가 보지 못했지만 이미 호소한 표면적인 문제 안에 숨어있는 중요한 사실을 알리고 있는 것일 수도 있다. 다음은 회기시작에서 자신의 내면이야기를 전함으로써 치료사로 하여금 자신의 상황을 알게 하고 문제의 실마리를 제공하여 치료방향을 재설정하게 한 청소년사례이다.

당시 반복되는 가정폭력으로 무력감에 빠져있던 그 아이에게서 어느 날 갑자기 1년이 넘는 만남에서 한 번도 나타내지 않았던 행동이 노출되어 나는 매우 당혹스러웠다.

치료실에 들어서자 "배가 고파요. 먹을 것이 필요해요"라고 시작한 그 아이에게 나는 비스킷 몇 개를 건네었지만 순식간에 먹어치우고 막무가내로 밥을 달라고 조르며 밥이 없으면 라면이라도 끓여달라고 보챘다. 그러한 이 아이를 향해 나의 머리는 "둘 다 줄 수가 없어"라고 답하고 있었다. 그럼에도 가슴과 행동은 이미 무엇이든 주기위해 냉장고를 들여다보고 있었다. 치료사로서의 행동에 대해 반성하면서도 이 일을 통해 나는 이론과 상식으로는 설명할 수 없는 중요한 사실을 깨닫게 되었다.

이 날 마무리시점에서 아이는 처음으로 친모에 대한 이야기를 털어놓았고 내면 깊은 곳으로부터 올라오는 자신의 소리를 나로 하여금 듣게 하고 다룰 수 있는 심리적 공간을 확장해 갔다.

대상관계와 투사적 동일시

결국 나는 치료시작에서 보였던 이 아이의 이해하기 힘든 행동과 나의 태도는, 무조건적으로 수용하고 돌보아주길 원하는 유아적 욕구와 관련된 어머니에 대한 투사적동일시현상으로 대체된 행위라는 것을 이해하게 되었다. 이 사건을 통해 나는 반사적인 나의 행동 또한 부정적으로만 볼 수 없는 우리 두 사람의 만남이었고 관심의 반응이었다는 것을 이 후에 보여준 그의 변화를 통해 확신하게 되었다.

결과적으로 치료시작점에서 노출된 그 아이의 요구와 행위에 대한 치료사의 태도는 인지와 행동변화에 초점을 두는 상담영역에서 보면 충분히 이해받지 못할만한 태도일 수 있지만, 정신역동측면에서 특히 대상관계

맥락에서 보면 지금 치료사가 무엇을 해야 하는지에 대해 알려주고 해결해야할 문제를 제시해 준 전이요소이자 중요한 메시지였음을 깨닫게 한다. 치료환경에서 문제를 일으키는 모든 행위는 우리에게 의미 없는 것은 없으며 우선 필요한 것이 무엇인지를 알려주는 직접적이고 적극적인 지표이므로 우리는 이것을 치료적으로 잘 활용해야할 것 같다

다른 예로서, 최근에 만난 어떤 여성은 차가 너무 밀려서 늦었다는 이야기로 시작했다. 교통이 원활한 다른 시간으로 조절하겠느냐는 나의 제안이 있었음에도 결국은 그 시간이 좋다고 말하는 이 여성에게서 나는, 그녀 자신이 지금 얼마나 힘든 상황인지 외부로부터 오는 주변의 모든 부정적 영향에 대해 나를 이해시키고 싶어서 그리고 치료사의 관심을 자기에게로 돌리기 위한 시도라고 이해했다.

잦은 시간확인의 무의식적 동기

매 회기 마무리에서 반복되는 그녀의 또 다른 행동은 자주 시간을 확인하는 것이었는데 이것은 치료사로 하여금 끝낼 시간이 되었음을 환기시키는 무의식적 행동 또는 상담의 지루함으로도 이해될 수 있을 것이다. 그러나 사실 우리의 만남은 1시간 내내 그녀의 이야기로 진행되고 내가 끼어들 여유를 주지 않을 만큼 할 말이 많은 그녀였다. 그러므로 지루함 때문이라기보다 여기에는 너무 많은 자신의 이야기를 멈춰야한다는 스스로의 통제의식이 포함되었을 수 있으며, 그래서 나에게 이젠 끝날 시간이라는 암시를 주는 것으로 이해했다.

치료의 시작과 끝에 담긴 무의식의 단서

이렇듯 치료의 시작과 끝 무렵에 드러나는 행동이나 말은 무의식적이며 또는 모든 그러한 언어나 행위가 사실적인 중요한 의미라고 단정 지을 수만도 없는 요소가 있다는 사실에 대해 우리는 잊지 않아야 한다. 다만 그들의 정신역동은 직접적으로 표현할 수 없는 자신의 이야기를 행위로 전

하여 치료사가 알아주기를 원하는 노력이라고 볼 수 있다. 치료사가 자신의 몸짓이나 행위를 수용하기 시작하면 어느 시점에서 언어화하게 된다.

첫 사례에서 보았듯이 "청소년이 밥을 내놓으라고 때를 쓴 행동"은 일반적으로 생각한다면 이해할 수 없는 태도이고 그에 대한 치료사의 대처 또한 일반적인 상담자의 태도를 벗어난 행동일 수 있지만, 그에게 마음의 공간을 갖게 한 의미 있는 경험이었음을 떠올려보기 바란다. 그러한 행동으로부터 시작하여 그 외에 어떠한 일이 일어나는지 주의를 기울이고 중요한 의미를 발견해 가다보면, 아무리 깊게 숨겨진 문제라 할지라도 머잖아 실마리를 찾아갈 수 있게 된다.

해석의 위험

다만 주의해야하는 것은 적절한 의미를 발견했다 해도 우리는 그가 수용할 수 있을 때 까지 기다려야 하며 단편적인 해석에 주의해야 한다. 다시 말해서 치료관계에서 일어나는 모든 행위는 무시되지 않아야 하는 반면에 치료관계에서 일어나는 모든 것이 무의식의 상징이라고만 볼 수도 없다. 그럼에도 그것에 함축된 의미를 이해하려고 노력하고 기다리다보면 문제의 실마리를 찾아갈 수 있을 뿐만 아니라, 중요한 메시지를 위험에 빠트리지 않으면서 적절한 시점에서 그의 내면을 만날 수 있게 된다는 것이다.

이것의 의미는, 치료관계란 끊임없는 대화의 연속선상이며 그러한 과정과 특정 시점의 표현에 우리가 관심을 기울인다면 그의 내면으로부터 전해오는 이야기에 좀 더 가까이 갈 수 있을 것이다. 뿐만 아니라 그가 머물고 있는 공간에서 그 사람을 만나고 들리지 않았던 소리가 들리고 이해할 수 없었던 것마저 들을 수 있게 된다는 것이다.

임상 범위와 한계 인식하고 의뢰하기

전문성에 대한 자신의 확신을 위해 치료사는 늘 경계하고 자신이 할 수 있는 임상 범위의 한계점을 규정할 필요가 있다. 그래서 우리는 치료관계를 맺는 시작에서 자신의 배경에 대해 알릴 의무가 있으며, 우리가 모든 대상을 만날 수 있는 마술사가 아니라는 자기암시를 가져야 한다.

치료사의 역할 경계와 윤리적 의무

간혹 치료실을 개원한 시작시점이라든지 처음 치료를 시작하는 초보임상가의 경우, 치료에 대한 두려움을 가지면서도 한편으로는 자신의 능력을 벗어나도 치료관계를 맺고 싶은 유혹을 받을 때가 종종 있다. 이 경우 대부분은 그들이 가지고 온 문제를 과소평가하거나 균형적인 치료관계를 유지하지 못하는 결과를 초래할 수 있으므로 당연히 효과적인 결과를 기대할 수 없게 된다.

그럴 경우 결국은 치료사로서 자신의 전문성과 윤리적 문제에 부딪쳐 갈등할 수밖에 없게 되고 반면에 치료대상은 치료적 만남에서 좌절하게 된다. 치료사자신의 능력과 부족함이 있을 수 있는 가능성을 열어두는 것은 자신의 전문성과 치료대상 모두를 위해서 중요하다. 치료가 진행되는 과정에서 예측하지 못했던 문제를 발견하게 되면 지체 없이 수퍼바이저에게 알려야하며 만약 수퍼비전을 통해서도 해결이 어렵다면 다른 치료환경으로 전환할 필요가 있다.

치료횟수의 적절성

이러한 문제들은 흔히 두 가지 측면에서 생각해 볼 수 있다. 하나는 다음치료시간의 길이가 너무 멀어서 초래될 수 있는 장애요소이다. 대부분의 임상에서는 1주일에 1회기의 만남이 통상적인 의례로 인식되고 있다. 그러나 심한 고통을 안고 있거나 위기문제의 경우는 7일이라는 이 기간은 너무 멀어서 감당하고 있는 문제를 평가하고 실마리를 찾아 필요한 시기에 도움을 제공하기란 쉽지 않다. 그래서 나의 임상에서는 초기 3개월 정도는 주 2-3회 또는 그 이상의 만남을 권하고 있다. 특히 관계를 유지하지 못하는 대상이나 급성기적 정신문제를 가진 경우는 치료관계 초기에 더욱 잦은 만남을 고려해야 한다. 다음은 치료횟수와 관련된 사례이다.

얼마 전 자녀의 정신과적 문제로 찾아온 어느 아버지의 하소연을 듣고 나는 마음속으로 이 분을 도와야겠다고 결심했고, 그러기 위해 3개월간 주 5회기의 치료조건을 내세웠는데 더 이상 도움을 청할 곳이 없다고 생각한 아버지는 나의 요구를 받아들였다. 집이 치료실과 너무 멀리 떨어져있는 지역이었기 때문에 그는 치료실 가까운 곳에 임시거처를 마련하고 자녀의 치료를 적극적으로 돕겠다는 의지를 보였다.

진행된 치료는 약속한 3개월이 지난 후 주 3회로 다시 주 2회로 점차 횟수를 줄여갔고 결과적으로는 주요문제가 해결되면서 주 1회로 치료시간을 단축시킬 수 있게 되었다. 후반부의 치료방법에서는 주 1회의 환경치료를 추가하면서 점차 월 1회의 환경치료와 주 1회로 지속된 상담치료를 진행하여 종결했던 사례이다.

그렇듯 치료의 접근은 대상의 수용정도와 문제수준에 따라 달라질 수 있으며 그 적정선을 어디에 둘 것인지는 치료사가 자신의 전문성과 감당할 수 있는 범주내에서 안내해야하는 과제이다. 따라서 이러한 접근방법은 치료사가 감당할 수 있을 정도로 훈련되어 있고 정신의학에 대한 방법적 기술 또한 준비되어있어야 가능할 것이다.

치료전환문제와 관련된 또 다른 문제는 앞에서도 말했듯이 치료사자신이 스스로 전문성의 한계를 배제할 경우이거나 또는 치료사가 가진 내적 욕구와 극복하지 못한 관계문제일 수 있다.

치료사의 내면작업과 역전이 대처

그러므로 임상에 들어가기 전에 또는 임상과정에서 일어나는 투사적 문제에 대해 치료사는 늘 깨어있어야 하며 그와 관련한 내면작업과 훈련을 받아야 한다. 임상적 기술이나 지식을 채우기 위해 아무리 많은 교육과 훈련을 받아도 억압되고 해결되지 못한 내면의 문제를 극복하지 못하면, 치료적관계의 깊이를 가늠할 수 없을 뿐 아니라 문제의 표면에서만 맴돌게 되므로 치료사자신의 내적투쟁에 치료대상을 끌어들여 이용하는 결과를 초래하게 된다. 따라서 치료사는 자기관찰을 게을리 해서는 안 된다.

가장 좋은 연습은 치료사자신이 치료 작업에 자주 참여하여 내면을 살피고 돌보는 작업을 하는 것이다. 그럼으로써 치료대상의 내적세계를 받아들이고 담을 수 있는 심리적 공간을 확보할 수 있고, 치료사자신의 돌봄과 에너지충전 또한 가능하여 치료관계로부터 오는 수많은 투사적 공격을 감당할 수 있는 힘 또 한 가질 수 있게 된다. 아래의 사례는 한 치료사가 외부로부터 비난을 받게 될까봐 두려워 감당할 수 없는 사례를 끌어안고 좌절한 사례이다.

오래 전에 한 치료사가 자격조건을 획득하고 임상대상을 찾고 있던 중 한 우울문제를 가진 여성을 만나기 시작했다. 그러나 그 여성을 통해 자신이 우울감에 빠져드는 것 같고 치료시간이 지루해서 견딜 수 없는 자기를 발견하게 되면서 지금 상황을 어떻게 해야 할지 모르겠다고 호소해 왔다.

지나치다 싶게 치료사에게 의존해 오거나 잦은 시간변경에 대해 처음에는 상황이 어쩔 수 없으니까 라고 이해하였고 그의 의존자체를 의미 있는 관계유지의 긍정적 과정으로 받아들였다고 한다. 그러나 회기가 거듭되면서 견딜 수 없는 지루함과 부담감을 느끼게 되었고 자신이 그에게 조정당하는 것 같은 기분이 들면서 화가 나 스스로를 감당하기가 힘들고 그와의 만남자체도 두렵기 시작했다고 한다.

여기에는 몇 가지 이슈가 있을 것이다. 아무튼 결과적으로 이후에 그와의 치료관계는 중단되고 다른 치료사에게 의뢰되었으며, 많은 시간이 흐른 뒤 교육 감독에서 우리는 다시 만났고 그동안의 과정을 들을 수 있었다.

건강하고 전문가다운 치료사

치료관계를 더 이상 유지할 수 없는 일들은 임상에서 적지 않게 일어날 수 있는 일이다. 우리는 일차적으로 임상가로서 자기 신뢰에 기반하여 사례를 수용할 것인지 아닌지 자신의 능력과 경험적 측면에서 한계를 설정해야 한다. 자신이 감당할 수 있는 범위를 벗어난 사례를 다른 전문가에게 의뢰를 한다는 것은, 실패가 아니라 자신의 전문성을 유지하고 치료대상을 보호하기 위한 윤리적 의무이자 용기이다. 이와 관련하여 임상에서의 자만과 유혹이라는 위험에 빠지지 않기 위해서는 임상감독이 필수적이며, 필요시에는 자신의 개인 작업을 위한 치료적 도움을 받거나 또는 개인 분석을 받아야할 것이다.

치료사의 욕구 자제하고 치료대상을 있는 그대로 보기

위의 "임상 범위와 한계 인식하고 의뢰하기"와 관련하여 여기에서는 치료사가 임상상황에서 치료대상을 있는 그대로 보고 침범에 대한 우려에 주의해야하는 것에 대해 다룬다.

비온(Bion)식의 치료법

비온(Bion, 1967)은 치료사가 임상상황에서 지나치게 너무 많은 것을 제공하려고 노력하는 나머지 혼란에 빠지고 치료방향을 잃을 수 있으므로 주의해야한다고 강조한다. 실제로 우리 주변에는 지식만을 쌓아 이론적으로 무장하는 반면에 그 지식을 자기탐색과 돌보는 것으로 통합해내지 못하는 치료사들이 있어서 우려된다. 그러한 치료사의 욕구는 사람에 대한 관심이 아니라 자신이 알고 있는 지식에 치료대상의 표면적인 문제를 짜 맞추고 이성적이고 이상적인 자신만의 세계에 가두는 오류를 범하게 된다.

치료는 특별히 애쓰지 않아도 시간이 흐르면서 자연스럽게 관계로 진입하게 되면서 시작된다. 물론 이 단계에 들어서기 위해서는 많은 훈련과 경험이 요구된다. 그럼에도 애쓰지 않아도 자연스러운 치료로의 진입이란 두 사람의 치료관계에서 일어나는 관심을 의미한다. 다시 말하면 임상훈련에서 강조되는 "관찰"이란 개념을 생각해 보면 대부분 눈으로 보는 외적으로 보이는 현상에 초점을 두고 이야기한다.

마음의 눈으로 보는 관찰

나를 찾아오는 임상가들에게 내가 강조해 온 "관찰"이란 의미는 현상적으로 보이는 관찰이외에 "마음의 눈으로 가슴으로 보는 관찰"이다. 아직 훈련단계에 있는 치료사들은 치료기관이나 감독자에게 인정받기위해 노력하는 과정에서 작업과정이나 행위에서 일어나는 모든 정보를 빠트리지 않고 기억하려고 한다. 그러나 임상상황에서 단순관찰과 기억만이 강조된다면 정작 표면화된 내용 속에 내포하고 있는 진실의 소리를 듣지 못하게 된다. 이것은 표면화된 내용을 관찰할 필요가 없다거나 기억할 필요가 없다는 이야기가 아니다. 이 말을 하다 보니 어떤 세미나장에서의 사례가 떠오른다.

> 그 날은 비온의 치료접근에서 치료대상의 정보로 인해 "지금-여기"에서 있는 그대로의 대상을 보지 못하게 되는 문제에 대해 이야기하고 있었는데, 한 치료사가 매우 공감하며 "그래서 나는 치료대상의 정보를 전혀 확인하지 않고 작업 후에도 기록을 남기지 않는다. 개인력과 가족력 뿐 아니라 현재 가지고 온 문제배경에 대해서도 당연히 알 필요가 없다. 그것은 개인을 순수하게 있는 그대로 볼 수 없게 하고 편견을 조장할 뿐이다…" 등의 이야기를 했는데, 그 장소에 있던 많은 이들이 고개를 끄덕이며 공감하는 모습들을 보면서 나로서는 무언가 잘못되었다는 느낌과 함께 상처주지 않고 수정해 주어야 한다는 생각에 마음 답답해졌던 상황의 기억이 있다.

치료대상의 정보수집

여기에서 우리가 알아야하는 것은 치료대상에 대해서 처음부터 끝까지 그들이 보여주는 모든 것과 그가 경험한 모든 것은 의미 없는 것이 없으며 관찰되고 확인되어야 한다는 것이다. 다만 "지금-여기"에서 그들이 말하는 이야기를 진정으로 들을 수 있기 위해서는 치료사가 자기 안에서 일어나는 의도적인 계획에 포함한 모든 종류의 산만한 생각들을 비워 오로지 치료대상이 보내는 메시지를 담을 공간을 만들고, 경청하며, 집중해야한다는 의미가 함축되어 있다.

따라서 우리가 치료대상의 정보를 아무것도 알아서는 안 된다거나 치료과정의 전후과정을 기록하지 않아야 그들을 편견 없이 이해할 수 있다는 것 또한 아니다. 오히려 치료과정의 특징을 기억하고 문제의 전후과정을 앎으로서 그것을 토대로 현재문제를 이해하고 해결의 실마리를 추적해가는 사례개념화가 필요하다.

만약에 치료사가 치료대상의 정보로 인해 그를 왜곡시킨다면 이는 정보를 알아서 일어나는 문제라기보다는 치료사의 개인적인 이슈와 방어일 가능성이 높으며 아직 갖춰지지 못한 전문성과 경험부족 때문일 수 있다. 그러므로 훈련과 감독 그리고 자기분석과 치유를 통해 치료대상을 담아내고 관계의 "지금-여기"에 집중할 수 있는 내적공간을 확보하는 능력을 가져야할 것이다.

지금-여기에서의 상호작용

역동관점의 치료란 단지 표면적인 문제를 해결하는 것이 아닌 반면에 과거의 무의식적인 요소를 밝히는 것만도 아니다. 중요한 것은 "지금-여기" 이 순간 두 사람 사이의 상호작용에서 일어나는 내용을 왜곡시키지 않고 있는 그대로의 개인을 받아들이고 그의 욕구에 답하며 그가 가진 가능성에 신뢰를 갖는 것이다. 그럼으로써 심리적 공간이 형성되고 그 속에서 치료관계는 발전해 가게 된다.

여러분은 각 회기의 치료시작에서 그동안 어찌 지냈는지 또는 지난 시간과 관련하여 어려움은 없었는지에 대해 질문하면 기억나지 않는다는 답변으로 일관하는 치료대상을 만난 적이 있었을 것이다. 그럴 때면 치료사자신도 모르는 사이 그가 기억하지 못하는 것을 대신 기억하고 있어야

할 것 같은 책임감을 느끼게 된다. 그러나 앞에서 이야기 한 것에 초점을 두고 보면 치료사 자신도 기억하지 못하는 것에 대해 굳이 의무감이나 죄책감을 가질 필요가 없다.

다만 지금 그가 치료사에게 무엇을 전하고 싶어서 기억하지 못한다고 표현하는지 관심과 주의를 기울일 필요가 있다. 더불어 치료사가 보다 주의력이 있다면 아마도 그가 말하려는 초점에 더 잘 반응할 수 있는 조건이 될 수 있을 것이다.

합리적 비합리적 전이·역전이 탐색과 이해

전이현상은 치료관계에서 필연적으로 일어나게 되어있으며 여기에는 말, 이야기, 침묵, 감정, 행동, 치료사가 반응하게 하는 방식들로서 두 사람의 치료관계 속으로 가져오는 모든 것을 포함한다. 이는 치료관계에서 치료대상이 자신의 과거경험에 기초한 환상으로부터 또는 실제보다 더 존재하기를 바라는 치료사를 향한 감정을 발전시키게 되기 때문이다. 이에 대해 치료사가 자신의 정서적 이슈를 충분히 통찰하지 못한다면 의식적 무의식적으로 중요한 치료적 이슈를 피하게 될 것이다. 이 장에서는 그러한 전이현상에 대처하는 치료사의 자세에 대해 살펴보기로 하겠다.

치료사 자신을 치료대상의 내면세계에 맞추기

치료에 들어오는 이들은 자신의 대상관계경험을 토대로 한 가장 본능적 차원에서 치료관계를 맺으려고 하므로 치료사가 치료대상의 관계특성에 적응하지 못하면 그의 내적세계를 이해할 수 없게 된다.

전이 대상 경험의 치료적 활용

앞의 제1장 “심리적 환경”에서 다루었듯이 치료관계의 중요한 요소로서 환경은 치료사 자신으로서, 치료사가 자신을 어떻게 그의 욕구에 맞추고 그가 치료사를 사용할 수 있도록 제공하느냐에 따라 치료관계의 발달은 달라질 수 있다. 그렇지만 치료관계에서 치료대상의 내적세계를 이해하는 데는 오로지 전이개념을 이해하고 있다고 해서 되는 것은 아니고 치료사가 그의 내적세계의 부분으로서 경험이 필요하다. 이해를 돕기 위해 사회적관계가 힘든 한 청소년의 나쁜 대상으로 전이된 나의 경험을 공유하기로 한다.

또래로부터 집단따돌림을 받았던 경험이 있고 가족 내에서도 정서적 돌봄이 제한적이었던 그 청소년을 만난 지 1년쯤 된 어느 날이었다.

치료시간 내내 그 아이가 몰두했던 일은 책상위에 있는 화장지를 찢는 일로부터 시작하여 자신의 컵과 나의 컵에 들어있는 물을 번갈아가며 섞는 것이었다. 한동안 반복적인 이 행동이 있은 후 찢은 휴지를 넣어 섞고 나중에는 컵에 두 손을 넣어 휘젓기 시작하면서 휴지를 짜고 걸러내는 행동이 반복되었다. 컵에 담겨진 손의 땟물이 마블링을 형성하며 퍼져나가는 모습에 그 아이는 집중하고 있었고 나 역시도 그 과정에 심취해 있었다.

이 과정에서 보인 그 아이의 표정과 태도는 이전에 보였던 모습과는 사뭇 다르게 놀라울 정도의 집중력과 강력한 에너지를 느끼게 했다. 내내 그 행동만을 반복하던 아이는 시계를 보지 않았는데도 정확히 1시간이 된 시점에서 "아… 재미있다. 감사합니다"라는 말을 남기고 아주 밝은 모습으로 그 자리를 떠났다.

치료사가 시간을 알리지 않았음에도 스스로 제 시간에 맞춰 떠나는 아이의 뒷모습을 바라보면서 나 역시도 그 과정이 재미있었다는 생각을 하면서 평소와 다름없이 치료 작업 후의 청소를 시작했다. 청소가 끝난 어느 순간 나는 책상 위에 있는 2개의 컵을 발견했고 반사적으로 하나의 컵에 담긴 물을 들이켰다. 얼마나 시간이 지났을까? 갑자기 배가 뒤틀리며 견딜 수 없는 통증을 느껴 아들에게 전화해 약을 부탁했고 곧 바로 달려온 아들이 사온 약을 먹었지만 밤새 화장실을 드나들며 복통에 시달려야 했다. 밤새 앓고 새벽에 잠시 잠이 들었다 깼는데 갑자기 하나의 기억이 영화장면 스쳐가듯 전날에 있었던 그 아이의 과정이 떠올랐고, 내가 먹은 물이 1시간 동안 그 아이가 손을 넣어 휴지를 주무르고 자신의 컵과 내 컵의 물을 반복적으로 섞었던 물이었다는 사실을 기억해 냈다.

이것이 주는 경험이 무엇인지에 대해 나는 생각했고 순간 알아차린 것은 그 아이가 진정으로 원한 것은 "초기 대상관계의 성공적인 경험이라는 사실을…" 치료관계에서 그 아이와 내가 창조한 환경은 내가 그 아이의 내적세계에 들어가게 하는 유일한 조건이자 초기경험을 가능하게 하는 장이었다는 사실이며 이것을 깨달음으로서 복통은 씻은 듯 거짓말처럼 사라졌다.

전이에 대한 치료사의 적응능력

믿기지 않는 사실 같지 않은 이 경험을 통해 내가 더욱 알게 된 것은 치료관계에서 드러나는 전이에 대한 치료사의 적응능력이 치료대상의 무의식적 욕구를 노출시키고 치료사로 하여금 역할을 할 수 있게 한다는 사실이다.

치료관계에서 치료사가 전이현상에 흔들리지 않고 초연히 견뎌낸다면 그는 치료사를 통해 자신의 심층에 접촉하기 시작할 것이며, 치료적 대화는 문제의 본질을 다룰 수 있는 분위기로 흘러가게 될 것이다. 치료관계란 두 사람사이의 상호교류와 융합을 내포하면서 치료환경을 설정하고 유지시키는 전문적 역할을 사용하고, 전이개념을 이해하는 수준 그 이상의 경험에 대처하는 치료사의 능력에 의해 가능해진다.

다시 말해서 치료사가 전이를 감당하지 못하여 자신의 감정을 조절할 수 없게 되면, 치료관계에서 내적교류를 느낄 수 없을 뿐만 아니라 치료대상 역시 자신의 내면세계를 드러내지도 욕구를 표현할 수도 없게 된다는 사실이다.

전이대상 다루기

관계를 다루는 역동적 접근에서 반복 강조되고 있는 것은 전이요소가 치료사의 감정과 관련한다는 사실이다.

치료사들은 때때로 치료관계에서 일어나는 감정이 자신의 것인지 혼돈을 겪으며 스스로에게 질문을 하게 되는데 이것은 종종 치료사의 초점을 방해하기도 한다. 전이의 핵심은 치료사에 관한 것이라기보다는 치료사가 정서적으로 경험하는 방식에 관한 것이라고 볼 수 있다. 치료초기부터 전이행동이 나타날 수도 있지만 대부분은 직접적이고 쉽게 드러내는 경우는 흔치않다. 그러므로 치료사는 시간적 거리를 두고 자신이 어떠한 방향으로 그들의 전이대상이 되고 있는지 탐색해가는 것이 필요하다.

위니캇의 대상엄마와 환경엄마의 범주(Winnicott, 1945, 1963a,b; D. Scharff & J. Scharff, 1987)에서 초점전이와 환경전이 관계를 생각해 보면 치료환경에서 등장하는 전이대상을 좀 더 가까이에서 이해하고 다룰 수 있으리라 본다.

환경전이

환경전이는 초기 양육환경의 경험으로부터 비롯된 것으로 치료환경을 제공하고 치료 상황의 심리적 공간에서 경험되는 안아주기와 그것의 변형된 내용으로 구성된다. 환경전이가 긍정적일 때 치료사는 좋은 사람으로 경험되지만, 전이가 부정적일 때 치료환경은 안전한 곳으로 경험되지 못하므로 치료사를 의심하게 되고 치료사가 자기를 공격한다고 생각하게 되어 스스로를 무가치하게 느끼게 된다. 이러한 부정적 경험은 초기대상경험에서 취약한 안아주기를 제공받았기 때문이며 이 경험을 치료사가 투사적으로 동일시하고 있다는 것을 말해준다.

초점전이

초점전이는 대상의 갈망을 충족시키거나 좌절시키는 대상엄마의 경험으로부터 유래하며 치료사가 치료대상의 내적대상과 자기의 투사를 받는 특별한 사람이 되는 것을 의미한다. 초점전이의 안아주기 관계에서 치료대상은 치료사와 다른 이들의 내적대상을 통해 자신의 내적세계를 발견하게 되며, 환경전이의 안아주기 관계에서 지지받는다고 느낀다.

전이대상으로서 치료사

전이를 다루기위해서 치료사는 이러한 전이형태와 전이대상의 목적에 대해 이미 숙지하고 있으되 기계적인 공식에 의한 이해는 배제해야 한다. 또한 치료사자신이 치료대상의 전이목적을 성취하고자하는 욕구로 일어나는 투사의 반영요소로서 전이대상이 된다는 것 또한 이해하고 있어야 한다. 그럼으로써 치료관계의 방해요소를 예방하고 자신이 초점전이와 어떻게 관련되어 있는지 주의를 기울일 수 있다. 더불어 그 전이내용이 치료대상의 과거 어린 시절의 삶과 현재 맺고 있는 관계패턴과의 관련성을 이해할 필요가 있다.

치료거부와 저항에 대처하기

앞에서도 유사한 이야기가 있었지만 치료사들 대부분은, 치료에 계속 참여하면서도 이제는 그만해도 되겠다는 이야기를 하거나 이제 충분하니 혼자 노력하면 될 것 같다며 치료를 종료하겠다고 말하는 이들을 만나본 경험이 있을 것이다. 치료에 대한 저항이 늘 치료를 중단하겠다는 행동이나 마음으로만 나타나는 것은 아니지만 가장 쉽게 확인할 수 있는 행동이 아닐까싶다.

우리 치료사들은 치료과정을 흔들어대는 요소들을 만날 때 그것에 치료적 이성으로 분석하는 것이 두려울 수 있다. 자신이 무언가를 잘못했다고 느끼거나 또는 자신의 어떠한 부족한 능력이 그로 하여금 치료를 그만두고 싶게 했는지 염려하게 되지만, 그러한 상황에서 치료사가 할 일은 무엇이 그로 하여금 치료관계의 현실상황으로부터 도피하게 하는지 이해하는 것이 우선일 것이다.

치료관계 저항 이해와 대처

흔히 있을 수 있는 이러한 저항에 대해 종종 나는 이렇게 대처하곤 한다. 치료를 그만 두겠다는 이에게 무작정 계속 해야 한다고 할 수는 없기 때문에 우선 다음 약속 시간에 만나서 이야기하자라고 제안하는 것으로부터 시작한다. 실제로 치료를 중단하겠다고 말하는 그들의 내면에는 대부분 다른 욕구가 있을 수 있기 때문에 그것에 대한 탐색이 그를 돕는 일이라고 믿기 때문이다. 다음은 치료중단에 대한 저항을 이해하기에 적절한 부부갈등사례이다.

치료를 시작한지 1년 쯤 되었을 어느 날 그녀는 그동안 감사했다는 인사말과 이제 치료를 그만두고 싶다는 문자를 보내왔다. 곧 바로 전화를 했지만 받지 않았으므로 다음 약속시간에 그 부분에 대해서 이야기하자는 내용과 종료시간을 갖는 것이 필요한 이유와 만남을 기대하는 내용을 전했다. 그녀는 그렇게 하겠다는 답을 보내왔고 약속대로 우리는 다시 만날 수 있었다

치료중단 이유

그녀가 말한 치료중단의 이유는 상담이 자신의 갈등문제에 큰 도움이 되지 못하고 비용도 부담스럽다는 것이었지만 이어지는 이야기의 핵심은, 얼마 전에 치료사가 상담과정에서 자신의 이야기를 듣지 않고 낙서를 하고 있었고 워크샵이 있다고 다음 회기시간을 변경했다는 것이다.

되돌아 생각해보니 그녀의 이야기에 집중하면서 잠시 시선을 앞에 있는 노트로 향하여 꽃잎형태의 낙서를 했던 기억이 났다. 그녀는 그러한 나의 행동이 자신의 이야기를 듣지 않고 있고 시간변경 역시 자신이 무시되고 있다고 느꼈다는 것이다. 그녀의 마음이 이

해되었으므로 곧바로 나는 사과를 함으로써 아직은 치료가 필요하다는 그녀의 고백을 받아내고 말았다.

이 과정에서 나는 "치료를 중단하겠다는 그녀의 말을 듣는 순간 내 마음 속 무언가가 공허해지면서 불안을 느꼈다"고 말했는데, 그녀는 갑자기 눈물을 흘리면서 그동안 말하지 않았던 어린 시절 울며 매달리는 그녀를 뿌리치고 가출한 어머니와 그 날 아버지마저 집에 들어오지 않아 두려움에 떨며 울다 지쳐 잠이 들었던 날의 기억을 이야기하기 시작했다.

거절에 대한 동일시

그녀에게 나는 거절하는 어머니로 동일시된 대상이었던 것 같다. 치료의 중단은 그녀로 하여금 거절대상에 대한 불안과 두려움에 대한 분열부분들을 위해, 자기와 대상을 애도하고 동일시하지 못한 안정감에 대한 욕구와 오로지 자기에게만 집중하기 원하는 대상에 대한 기대와 절망감이었던 것 같다.

치료중단의 저항은 그녀 자기를 보호하고자하는 욕구로 이해할 수 있으며 기타의 다른 전이 사건들만큼이나 의미 있는 많은 잠재적 소망이 담겨있을 수 있다. 치료를 계속 유지하고 발전시키기 위해서는 사례에서처럼 저항에 내재된 고통을 알리고 원인적 요소를 해결할 필요가 있다.

저항을 다루기 위해 치료사가 기억해야할 것은, 치료대상이 치료사자신에게 미치는 영향에 주의를 기울이고 언제 자신이 저항대상이 되는지와 그 이후에 일어나는 불안이나 긴장에 주의를 돌려야 한다. 내면에 있는 두려움의 정체가 치료사에 의해 인지되고 다루어지기 전에는 치료관계에서 저항은 멈춰지지 않을 것이며 치료사로서의 역할 또한 제공할 수도 없을 것이다.

저항의 무의식적 반응 이해

치료관계에서 일어나는 저항의 심층에는 초기의 해결되지 못한 미발달의 무의식적 반응이 담겨있고 그것을 나타내는 것이 저항이므로 저항하는 치료대상을 다루기란 치료사에게 그리 쉬운 일이 아니다. 그러므로 저항하는 상황에서 그의 문제를 지적하거나 교육하려들면, 오히려 더욱 저항을 강화하는 결과를 초래할 수 있으므로 함축된 원인요소를 직접적으로 해석하지 않고 은유적으로 치료사의 감정을 사용하여 의미를 이해하도록 도울 필요가 있다.

해석에 대한 반응과 관련짓기

역동적 치료접근이 무의식의 내용을 이해하는 것이라면 치료사의 해석적 개입에 치료대상이 어떻게 반응하는지 이해할 수 있는 대안을 갖는 것이 중요할 것이다.

치료사의 이야기에 반응하는 그의 표정, 말의 어조, 침묵 등의 태도는 치료관계를 평가해볼 수 있는 지표가 된다. 만약 치료 작업과정에서 두 사람 간에 풍부하게 대화가 오가고 더 깊은 대화가 유지된다면 치료적 관계는 신뢰로 깊어져갈 것이다.

신뢰관계를 위한 치료사 태도

신뢰관계를 위해 치료사는 그가 자신의 이야기에 얼마나 귀 기울이고 있고 받아들이는지 그리고 행동과 감정이 어떠한 방향으로 흘러가고 있는지 항상 관심을 가져야 한다. 예를 들면 치료사가 아무리 정확하고 훌륭한 해석기술을 가지고 있다하더라도 치료대상의 반응에 대해 함부로 해석하거나 설득하지 않고 자기 확신을 내려놓고 그의 반응을 따라가야 한다. 치료관계에서 우리가 어떠한 표정과 태도로 무슨 이야기를 하고 어떠한 질문을 하던 간에 우리가 하는 대부분의 행위들은 치료대상으로 하여금 내적대상을 경험하게 하므로 모든 수준의 상호작용은 세밀하게 숙고되지 않으면 안 된다.

내적대상으로서의 치료사

중요한 것은 치료사가 하는 이야기내용 자체가 아니라 무언가를 말하고 있는 목소리 또는 무엇을 말하려고 하는 노력이 치료를 돕기 위한 안전장치가 되어주며, 그로 하여금 치료사가 자기에게 시간과 공간을 제공해 주고 특별한 관심을 가져준다는 느낌을 갖게 한다는 것을 명심할 필요가 있다. 이미 이야기되었지만 역동관점의 치료 작업에서는 방어와 불안 및 무의식의 환상 그리고 내적대상관계의 역동에 관심 갖고 전이와 역전이 해석이 제공된다.

해석적 접근

그러한 맥락에서 치료관계의 "지금-여기"에서 우리는 치료대상이 치료관계에서 자기를 내세워 자기불안으로부터 방어하려고 하는 행동에 관심을 갖게 된다. 다시 말하면 치료사는 그 방어자체가 지금 그가 필요한 욕구이며 내면에 숨겨진 깊은 정서라는 사실을 이해하고, 그의 불안을 통해 깊은 무의식과 접촉하도록 행동이나 작품을 통해 부분적이고 간결하게 이해하기 쉬운 해석을 제공한다. 사례를 통해 행동의 반응에 초점을 맞추고 그의 반응에 관심 갖는 치료사의 해석적 접근에 대해 다시 확인해보기로 하자.

익숙한 공간과 태도를 벗어난 상황에 투사된 전이문제

유아기에 심장수술을 받았던 이 여성은 오랜 세월 내가 경험한 수많은 대상들 가운데 해석요소와 관련하여 가장 기억나는 사례이다. 그 날은 내가 급히 처리해야하는 일 때문에 늘 그녀를 맞이했던 공간을 벗어나 다른 방에 있다가 급히 그녀를 맞이하기 위해 서두르게 된 상황이었다. 순간 그녀의 표정이 달라지는 것을 느꼈지만 예전과 다름없이 차를 준비하여 자리에 앉았고 치료는 평소와 크게 다르지 않게 진행되고 마무리되었다.

그러나 다음 회기의 시작에서 "오늘은 바쁘지 않으신가 봐요?"라는 인사말로부터 서둘러 이야기를 시작하는 그녀의 모습이 유난히 불안정해 보였다. 그녀는 묻지도 않은 아동기의 기억을 말하기 시작했고 마지막 내용에서 엄마는 늘 바빠서 단한 번도 편안한 상태에서 자기를 맞이해준 적이 없었다고 했다. 알 수 없는 불안감에 불편한 마음이어서 지난 회기이후 일상에 충실할 수가 없었고 시간이 지나면서는 그러한 자기에게 화가 나고 그에 대한 죄책감도 있었다고 했다.

그녀는 늘 같은 장소가 아닌 곳에서 바쁘게 서두르는 나의 모습에서 치료사가 자신에게 집중하지 않은 것 같아 마음이 불편했던 거고 그러한 나의 태도에서 어린 시절 엄마의 모습이 떠올라 동일시되었던 것 같다. 구체적으로 설명할 수는 없지만 이 날 나는 그러한 그녀의 마음 부분들에 집중하고 어느 하나도 놓치지 않으려 노력하면서 세분화하며 확인시켜갔다.

작품이 주는 자연스러운 해석적 접근을 통해 그녀는 자신의 행동을 탐색하기 시작했으므로 덕분에 우리는 이날의 작업에서 그녀 자신의 마음속에 감추어져 있던 불안의 원인을 찾고 직면하는 기회를 가질 수 있었다. 그럼으로써 현재 자신을 억압하고 힘들게 하는 사건들에 가까이 가고 탐색과정과 자연스러운 해석과정을 통해 투사된 방어인식과 극복을 위한 다음 계획을 세울 수 있었다.

치료사의 실수가 갖는 의미

나의 안정적이지 못했던 그 날의 태도와 관련하여 한 가지 덧붙이고 싶은 것은, 우리들 치료사는 최선을 다해 치료대상에게 집중하고 그의 입장에서 행동해야한다는 것은 명백한 사실이나 우리의 실수 또한 치료적으로 사용될 수 있다는 것은 단순히 합리화라고만 단정할 수 없는 중요한 의미가 포함되어 있다. 그렇기 때문에 의도하지 않은 상황에 저질러지는 우리의 실수에 대해서 지나친 자책은 도움이 되지 않으며, 오히려 자신과 치료대상의 반응에 집중하여 왜 그러한 일이 일어나야했는지 이해하려는 자세가 우선일 것 같다. 이에 대해 아래에서 설명이 더 이어질 것이다.

치료사 자기 사용하기

전이와 역전이를 다루는데 있어 우리는 치료관계에서 갖는 정서반응에 대해 민감하다. 치료사 내면에서 일어나는 역전이는 두 사람관계에서 행동으로 드러날 수는 있지만 검증이 쉽지만은 않다.

때때로 치료관계에서 경험되는 우리의 어떤 반응이 나의 내면에 잠재된 것인지, 치료대상이 행한 어떤 실제에 대한 반응인지, 특별히 판단하지 않은 채 반사적으로 우리의 반응을 인식하려 노력한다. 그저 우리의 대상관계와 내적대상관계 사이에 일어나는 것에 대해 이해하고자하며 굳이 분리시키려하지도 않는다. 우리가 느끼는 정서반응에 대해 직접적으로 표출하지 않으면서 이러한 반응의 의미를 생각하며 감정을 걸러내려고 한다. 그런 다음 치료사의 노력과 인정이 치료대상에 의해 수용되고 그가 자신의 삶에 대해 작업하기를 원할 때에서야 투사적동일시를 통해 우리 안에 들여 넣어진 감정을 다룰 수 있게 된다.

투사적 동일시와 공감적 실패

그러한 노력에도 우리는 때때로 그들의 감정을 건드려 상처를 주는 공감적 실패를 가져오기도 하며, 그로 인해 치료사들은 늘 자신이 행한 노력에 의문을 품고 좌절하기도 한다. 그럼에도 때로는 자신의 실수가 그에게 도움이 된다는 사실을 발견하기도 하면서 무엇이 옳은지에 대해 혼란을 겪기도 한다. 이 때 중요한 것은 치료대상에 대한 치료사의 진실된 관심과 돌보고자하는 마음이 유지될 때 치료사 자신이 한 실수가 검토되고 서로가 교류할 수 있는 다리가 되어준다는 것이다. 이와 관련하여 한 여성의 사례를 생각해보기로 하자.

> 그녀가 나의 치료실을 찾았을 초기에 발견된 것은 어떠한 것에도 만족을 느끼지 못하고 또한 그만큼 대상에 대한 갈증도 크다는 것이었다.
>
> 어느 한 회기에서 그녀가 시작한 이야기는 어떤 세미나에서 만난

분의 상담소를 찾아가 2시간정도 최근에 겪고 있는 어려움을 이야기했는데 끝나고 나오면서 느낌은 "반응 없는 시멘트벽에 이야기하고 나온 것 같았고 자신이 한 이야기가 비수로 되돌아 온 것 같아 등골이 서늘하고 수치감을 느꼈다"고 했다.

치료사의 박탈감

이야기를 들으면서 나는 그녀가 느꼈을 불편감을 애써 위로하려 노력하고 있었지만 한편으로는 치료사로서 나의 역할이 그녀로부터 박탈당한 것 같은 실망감을 떨쳐버릴 수가 없었다. 그 감정을 견디지 못하고 내뱉은 서운함에 대한 나의 표현에 그녀는 잠시 침묵을 지켰고 순간 그녀에게 미안한 감정이 밀려왔다.

전이의 초점

그 상황에서 내가 깨우친 것은, 그녀가 전이적 관계에 반복적으로 빠져드는 것에 대한 인지와 그녀가 자신의 상황과 감정을 밝히려는 시도가 그리고 되돌아오는 자신의 실망으로부터 보호하려는 노력이, 오히려 성장에 방해요소가 되고 있다는 것을 알게 했다는 사실이다. 또한 그 누구도 자신의 이야기를 경청하지 않고 무시하는 이들과 투쟁하고 있는 자기를 지켜봐주는 자로서 치료사를 유지하고 싶었다는 것과, 그녀의 침묵은 나로 하여금 그러한 그녀의 욕구를 좌절시켰음을 깨닫게 하고자하는 표현이라고 생각되었다.

결과적으로 우리는 서로의 감정에 가치를 두고 교류할 수 있었고 나는 그녀가 자신의 방식으로 나를 사용하도록 내어줄 수 있는 용기를 가질 수 있었으며 전이의 초점을 확인할 수 있는 내적 공간 또한 가질 수 있었다.

우리가 치료관계에서 화가 나거나 서운함을 느끼거나 실망감을 가질 때, 이것을 통해 치료대상의 내적욕구를 이해하는 시작점으로 삼고 그것에 대한 치료사자신의 반응에 대해 탐색하고 감정을 걸러내어 무언가를 알아차리게 된다면 치료를 위한 내적이야기가 시작될 수 있을 것이다.

현실적 역전이와 신경증적 역전이

역전이는 기본적으로 두 가지 모습으로 인식할 필요가 있다. 예를 들면 치료와 관련시킬 수 있는 현실적인 역전이와 치료사 자신의 문제와 더 관련된 신경증적 역전이 이다. 치료사와 관련된 역전이일 경우 반드시 수퍼바이저의 안내를 받아야하며 치료사가 자신의 문제를 인식하고 치료대상의 투사문제를 자유롭게 받아들일 여유를 갖는다면 보다 심층적인 소통과 의미있는 인간관계의 탐험이 시작될 수 있을 것이다.

치료관계의 상징적 의미

치료관계는 의식적인 만남 뿐 아니라 무의식적인 만남이 일어나는 관계이므로 두 사람 사이에서 일어나는 모든 감정은 무시될 수 없는 역전이 요소로서 때로는 이러한 감정이 혼란을 가져다주기도 한다. 역전이를 이해하기까지는 많은 시간이 요구될 수 있지만 치료사가 자신의 내면에서 일어나는 내용을 무시하지 않고 관찰하고 자신의 감정 상태를 있는 그대로 두 사람 사이에 일어나는 의사교류의 한 요소로서 인정하게 되면, 자신의 감정을 치료대상과 연계시킬 수 있는 가능성을 스스로 회복할 수 있게 된다.

역전이 반응은 때때로 미약하게 나타날 수 있어서 치료사가 감지하지 못하는 경우도 많기 때문에 치료관계에서 일어나는 감정적 정신적 활동에 주의를 기울이는 방법을 익힐 필요가 있다.

반응하는 치료사로서 균형 유지하기

반복 이야기되었듯이 치료관계는 일반적인 만남과는 다르게 매우 특별하고 강렬할 수 있다. 도움을 요청하는 이들은 상처를 참을 수 없을 만큼 고통스러울 때 치료실을 찾게 되므로 우리는 그들의 아픔에 대해 강한 감정을 느낄 수밖에 없다.

치료사의 공감능력

그러한 치료사의 수용과 공감적 능력은 초기의 어린 유아에 대한 양육자의 무조건적 수용과 돌봄의 능력과 유사하다. 아기의 행동과 울음소리를 관찰하고 감지하여 필요를 제공하지만 양육자인 엄마도 간혹 아기의 욕구와는 상반되는 모습을 보이기도 한다. 그럼에도 엄마는 계속 아기를 관찰하고 대처하려는 노력을 통해 아기의 욕구를 감지할 수 있는 능력을 갖게 된다.

그러하듯 치료사도 치료대상의 모든 행동을 관찰하면서 욕구에 대처하려 노력하지만 때로는 실수하기도 한다. 아기를 돌보고자하는 노력에도 엄마는 실수를 반복하게 되지만 결국은 엄마가 아기의 욕구를 알아차리게 되듯, 치료사도 자신의 내면에서 일어나는 감정 상태를 살피고 심사숙고함으로써 실마리를 찾고 대안을 찾을 수 있게 된다.

감정과 사고

이 때 중요한 것은, 치료사의 감정 상태로서 자기 안에 일어나는 감정적 반응과 사고 간의 균형을 유지하고 그 감정이 어디에서 비롯되며 왜 그것을 느끼는지에 대해 스스로에게 질문함으로써, 자신이 치료사로서 역할을 실천할 수 있는 공간을 내부에 만드는 것이다. 만약 치료사가 그러한 공간을 자신의 내부에 갖지 못하게 되면 역전이에 빠져 헤어 나올 수 없게 되며 치료적 기회 또한 제공할 수 없게 된다. 결과적으로 치료대상 역시 내면에 치료를 받아들일 수 있는 공간을 만들지 못하고 복잡하게 얽힌 무의식의 내용물들에 잠식되고 만다.

따라서 치료관계에서 우리에게 가장 중요한 것은, 의식적인 관찰 이외에 무의식의 반응에 민감하고 그 반응을 의식적 관찰내용 및 현상과 관련지을 수 있는 내적 여유를 가지는 것이며, 치료대상의 욕구와 문제를 파악하고 정리할 수 있는 능력을 가지는 것이다.

임상감독을 통해 역전이 대처하기

역전이 관련하여 치료사의 대안은 개인분석, 개인치료, 개별 및 집단 워크샵, 동료집단, 개별감독, 집단감독 등을 활용할 수 있다.

미술치료사들이 소그룹을 형성하고 동료들과 함께하는 작업을 통해 자발적인 자기분석이 가능하므로, 나는 치료사들에게 동료들이 모여 작업하는 동료집단 작업시간을 늘 권유해왔다. 집단 및 개별감독 또는 개인치료접근으로 치료 상황에서 일어나는 역전이 문제를 다루도록 치료사들을 안내해 왔는데, 이와 관련하여 내가 진행하는 "정신건강상담사 & 학교미술심리상담사"과정에서는 치료관계의 "전이-역전이"에 초점을 둔 치료사 윤리 워크샵을 필수교과로 지정하고 있다. 치료사는 아직 훈련과정에 있든 이미 전문가로서 임상에 임하고 있든 치료관계에서 도움 받을 수 있는 각자의 장치를 마련하고 있어야 함을 인식해야 한다.

치료사의 전문성 보호장치

우리는 치료사이기 이전에 한 개인으로서 각자의 욕구가 있으며 그 욕구들 가운데 가장 기본적이고 보편적인 욕구는 인정받고 싶은 욕구일 것이다. 그와 관련하여 우리는 임상에서 일어나는 일들을 감독자에게 알림으로서 좋은 치료사로 훈련되기를 원하는 반면에, 또한 좋은 치료사로서 감독자에게 인정되기를 원한다. 그러한 치료사의 욕구가 문제일 수 없지만 의식하고 있어야 할 것은 임상감독의 주된 목적은 치료관계에서 일어나는 일에 대해 이해하기 위해 감독자를 활용한다는 점이다.

임상감독의 목적

수퍼비전을 통해 치료사는 치료대상과의 역전이 상황에서 잠시 분리되어 객관적이 되면서, 감정을 일으키는 관계를 확인할 수 있으며 치료관계로 인해 영향을 받은 자신의 어떤 부분에 균형을 잡을 수 있게 된다. 따라서 임상상황에서 보다 더 적절하게 상황에 대처할 준비를 할 수 있을 뿐 아니라 스스로 전문적 개입을 개발하고 유지해 갈 수 있는 능력을 갖게 된다.

치료관계에서든 감독자와의 관계에서든 "전이-역전이" 역동에서 벗어날 수는 없을 것이다. 그러므로 치료사는 자신의 성숙과 치료의 효과를 위해 필요에 의해서는 치료사 자신의 개인치료를 통해 도움 받을 수 있어야 한다. 치료사로서 역전이 해결을 위해 이러한 감독이나 치료들이 필요하다는 사실을 인식하고 실천하게 되면, 자신도 모르는 사이에 전문가로서 역량을 발휘하고 있는 자신을 발견하고 성숙한 치료사로 존재하고 있는 자기를 스스로 깨닫게 될 것이다.

해결되지 않은 치료사 자신의 갈등이 치료관계에 미치는 영향 다루기

임상상황에서 치료사가 자신의 대인관계 패턴을 어떻게 다루는지의 정도에 따라 치료적 효과성은 달라질 수 있다. 아직 전문가로서 풍부한 경험이 없더라도 임상경험이 반복되면서 여러분은 이미 치료과정에서 자신의 성격패턴이 치료대상에게 얼마나 많은 영향을 주는지 알아차렸을 것이다. 치료관계에서 도움을 제공하기위한 도구로 자신을 노출시켜 사용하게 할 필요성에 대해서도 우리는 알고 있지만 늘 우려하고 자책하곤 한다.

치료사의 대인관계 패턴이 치료에 미치는 영향

다시 말해서 치료사가 치료관계에서 자신의 생각과 경험을 치료대상에게 제공하는 것이 단순히 현상적인 변화를 위해 주입시키는 것이거나 치료사자신이 옳기 때문에 모방하라는 메시지로서 전달된 것이라면 당연히 잘못된 것이라는 자기반성으로 돌아올 것이라는 것이다.

전문가로서 치료사 스스로에 대한 질문과 과제

그러나 다시 생각해보아야하는 것은, 우리가 치료관계에서 그들의 내적 세계를 이해하고 그 고충을 치료사자신의 내부에서 다루어 이해되고 정리된 결과를, 치료대상에게 다시 되돌려 변화를 시도하게 하는 것을 위해 사용된 치료사의 경험제공이라면 어떤가? 이것의 가치는 무엇인가?일 것이다. 우리가 진정으로 치료대상을 돕고 이 과정이 진정 그들이 원하는 것인지 그리고 이러한 과정들이 전문가로 성장해가는 치료사자신에게 의미 있는 일인지에 대해 끊임없이 질문하고 갈등해야하는 과제이다.

이러한 우리의 갈등과 관련하여 분명히 알아야하는 것은 어떤 치료대상은 자신의 욕구를 채우고 돌보는 일에 치료사를 유인하고 조정하려할 수 있으며, 이때 그 과정에 휘말리게 되면 당연히 치료사는 자기 안에 갈등과 혼란을 감수해야하며 스스로에 대해 파괴적이 될 수 있다.

치료사의 방어와 미해결 문제

치료사가 해결되지 못한 자신의 내면문제를 해결하기위한 노력의 과정이 없다면 이러한 문제들은 치료사자신의 갈등을 알아차리지도 대처하지도 못하게 만들뿐 아니라 자신의 부족감을 감추기 위해 강력한 거짓자기에 휘말릴 수 있다. 결과적으로 치료대상의 거짓자기 또한 부추기게 되고 치료사의 방어에 협조하게 하는 결과를 초래하게 만들므로 치료를 발전시킬 수가 없게 된다.

물론 우리가 아무리 안정된 정서를 가지고 있다하더라도 어느 누구도 완벽할 수 없으며 자주 자기문제로 겹쳐진 치료대상의 문제에 직면할 수 밖에 없다는 것 또한 사실이다. 다만 우리가 치료사이기 이전에 한 개인으로서 자신의 상처를 돌아보고 해결하고자하는 욕구를 가졌고 그것을 해결하기위한 치유경험과 훈련을 겸한다면, 그리고 우리가 치료사라는 역할을 도움이 필요한 대상의 우위에 올려놓고 내려다보고 있는 것이 아니라 평등관계의 눈높이에서 진정으로 상대의 내면을 만난다면, 더욱 더 자유롭게 치료대상이 자신의 문제에 가까이 가도록 도울 수 있다는 것이다.

치료관계에서 유의하고 숙지해야 할 추가사항

치료관계를 유지하고 치료 작업을 효과적으로 안내하기 위해서는, 앞에서 다룬 다양한 접근이론과 방법을 포함하여 유의하고 상호작용전반에 걸쳐 살피고 유의해야할 사항들이 있다.

방어욕구 이해하고 임상적으로 다루기

역동적 맥락에서 치료대상의 문제를 평가하고자할 때 우선 이해할 필요 요소 중 하나는, 방어기제(프로이트<1894>가 고통스러운 생각이나 감정에 대적하는 자아의 투쟁을 기술하면서 처음으로 방어라는 용어를 언급한 것으로 부터 Anna Freud<1936>가 억압, 부인, 반동형성, 치환, 합리화, 주지화, 퇴

자아 방어기제

행, 역할반전, 자기비난, 동일시, 승화 등의 자아방어기제를 제시했다. DSM-III-R〈APA, 1987〉에서는 18가지의 방어기제를 제시했고 DSM-IV,〈APA, 1994〉에서는 30여개의 방어기제를 나열하였다. 그 외에도 다양한 유형의 방어기제가 정신분석가들에 의해 제시되어 왔고 최근의 어떤 문헌에서는 50여개의 방어기제를 제시한 경우도 있다)로서, 치료사는 치료대상의 고통과 문제의 연관성이해를 위해서도 방어기제가 갖는 의미이해에 익숙해질 필요가 있다.

방어는 우리가 세상을 살아가면서 경험하는 포괄적이고 불가피한 정상적이고 건강한 적응적 방법으로서 무의식적인 심리적 갈등과의 타협요소이자 역동적 발달적 측면을 지닌다(표현예술치료로 만나는 정신건강이야기, 2009, p.100-120 참조). 우리가 생각하는 방어기제는 현실의 삶에서 전 생애에 걸친 자기보호와 적응적이고 바람직한 기능을 포함한 무의식의 목적을 가지고 있다. 무의식의 목적은 흔히 위협적인 감정을 피하거나 자존감을 유지하기 위해 또는 슬픔에 대처하기 위해서도 방어기제가 작동된다.

기질과 스트레스와 방어기제의 상관성

삶의 경험은 개인마다 다르므로 각자는 자신의 경험에 따라 자기만의 선호하는 방어기제를 가지게 된다. 예를 들어 선천적인 기질에 따라 또는 초기 어린 시절의 스트레스 경향에 따라 그리고 주요체계로부터 학습되거나 특정 방어의 체험에 의한 결과로서 개인의 주요방어기제가 형성된다.

우리는 임상에서 치료대상의 방어패턴이 언어이전에 현실원리의 획득에 결함이 있었거나 분리와 항상성에 대한 이해결여로 오는 일차적 방어인지, 보다 성숙한 이차적 방어인지에 따라 문제의 수준을 가늠하고 치료기준을 달리 세우게 된다. 그러므로 이 시점에서 우리는 각 방어기제가 어떠한 정신역동과 연관되어 형성되고 작동하는지 이해할 필요가 있다.

일차적 방어기제

일차적 방어(1976에 Kernberg가 경계선환자의 내사와 투사과정에 관심을 가지면서 정신분석에서는 철수, 부인, 전능통제, 원시적 이상화와 평가절하, 투사적 및 내사적동일시, 분열 등을 원시적 방어 또는 일차적 방어라는 개념으로 사용했음)란 언어이전의 유아가 가질 수 있는 특성과 연관된다고 보면 된다.

그렇다면 이 방어의 과정은 유아적 상태에 머물러있고자 하는 욕구라기 보다는 방어를 사용함으로서 세상을 지각하는 방법이자 연속선상의 발달적 의미를 담고 있다.

따라서 이러한 이해는 언어이전의 방어과정이 심리를 구성하는 성격적 토대가 된다는 의미를 함축하고 있으며 다만 이때 특정방어를 사용함에 있어서 일반적으로는 다른 보완적 방어기제를 사용하여 불안을 처리하고 현실에 적응해 간다. 그러나 만약 현실에 적합한 다른 방어기제를 사용할 수 있는 심리적 기술이 부족하거나 한 방어기제만을 계속 사용할 경우 병리적인 정신구조가 형성된다.

이차적 방어기제

일차적 방어기제(표현예술치료로 만나는 정신건강이야기, 2009, p.99-120; Nancy McWilliams, 1994; 정남윤 & 이기련 역, 2008, p.143-170 참조)가 인지와 행동 및 정서가 미분화된 방식의 자기중심성이라면, 좀 더 성숙한 방어기제로서 이차적 방어(표현예술치료로 만나는 정신건강이야기, 2009, p.99-120; Nancy McWilliams, 1994; 정남윤 & 이기련 역, 2008, p.171-208 참조)는 생각과 감정 그리고 감각 및 행동이 보다 특수하고 분화되어 있고 억압, 퇴행, 격리, 주지화, 합리화, 취소, 치환, 반동형성, 동일시, 행동화, 승화, 역할반전 등이 이에 속한다.

역전이 통해 방어에 담긴 불안 이해하고 소통

치료공간에 들어온 이들 대부분은 내면세계의 갈등으로부터 자신을 방어할 필요성이 있다는 것을 인정하는 것이 치료의 일차적인 문제해결 과정이므로, 나는 치료관계에 어느 정도 기초적인 신뢰가 형성되었다고 판단되는 시점에 방어기제를 다루곤 한다. 방어를 하는 기본적인 목적은 자기보호 욕구와 관련되며 누구나 대부분의 방어를 상황에 따라 적절하게 사용하지만, 어느 특정방어에서 벗어나지 못하면 여전히 자기를 알고자 하는 책임을 회피하는 것이 되며 결과적으로 무의식은 자신을 돕지 않을 것이다.

마음의 문을 열 수만 있다면 무의식의 부분들은 나름대로의 방식으로

소통을 드러내며 창조적인 잠재력과 진실을 발견할 수 있도록 도울 것이다(표현예술치료로 만나는 정신건강이야기, 2009, p.99-100). 그러므로 치료사의 역할은 전이를 통해 치료관계에서 나타나는 불안 간의 관련성을 탐색하면서, 방어를 무시하거나 비난하지 않고 그의 방어에 담겨있는 불안에 대해 소통하려고 노력하고 기다려주는 것이다.

치료사 자신을 신뢰하기

임상현장에서 치료사들이 가장 힘들어하는 것은 수련과정에서 학습하고 익혔던 지식과 기술이 실제 상황에서는 다르게 전개되고 그러한 상황에 대처하지 못하는 자신의 능력에 좌절을 느끼게 한다는 점이다. 유사한 상황을 보고받는 여러 감독상황에서 나는 늘 이렇게 답하곤 했다. "우리가 당면하는 치료작업의 속도와 반응을 미리 알 수는 없지만, 기본토대는 치료초기에 준비했던 개념화의 기초 틀에 의존하면서 그 틀을 지키려는 노력을 하다보면 이해될 수 있고, 그래서 치료대상의 특성에 적합한 조건에 초점을 맞출 수 있는 융통성의 능력을 발휘할 수 있게 된다"라고…

사례개념화 사용

어떤 치료사는 내가 전한 이야기를 하나도 빠트리지 않고 기억하고 실천하려 했지만 실제상황에서는 무의식적으로 익숙한 자기방식으로 대처했던 이야기를 전해준다. 중요한 것은 그러한 치료조건이 경직되고 한 치의 오차도 없이 움직이지 않는 기계와 같은 형태가 아니라, 우선은 치료대상의 개인적 특성과 수준을 따르면서 기본 틀을 흩트리지 않고 집중하는 반면에 치료사 자기 안에서 일어나는 반응을 따르면서 대처해가는 것이다.

치료계획의 기초틀에 근거한 융통성

다시 말하면 치료사가 오늘의 목표를 설정하고 주제와 매체를 준비했으나 치료과정에서 등장하는 이야기가 다른 곳으로 초점이 맞춰지고 있다면 이전의 계획에서 벗어나 자연스럽게 그의 욕구와 흐름에 따라간다는 것이다. 이것은 음식을 만드는 주부가 요리책에 기록된 재료를 준비하고 순서를 기억하고 있어도 경험이 반복되면서 실재 요리를 만들어가는 과정에서는 지식과 순서를 벗어나 자신의 느낌으로 완성해 가는 것과 같은 맥락이다.

그렇듯 우리는 기초지식을 가지고 그에 따르려고 노력하지만 일단 치료에 들어가게 되면 머리로 아는 모든 지식은 사라지고 몸이 움직이고 반응하게 된다. 이것은 치료사가 기본 지식의 틀을 가지고 있되 치료대상의 관심과 과정의 흐름에 집중한 대상중심의 접근으로서 치료사가 가진 창조적 능력이기도 하다.

대상중심의 치료접근

아무리 좋은 기술과 이론을 터득하고 있다 해도 도움이 필요한 이의 욕구에 맞춰지지 않은 방법이라면 그 지식은 가치를 발휘하지 못한다는 의미이며 치료사자신의 능력을 신뢰하지 않은 결과가 된다. 그래서 때때로 지식도 방법론도 충분히 갖춰지지 않은 초보치료사의 치료결과가 경험 많은 치료사보다 더 의미 있는 치료효과를 나타내는 경우가 있는데, 그것은 지식으로서가 아닌 오직 대상중심의 마음으로 집중했기 때문에 지식과 경험이 부족했어도 가능했던 결과이다. 물론 전문가라면 그러한 논리에 대해 이미 알고 있고 실천할 것이다. 그럼에도 치료사들은 치료대상으로부터 오는 충격과 어려움에 대처하여 각자 나름의 이론과 지식으로 무장하여 방어벽을 구축하려고 한다.

전문가로서 최선을 다하는 치료사는 치료관계에서 어떤 일이 일어날지 모르는 것을 자신에게 허용함으로써 무장을 해지하는 대신, 관계와 신뢰에 집중하는 자신의 능력에 의지한다.

치료사의 관계능력과 자기신뢰

치료 상황에서 치료사가 해야 하는 역할에는 관찰이라는 과제를 배제할 수 없는데, 그 과제를 수행하는 과정에서 치료사는 대상의 과정에 어떻게 반응해야하는지 언제 이야기를 해야 하는지 적절한 시기를 결정하게 된다. 이 능력은 치료사로서 갖추어야하는 이론적 기술적 기초 틀이 지금 일어난 일에 대한 대처를 인식하고 재발견하도록 도와준다. 치료 작업의 과정을 주의 깊게 관찰하고 경청하다보면 치료사자신이 알고 있는 것이 떠오르게 되고 치료대상의 특정내용에 적합한 단어와 방법을 사용할 수 있게 된다.

역설적인 이 내용들이 어쩌면 치료에 임하는 우리의 기술이자 치료사가 될 수밖에 없었던 우리의 능력이지 않을까 싶다. 이 이야기에는 치료사가 무작정 계획 없이 치료에 임하라는 이야기가 아니며 지식과 기술을 위한 훈련이 필요 없다는 이야기도 아니다. 오히려 그래서 훈련이 필요하며 경험에 의해 이 치료적 역설을 이해할 수 있으리라 본다.

종결에 대한 양가감정 다루기

치료의 전 과정을 통합해내기 위해 별도의 마무리시간을 갖는 것은 대부분의 모든 치료에서 중요한 요소이자 치료시작부터 이미 전체 치료계획에 포함되어 있는 불가피한 과정이다.

일반적으로 종결은 한 회기에서의 마지막 종료와 치료 전체과정에 대한 종결이라는 두 가지 의미를 함축하고 있다. 회기의 종료는 치료를 효과적이고 만족한 경험으로 가지고 떠날 수 있도록 돕기 위함이며 치료경험이 일상생활에 부정적인 영향을 미쳐 이차적인 문제를 발생하지 않도록 돕는 것을 포함한다. 전체과정의 종결은 치료의 최종단계로서 치료계약과 치료관계를 종료하는 것으로서, 여기에서는 치료전체과정의 종결에 초점을 두고 이야기되어질 것이다.

치료종결의 이유

미술치료 임상에서 모든 노력의 과정은 언젠가는 종결에 이르게 되는데 대체로 종결의 이유는 치료계획에서 이미 사전에 동의되어진 약속기간과 치료목표가 달성된 경우, 치료관계에서의 불일치 또는 치료과정의 불만족 등의 이유로 한 쪽이 종결을 결정한 경우, 또는 이사로 인해 치료를 지속하기 어려운 상황인 경우, 그리고 치료사의 한계성 등에 의해 치료를 종결하게 된다.

종결의 이유가 무엇이었든 간에 종결과 관련된 심리적 상황에는 독특한 감정과 특성이 있다. 정신역동 측면에서 보았을 때 치료의 시작은 출생과 같은 불안의 심리적 의미를 내포하고 있어서 편안하고 안정된 치료환경으로 치료대상을 담아내야 하지만, 종결은 분리개별화의 단계와 같은 분리감정을 일으켜 불안, 부정, 저항, 애도의 반응을 자극한다. 치료결과에 대해 만족하면 만족한대로 불만족하면 불만족한대로 종결에 대한 양가감정은 누구에게나 이차적인 문제로 등장할 수 있다.

종결에 담긴 분리개별화 감정

종결단계에서 보이는 이러한 감정의 주제는 상실과 분리에 대한 불안으로서, 상실에 대한 반응은 행동에서 뿐 아니라 그림 작업에서 보다 표면적으로 드러나 보인다. 이와 관련하여 치료사가 유의해야할 사항은, 분리불안문제 외에도 가족과 중요한 다른 사람과의 상실경험을 동시에 경험하고 있는지에 대해서도 민감하게 고려되어야 한다. 흔히 그림 작업에서 종결에 대한 상실의 보상욕구로 퇴행의 형태를 드러내기도 하므로 유의하여 관찰할 필요가 있다(청소년임상미술치료방법론, 2005, p.143-145).

상실에 대한 보상과 퇴행

이와 같은 종결의 특성과 필요조건을 충족한 만족된 종결에 대처하기 위해서는 종결을 해도 무리 없을 정도로 준비가 되었는지에 대해 치료대상의 능력을 평가하는 것이 우선이다. 예를 들면, 그가 치료관계에서 일어나는 안아주기를 받아들이고 제공할 수 있는 관계능력이 향상되면서 공감능력이 향상되었는지, 투사적동일시를 책임 있게 적절히 사용하는 능력이 향상되고, 상실과 긴장감을 견뎌내고 애도할 수 있는 능력이 생겼을 때, 그리고 타인과의 관계에서 서로의 욕구를 조화롭게 소통할 수 있으면서 관계를 유지하고 분리할 수 있는 자율성을 유지할 수 있는 능력이 어느 정도 가능하다고 평가되고, 또는 계속 성장을 위해 노력할 가능성을 기대할 수 있다면 종결을 할 수 있는 준비가 되었다고 볼 수 있다.

종결준비

치료사가 최선을 다하여 종결을 준비하고자 노력해도 때로는 만족스럽

중간대상으로서 치료사

지 못한 상태에서 종결을 해야 하는 경우가 발생하게 된다. 그럴 경우 치료사는 충분하지 못한 결과에 대해 실망하고 자신의 부족감을 탓하는 경우가 종종 있다. 우리가 인식하고 있어야하는 것은 치료는 늘 성공적이지만은 않을 수 있으며 치료관계의 종결에는 긍정적인 결과와 그렇지 못한 결과의 요소가 한데 섞여있다는 사실이다. 성공적이라고 생각되는 결과에도 개인에 따라 부족감을 느낄 수 있으며 그럼에도 그가 가진 가능성을 기대하면서 떠나보낸다는 사실과 우리의 애도가 그의 다음 방향에 영향을 미칠 것이라는 사실을 인식할 필요가 있다.

치료사가 이러한 과정에 애도할 수 없다면 새로운 치료관계에서 의연할 수 없으며 불안하고 위축되므로 치료적 힘을 제대로 발휘할 수 없게 된다. 어떠한 결과로 어떻게 치료가 중단되고 또는 종결했든 간에 치료사는 치료환경에서 그들의 중간대상으로서 영향을 미치게 된다. 종결 후 이 중간대상은 아무렇지도 않게 그의 일상에서 버려질 수 있으나 치료관계의 경험은 마음속에 유지되고 삶에 긍정적 영향을 미치게 된다.

제 2 부

임상사례접근의 구체적 방법

정신역동관점의 임상은 정신역동에 대한 기초이론과 진단을 위한 접근방법을 이해하는 것으로부터 시작할 수 있다. 따라서 이 책을 통해 임상훈련을 하고자하는 독자는 고전적인 정신분석학에서 유래하여 발전해온 자아심리학과 클라인으로부터 시작한 대상관계 심리학, 설리반으로부터 유래하여 코헛에 의해 만들어진 자기심리학과 설리반의 대인관계 심리학 등 다양한 맥락에서 치료대상을 이해함으로써 평가와 치료계획을 구체화할 수 있을 것이다. 따라서 여기에서는 이러한 역동심리의 이론적 이해에 토대를 두고 우리가 만나는 대상들의 개별성에 따라 어떠한 방법을 선택하며, 언제 무엇을 말하고, 어떻게 다가가며, 무엇을 고려하는 것이 도움이 되는지에 대한 방법을 구체화하고자 한다. 그러므로 독자는 아직 이해하지 못하고 있는 내용들에 대해서는 위에서 제시하고 있는 내용과 부분적으로 안내하고 있는 참고자료들을 통해 보완하기 바란다.

제 2 장

미술치료에서 임상평가를 위한 개념적 요소들

평가는 치료과정에서 시작이자 과정이라고 말할 수 있을 만큼 중요한 요소이다. 간혹 미술치료를 진단도구로 오해하는 이들이 있을 정도로 미술치료가 갖는 특성은 창작과정 그 자체로서 치료이자 과정의 특성과 결과물이 주는 평가적 가치를 지니고 있다. 다만 아직 훈련과정에 있어서 미술치료에 대한 가치관 정착이 안 되어 있거나 잘못된 훈련경험을 가진 치료사의 경우, 미술치료가 갖는 장점을 왜곡 사용하여 병리적 진단을 붙이는데 만 관심을 가지는 경우가 있어 이에 대한 재교육이 요구된다. 미술치료의 창작경험이 주는 풍부한 의미 중 하나는 심리적 발달적 평가를 제공하여 현재문제와 원인적 이해를 가능하게 하는 실마리를 제공해주고 치료계획을 세울 수 있게 한다는 점이다. 이 장에서는 그러한 미술치료가 갖는 평가적 가치를 의미 있게 사용하기 위해 필요한 개념과 요소들에 대해 다루기로 한다.

치료관계 가능성 평가를 위한 틀

임상현장에서 치료사로서 우리가 아무리 많은 지식과 기술을 가지고 있더라도 우선 중요하고 인지하고 있어야하는 부분은, 치료계획이 치료대상에 초점을 맞추고 상호영향을 미치는 부분들에 대해서 총체적인 틀을 가지고 보아야 한다는 것이다. 다음에서는 이와 관련하여 중요시되는 요소들에 대해 살펴보기로 하겠다.

평가면담의 안전한 틀 갖기

치료초기에 이뤄지는 평가면담은 치료사마다 선호하는 기법과 기술이 다양한 방법으로 사용될 것이다. 나는 치료관계를 형성하고 유지하며 치료계획을 세우기 위해, 관계론적 맥락에서 개인역동과 주요체계의 역동을 이해하고 문제를 연결하기 위한 각자차원의 기본적인 틀을 가지고 접근하는 것을 권한다.

최소 4회기 이상의 평가를 위한 시간을 반드시 가질 필요가 있다. 그 이유는 이 과정을 통해 치료의 범위를 설정하고, 치료사자신이 이 사례를 어떻게 다룰 것인지 또는 다른 적절한 치료접근이 필요한지 타진하는 과정으로서도, 그리고 치료의 우선 순위와 관계 형성을 위해서도 필요하기 때문이다.

아직 임상경험이 충분하지 않은 치료사가 임상대상을 만나면 늘 갖게 되는 부담은, 자신의 능력과는 무관하게 한 번 만난 사례에 대해서는 반드시 치료를 유지해야한다는 책임성에 대한 갈등인데, 이러한 부담을 감소시키기 위해서도 나는 이 과정을 예비치료 및 사전 평가기간으로 설정하도록 권유한다.

예비평가기간이든 본 치료의 평가기간이든 이 평가면담은 평가자체로서의 의미라기보다는 치료로서의 기능을 포함하고 있으며 치료를 유지하

예비치료로서의 평가면담

도록 신뢰를 주는데 목적을 가진다. 따라서 이 과정에서 치료대상은 치료를 지속할 것인지 결정하고 치료사는 그의 욕구와 문제의 배경을 이해하여 효과적인 치료를 위한 결정을 하게 된다.

평가면담의 기본원리

평가면담의 기본 원리는 일차적으로 시간, 장소, 비용, 치료사의 자격정보 등에 대한 안내와 치료과정에서 필요로 하는 약속이며, 이 후에 치료과정에서 등장하는 필요와 약속에 대해서는 차후 다시 협의 하에 이뤄질 것이라는 사실에 대해 설명한다.

비용은 첫 방문시점부터 적용되며 첫 방문에서 약속된 다음 면담은 1시간 내지 1시간 반 정도의 시간을 필요로 한다는 것과, 이후 시간은 50분을 기본으로 1시간 이내로 진행하며, 개인의 특성과 적응정도에 따라서는 15분-30분정도가 될 수도 있으며 적응수준에 맞추어 점차 늘려갈 것이라는 것 또한 설명되어야 한다.

따라서 기본적인 기초면담은 4회기 정도가 되며, 치료울타리로서의 기본약속을 위한 첫 면담과 그리고 초기면담에서 확인된 평가결과와 치료계획을 위한 면담을 합해 총 6회기로 설정할 수 있다. 이 기간은 수정 불가한 경직된 설정이라기보다는 반드시 거쳐야 할 필요 기간이라고 볼 수 있으며, 4~12회기 정도의 범위내에서 대상의 상황과 문제의 특성에 따라 가감될 수 있을 것이다.

첫 면담의 기본자세

첫 면담에서는 현재 상황과 필요한 도움에 대해 듣는 것으로부터 시작하며 치료과정의 궁금증에 대한 질문을 포함한다. 이때 실제적인 질문에 대해서는 즉각적인 답을 제공해야하며 피상적인 답변으로 불안을 조성하거나 위협적으로 느낄 수 있는 표현은 금해야한다. 치료에 필요한 질문이 아닌 사적인 질문에 대해서는 즉각적인 답변을 하는 것 보다는 질문에 어떠한 의미가 함축되어있는지 탐색하는 것이 필요하다. 치료사의 자격조건이나 치료에 대한 실제적인 질문을 벗어난 답하기 난감한 질문의 경우는, 치료사의 유머를 사용하거나 지식화의 방어를 사용하여 피해갈 필요가 있으며 때로는 간접적인 해석방법으로 치료 작업을 시작할 수도 있을 것이다.

치료공간에 들어온 대상들 대부분은 앞으로의 치료방향에 대해 그리고 현재 자신이 어떠한 상황인지에 대해 성급하게 알고 싶어 한다. 이때 성급한 답변은 금물이며 도움을 위해 서로를 알아가는 과정이 지나면서 함께 계획을 세울 것이라고 답하고 결정적인 답은 유보할 필요가 있다. 이때 그들의 질문이 무시되지 않는다는 느낌을 갖도록 배려하는 치료사의 진지한 자세와 경청은 치료대상으로 하여금 심리적 공간을 형성할 수 있는 여유를 가질 수 있게 한다.

우리가 초기면담과정에서 그의 염려와 아픔을 안아주기 위해 노력하고 있다는 것을 그들이 느끼게 되면 무의식의 내면이야기를 털어놓기 시작할 것이다. 이 때 치료사는 문제의 핵심에 초점을 맞춰갈 수 있으며 가지고 온 문제가 포함하고 있는 의미를 탐색할 수 있게 된다. 이 과정에서 우리는 그들이 스스로 자기문제를 드러낼 수 있도록 기다리며 그들의 고통에 함께 머물면서 치료사 자신에게 미치는 감정적 영향을 평가하게 된다. 뿐만 아니라 치료관계인 두 사람 사이에서 일어나는 상호작용을 한걸음 물러서서 짧은 초기 평가기간 동안의 경험을 검토함으로서 그의 내적관계에 대한 가설을 발전시켜갈 수 있게 된다.

평가면담이 필요한 이유 바르게 알기

개인력과 가족력 평가의 중요성

평가면담에서 반드시 다루어져야 하는 중요한 요소는 이 후에 구체적인 내용이 다시 언급될 것이지만, 간혹 미술치료사들이 치료대상의 발달사를 확인하는 것에 두려움을 가지거나 잘못된 이해로 우려되는 경향이 있어 강조하고 싶은 부분이기도 하다.

치료에 들어오게 한 배경일 수 있는 그의 발달사 중 어느 시점에서 어려움이 시작되었는지 개인의 발달사와 그에 영향을 미친 가족사를 살펴보는 것은 문제의 근원지와 정도를 이해하는데 중요한 역할을 하므로 반드시 확인되어야 한다. 다시 말해서 개인력은 치료대상의 강점과 약점을 이해하게 하고 전반적인 성취수준과 관계 맺는 능력의 수준 및 발달의 정도 등 문제의 깊이를 가늠할 수 있는 지표가 되어주므로 치료방향을 설정하는데 유익한 자료가 된다.

애착유형

면담과정에서 나타나는 애착행동과 기억 또한 내적대상관계와 관련하여 관계능력을 이해하는 자료가 된다. 예를 들면, 과도하게 의존적인 관계패턴을 나타내는 집착적인 애착유형은 애착대상에게 최선을 다해 봉사하며 상실감이나 이별상황을 피하기 위해 필사적으로 노력하는 반면에, 불가피한 상황에서는 자신의 고통을 인정하지 않고 철저하게 관계를 철수하며 떠나간 사람에 대해 강력한 분노감정을 갖게 된다.

관계를 평가절하하고 거리를 둠으로써 자신의 불안을 다루는 회피적이고 거절적인 애착유형은 피상적인 관계만을 유지하는 경향이 있다. 우유부단한 관계특성으로 사소한 스트레스상황에서도 쉽게 적응력을 상실하는 혼돈된 애착유형은 흔히 외상경험이 있는 경우나 부모가 혼돈된 애착유형을 가진 경우에 해당한다. 이렇듯 애착의 패턴은 개인의 관계능력에 중요한 영향을 미친다.

따라서 우리는 초기에 하는 평가면담에서 개인이 가지고 온 문제를 평가하기 위해 탐색하는 초기발달사와 그가 기억하고 있는 것에 대한 사고방식과 그 외의 정보들을 기초로, 호소하는 문제와 그 문제에 담긴 애착경험의 영향과 현재 당면하고 있는 고통의 깊이를 이해하게 된다. 이러한 요소들은 초기면담과 이어지는 치료관계에서 일어나는 역전이를 통해 더욱 이해를 깊게 하므로 결과적으로 우리는 문제의 실마리를 찾고 개입을 구체화해가게 된다.

치료관계 유지능력 평가하기

평가를 위한 면담은 치료와 평가를 함축하고 있다는 맥락에서 대부분의 치료관계가 유지되는 과정에서 기본적으로 필요한 요소이며, 최 단기 또는 단기치료에서 사용되는 방법들 대부분이 적용된다고 볼 수 있다.

방어패턴과 관계유형확인

특히 정신역동맥락의 치료접근에서는 방어패턴과 발달과정에서 경험된 관계 유형 그리고 정서적 반응과 초기의 주요체계인 부모자녀관계의 과정을 들으면서, 또는 자연스럽게 등장하는 꿈과 환상을 통해 사회적 관계에 대한 이해를 하게 된다. 방어에 대한 평가는 개인의 불안을 어떻게 다루는지 가늠하게하며 주요체계와의 관계탐색은 과거와 현재 삶의 패턴과 그 영향을 이해하게 한다. 또한 치료관계에서 드러나는 정서적 반응을 통해 우리는 그의 고통과 상실감정을 이해하며 정서와 현실적 행동의 불일치를 가져오는 영역간의 요소들을 다룰 수 있게 된다.

역동적 접근의 초기평가면담에서 배제할 수 없는 내용이 환상요소인데 이것은 무의식의 꿈을 통해 이해될 수 있다. 그러므로 치료사는 면담의 주요초점을 인식하고 치료대상에게 이것을 다루는 의미를 설명할 필요가 있으며, 꿈과 환상을 다룸으로서 역동적 치료에 적합한지 다른 치료접근이 필요할지 평가해야 한다.

이해할 수 없는 특성을 단순화시키지 않기

호소내용의 의미 이해

이미 말했듯이 정신역동접근의 미술치료에서 평가는 치료대상이 호소하는 어려움을 경감시키기 위한 시작으로 호소내용에 가려진 참 의미를 찾는 것이 핵심이다. 그러므로 드러나 보이는 행동특성이나 그림에서 섣부르게 문제를 단순화하여 진단하지 않고, 그러한 징후를 드러낼 수 밖에 없는 지금 상황이 얼마나 고통스러운지에 관심 갖고 인정하는 것으로부터 시작한다.

의료적 진단을 무시해서도 안 되지만, 이해되지 않는 불확실성에 두려움이 있거나 경직된 사고를 가진 치료사는 지나치게 진단명에 의존하여 치료방향을 제시하고 치료관계에 거리를 둘 수 있는데, 그러한 경우 치료대상의 고통과 호소내용은 실체를 가려버리고 자기 스스로가 자신의 내면을 탐색하고 진정으로 드러내고자했던 요구와 그에 대한 이해에 접근하는 것을 방해하게 된다. 그렇게 되면 치료적 평가과정은 방어로 오염되고 왜곡되기 십상이어서 치료관계 역시 발전하기 어렵게 만든다.

미술은 방어를 사용하는데 제한적인 특성이 있어서 자신의 필요를 쉽게 드러내고 이해에 이르는 길을 좁혀줄 뿐만 아니라 자기 돌봄까지 연결해주는 장점이 있다.

미술의 진단적 가치

다시 말해서 미술이 갖는 중요한 치료적 가치 외에 평가적 가치가 있음에도 불구하고 자기불안이 있는 치료사들은, 조심스럽게 미술표현으로 내보이고 있는 치료대상의 아픔과 고충을 기다리며 보호하기보다는 성급한 반응으로 미술적 평가를 교과서적으로 단순화시키고 왜곡 사용하는 경향이 있어서, 미술치료임상에서 평가와 진단의 개념은 매우 위험스러운 단어로 반복 제기되고 있다. 미술의 진단적 개념을 제대로 사용할 경우, 우리는 그 어떠한 영역에서보다 더 안전하고 공감적으로 치료적 관계를 촉진하고 치료계획을 구체화하게 하는 정보와 치료의 예후를 가늠하게 하는 진단적 능력을 발휘하게 된다.

치료사의 자기관찰

이와 관련하여 우리가 이해할 수 없는 치료대상의 특성에 너무 빠르게 반응한다고 느낀다면 자기관찰이 필요하다는 것을 감지해야할 것이다. 물론 이것은 치료관계에서 일어나는 외부요인으로 인한 결과일 수도 있으며 치료사 자신의 내부로부터 또는 현재의 실생활로부터 오는 심리적 자극일 수도 있고 치료관계의 역동일수도 있을 것이다.

앞의 내용들에서도 이야기되었듯이 이러한 반응들은 치료사자신의 불안으로부터 오는 자기방어의 징표로서 치료기능을 위협하는 요소가 된다. 그러므로 우리는 치료관계에서 일어나는 역동에 반응하는 자기관찰과 그와 관련한 훈련을 받아야 한다. 그 이유는 침묵을 지킬 수 있는 자기의지로서, 치료대상의 문제를 단순원리에 의해 평가하기 전에 경청하고 공감하며 기다리는 자세가 어떠한 평가능력보다 우선이기 때문이다.

공감 전달로 치료회피 예방하기

공감적 태도의 중요성

평가중심의 초기단계에서 치료사의 공감적 태도는 아무리 반복해서 말해도 과하지 않은 중요한 요소로서, 정신적 심리적 도움을 필요로 하는 사람들로 하여금 치료를 지속하고 싶은 욕구를 불러일으키는데 중요한 영향을 미친다. 나의 경험에 의하면 치료관계를 맺고 만남을 시작한 첫 면담에서 쉬지 않고 쏟아낸 호소와는 달리, 면담의 마무리 시점에서 또는 다음 회기에서 막연한 회피반응을 보이는 치료대상들이 있다. 또는 급박한 심정으로 상담약속을 하고 도움을 요청했지만 계속 약속을 지키지 않거나 수시로 일정을 변경하는 경우도 있다.

> 최근 몇 년 전에 만난 20대 후반과 40대 초반의 이 두 여성의 공통점은 10번의 약속 중 단 한두 번의 약속을 지키는 사람이었다. 이 두 여성에게 나는 치료에 오기까지 많은 망설임이 있을 수 있고 그럼에도 용기를 내어 도움을 요청한다는 것이 얼마나 힘든 일인지 말하거나 그렇게 용기 내어 약속을 지켜준 것에 대해 감사의 마음을 전달하곤 했다. 전화와 문자로만 고통을 호소하는 그들에게 최선을 다해 공감하고 기다리자 어느 날부터 약속을 어기는 횟수가 감소하고 진지하게 자기문제를 드러내면서 도움 받고자하는 태도를 보이기 시작했다.

애착경험이 빈약한 사람일수록 관계맺음에 위협을 느끼고 두려움을 갖는다. 관계가 시작되면 과거의 부적절했던 경험과 관련하여 의존하고 싶은 갈망이 자극되면서 거절될 것에 대한 수치심이 자극되고 따라서 거절되기 전에 도망가려는 방어현상을 드러낸다. 아마도 그 두 여성도 치료관계의 좋음이 그러한 두려움을 자극하고 약속을 지키지 않는 것으로 합리화하는 것일 수 있다. 아무튼 우리가 할 수 있는 일은 그들을 향한 관심을 진실한 마음으로 전달하고 안심시켜주는 것이며 이것이 치료에 대한 회피방어를 최소화해주는 방법이라고 생각된다.

회피방어의 최소화방법

정신역동적 평가를 위한 필요요소와 이론적 근거

미술치료 임상에서 우리가 만나는 그림표현은 그 개인의 발달과정에서 거치는 성장과 퇴행이 겹쳐 나타나는 경우가 흔히 있다. 이에 대해 우리가 미술표현의 보편성과 왜곡성에 대해 심도 깊은 이해가 없다면 치료과정에 혼란을 겪으면서 그 개인을 왜곡 해석하는 결과를 초래할 가능성이 높다. 이를 예방하기 위해서 치료사는 미술표현의 발달과정에서 지연과 퇴행현상으로 노출되는 징후와 자아손상의 과정을 이해해야만 한다.

미술표현의 보편성과 왜곡성

따라서 이 내용을 보는 독자는 "이상심리 미술치료 지침서(2016)의 제 2장"에 소개된 '미술을 통한 자아손상과 이상심리 이해 및 진단' 내용을 반드시 함께 읽기 권한다(미술치료의 발달적 심리학적 매체선택과 적용, 2013, 제 1장-2장; 미술치료평가방법의 이론과 실제, 2005; 학교미술치료지침서-아동청소년치료의 평가기법과 임상준비를 위한, 2013; 청소년임상미술치료방법론, 2007, 제2장과 제7장 참조).

여기에서는 정신역동심리학의 몇몇 영역에서 보는 성격진단(이상심리 미술치료 지침서, 2016; 역동정신의학, 1996, p.87-105; 정신분석적 진단, 2008, p.39-66; 정신의학적 진단의 핵심, 2014, p.7-25, 참조)을 어디에 초점을 두는지 살펴보는 것으로 대신하겠다. 다만 이에 대한 이해는 어느 관점의 접근이 옳거나 그른 것이 아니라 치료대상의 개별성에 따라 적절하게 선택되고 통합적으로 받아들일 필요가 있다는 점을 강조하고 싶다.

역동진단을 위해 고려해야할 사항

정신의학적 평가에서는 진단분류체계를 사용한 기술진단에 초점을 두는 반면, 역동평가에서는 기술적 진단을 넘어서 개인을 이해하는데 초점이 두어진다.

다축진단

그러므로 2013년에 DSM-5가 소개되면서 DSM-IV의 다축진단이 배제되었지만 모든 정신적 어려움은 이미 잠재되어 있던 인격으로부터 발전해 나오는 것이라는 사실을 무시할 수 없다. 따라서 이 글을 읽고 있는 독자가 역동진단을 선호하는 치료사라면, 이 다섯 축에서 말하는 요소들이 개인의 현재문제에 어떻게 상호관련 하는지를 염두에 둘 필요에 대해 관심가지기를 권한다.

"이상심리 미술치료 지침서, 2015"의 3장-12장까지의 각 장에서는 전반적인 이상심리에 대한 역동적 진단에 대한 내용이 소개되어 있고, 각각의 이상심리 유형별 미술표현에서 발견될 수 있는 진단적 이미지와 연결하여 사례들이 소개되어 있으므로 이 책과 함께 읽으면 도움이 되리라 본다.

고전적 정신분석학적 시각에서의 진단법

프로이트(Freud)

초기의 프로이트시대에서는 성격을 고착의 개념으로 받아들이고 부모의 양육실패가 심리성적발달에 미치는 영향에 초점을 맞추었다. 예를 들면 중독성 알코올이나 흡연 또는 언어폭력 등 입과 관련된 문제를 가진 사람에 대해 초기발달인 구강기에 만족하지 못한 양육경험의 결과로 온 고착

문제로 보았다. 우울장애를 나타내는 사람은 생후 1년 미만의 초기발달시기에 양육자인 어머니로부터 방임되었거나 지나치게 과보호된 결과이고, 강박적인 성격으로 치료가 필요한 경우에는 배변훈련이 시작되는 1년 이후부터 3세경까지의 항문기발달의 고착문제라고 보는 것이다. 신경증적 문제를 가진 경우는 성적관심이 발달하기 시작하는 오이디푸스기인 3세에서 6세경까지의 양육경험에서 거절과 지나치게 유혹적인 자극을 받은 결과라고 이해했다(표현예술치료로 만나는 정신건강이야기, 2009, p.161-177 참조).

다시 말해서 고전적 정신분석관점에서는 개인의 특성적 성격과 장애를 진단할 때 어떤 문제의 특성을 보이느냐에 따라 구강기성격, 항문기성격, 남근기성격이라고 지칭한다. 이러한 프로이트식의 진단법은 이후 수많은 역동정신분석이론의 토대를 이루면서 특정발달단계를 세분화하거나 보다 더 설득력 있는 방식으로 이론이 보충되어 갔다.

자아심리학적 시각에서의 진단법

에릭슨(Erikson)

프로이트의 성격진단법을 심리사회적발달이론으로 발전시킨 에릭슨(Erikson, 1950)은 구강기, 항문기, 오이디푸스기의 발달단계마다에 요구되는 심리내적 및 사회적 관계경험에 따르는 과제에 연결하여 재구성하고, 이 과제는 발달단계마다에 누구나 획득되어야하는 과업이라는 개념을 전 생애의 발달로 확장시켰다. 이러한 에릭슨의 확장이론과 유사하게 설리반(Sullivan, 1953) 또한 프로이트의 추동만족관점의 시각보다는 초기 6년 이후에도 계속적으로 성격은 발달해간다고 믿었다(표현예술치료로 만나는 정신건강이야기, 2009, p.191-202).

설리반(Sullivan)

말러(Mahler)

성격의 심리적유전을 강조한 말러(Mahler, 1968, 1972, 1975) 역시 프로이트의 구강기와 항문기발달을 세분화하여, 3세경까지에 이르는 분리개별화과정을 통해 성격이 구조화에 이르는 심리적 과정을 설득력 있게 이해시켜주었다. 따라서 우리는 임상현장에서 치료대상의 발달에 대한 단순 추측에 의한 접근이 아니라 실재경험에 근거한 현재문제를 바라볼 수 있도록 돕는 대안을 갖게 되었다(표현예술치료로 만나는 정신건강이야기, 2009, p.191-207에는 이론 외에 "은별"이 발달단계의 결함에도 성공적인 적응을 성취해간 과정을 소개하고 있으므로 참조하기 바란다).

대상관계심리학적 시각에서의 진단법

클라인(Klein)

시작은 클라인(Klein, 1932, 1957)으로부터였다. 클라인은 프로이트가 치료대상으로 부적절하다고 생각했던 아동에 관심을 갖고 치료 작업을 계속해감으로써 대상관계이론을 발전시킨 최초의 학자이다. 프로이트의 이론으로는 심각한 병리를 가진 사람의 심리를 쉽게 개념화하기 어려웠으나, 대상관계이론이 등장하면서 치료영역에서 대상관계가 어떻게 개인의 성격발달에 영향을 미치는지 설명하고 개념화할 수 있게 되었다.

대상관계접근의 진단에서는 대상(어머니 또는 주 양육자)과의 관계경험의 중요성을 강조하고 현재 나타내고 있는 치료대상의 관계패턴에서 과거의 어떤 대상관계 유형이 반복되는지, 그는 대상관계에서 어떤 역할을 수행하고 있는지, 자신이 원하는 모습과 역할은 어떤 사람인지, 부모에게 무엇을 원하고 있는지, 과거의 수동적이었던 경험들이 지금에 와서 어떻게 반복되고 있는지 등에 대한 질문을 사용할 수 있다.

즉 대상관계시각의 역동진단에서는 어린 시절의 관계경험, 치료관계에서의 전이적 실제적 관계특성, 현재의 대인관계 등 세 측면에서 나타내는 관계패턴을 중요시한다. 이것은 그 개인의 가족체계와 사회체계 간의 정보를 제공해주고, 가지고온 특정증상이 어떤 문제를 반영하고 있거나 특히 그것이 가족관계와 관련할 경우 부모의 문제를 대신하여 나타내는 희생양으로서의 역할수행일 수 있기 때문이다.

이렇듯 대상관계 맥락에서는 개인의 관계형태를 다양한 측면에서 관찰하고 종합하여 관계의 성숙수준을 평가하고 그 수준의 정도에 의해 개인문제를 이해하고자 한다(표현예술치료로 만나는 정신건강이야기, 2009, p.178-190에는 이론 외에 "숲 향기"의 의존에서 독립으로 향한 여정을 사례와 함께 소개하고 있으므로 참조하기 바란다).

자기심리학적 시각에서의 진단법

코헛(Kohut)

삶에서 의미를 찾지 못하겠다거나 자신이 누구인지 잘 모르겠다고 호소하는 사람들이 겪는 내적혼란에 대해서 코헛은 관심을 가졌다. 사람은 누구나 타인으로부터 인정받고 싶은 욕구를 끊임없이 만성적으로 가지고 있으며 그 경험을 통해 정상적인 이상화욕구를 갖게 되는데, 그러한 이상화욕구가 외상없이 무난하게 경험되지 못할 때 정신병리가 형성된다고 보았다(Kohut, 1971, 1977, 1984).

코헛의 자기애에 대한 시각은 우리로 하여금 자존감을 형성해가는 과정에서 심리내적과정에 어떻게 의지하게 되는지에 대한 이해와, 자신을 반영해주고 인정해주는 대상이 부재할 때 이들의 공허감을 어떻게 이해해야 하는지에 대한 진단적 지표를 제공해주었다.

즉 외부환경의 변화에도 자존감과 자기 연속성을 유지할 수 있다는 것은, 자기에 대한 통합적이고 전체적인 경험이 내재화되어 있으므로 건강한 자기애가 형성되었다고 본다. 그러나 자기통합이 없는 경우, 자신의 내적 경험에 대한 확신이 모호하고 자기와 타인의 경계가 없으며 신체와 정신의 경계가 분리되어 있는 듯 혼란을 느끼게 된다.

예를 들어 자살을 하는 사람들은 신체인식을 위해 자해를 반복하고, 심한 우울증을 겪고 있는 사람은 자기에 대해 도덕적으로 나쁘다고 느끼거나 외적으로는 문제가 없어 보이나 내적으로 자기비하와 공허감을 느끼는 사람들에게서 흔히 발병한다고 본다(표현예술치료로 만나는 정신건강이야기, 2009, p.208-228에는 빗나간 자기대상으로 인해 "별자리"가 어떻게 고통받아왔는지에 대한 사례, "숲 향기"의 자기대상 실패와 과대자기 발달의 정지가 어떠한 어려움으로 드러나고 치료과정에서 어떻게 극복해 가는지에 대한 과정, 창조과정을 통해 자기애적 전이를 충족해간 "정신건강의학과병원에서 치료 중이던 한 아이"의 사례, 거울전이가 진행되면서 과대자기가 적절하게 경험되도록 도운 "풍경소리"의 치료사례 등을 소개하고 있으므로 참조하기 바란다).

역동적 평가의 다양한 접근

따라서 역동적 평가는 앞의 이론적 접근에서 제시된 자아와 대상관계를 포함하여 치료대상의 자기결속력에 대한 자기개념 등 다양한 각도에서 평가함으로써 온전한 역동평가가 가능해진다고 본다(학교미술치료지침서 4편인 "발달적 접근과 특성별 지침서-미술치료사의 아동청소년 정신건강을 위한, 2014"는 아동청소년의 발달적 특성에 대한 역동적 평가와 이해 및 중재에 대해 소개를 구체화하고 있으므로 참조하기 바란다).

그러므로 평가를 위한 면담에서는 고전적인 접근의 두려움에 대한 방어뿐 아니라 자아수준에 대해 확인하고, 치료대상이 타인과의 관계에서 지속적인 관심을 요구하는가? 그리고 관계에서 사소하게 일어날 수 있는 타인의 부정적 태도에 쉽게 좌절하지는 않은가? 자존감의 취약성은 어느 정도의 수준인가? 자존감에 대한 위협감을 느낄 때 어떻게 행동하는가? 등에 대해 자기(self)와 자기대상의 성숙도를 평가하기 위한 질문을 사용할 수 있다("표현예술치료로 만나는 정신건강 이야기"에는 전통적인 정신분석, 자아심리, 대상관계, 자기심리 등의 접근 외에도 분석심리학적, 인본주의심리학적, 인지 행동 발달적 접근에서 역동평가를 위해 어떻게 다가가고 미술치료에서 극복해 가는지에 대한 사례를 담고 있다. 뿐만 아니라 전반부에서는 "숙명여대 미술치료 전문 과정"과 "한국표현예술치료협회 광주호남지부와 명지 대학원"에서 만난 치료사들의 내면작업에 대한 이야기들이 담겨져 있으므로 이 책과 함께 읽어 가면 도움이 되리라 본다).

성격발달수준과 이상 징후진단

이에 대한 내용은 앞에서 밝혔듯이 "이상심리 미술치료지침서(2016)" 제1장과 제2장에서 이미 이론과 사례를 근거로 소개하고 있으므로, 여기에서는 어떠한 내용들이 있는지 소개하는 것으로 제한하므로 도움이 필요한 독자는 문헌을 참조하기 바란다.

진단된 이상징후에 대처하는 치료사의 자세

제1장에서는 이상심리의 징후가 나타나는 다양한 요인과 발생과정, 표정과 태도에서 나타나는 증상·특정행동·지각·사고 진행·감정·의식과 지남력 등의 장애증상, 진단체계와 진단과정에 대해 설명하고 있다.

제2장에서는 미술을 통한 자아손상과 이상심리 이해와 진단에 대해 소개하고 있다. 미술표현에 영향을 미치는 발달적 징후와 이미지에 대한 이해를 위해 발달적 욕구와 관련된 이미지표현들과 미술표현의 발달지연 및 퇴행현상에 대해 소개되어있고, 미술표현에서 진단될 수 있는 징후에 대한 이해를 돕기 위해 인지적 성숙과 손상·그림에서 등장하는 신체이미지에 대한 지각·신경이 손상된 경우의 그림 표현들·신경근육에 장애가 있는 경우 어떠한 표현들이 등장하는지 소개하였다. 그리고 미술표현에서 노출되는 자아손상의 이미지에 대한 이해를 위해 심리성적발달 맥락의 퇴행이미지와 내적 요구에 대한 이해를 위해 발달별로 제시하였고, 이미지로 표현된 자아 상태와 극복욕구를 사례를 통해 제시하였다. 마지막 내용에서는 손상된 자아를 돌보기 위한 치료사의 자세와 지침에 대해 소개되어 있다.

정신역동 평가의 과정

평가와 진단의 핵심 이유는 치료를 구체화하기 위한 계획을 위해 그에 요구되는 정보를 제공하고 지침이 되기 위함이다. 역동평가는 치료계획의 모든 영역에서 도움이 되므로 치료사는 충분히 이해할 필요가 있다. 역동평가는 앞에서 설명된 다양한 요소들이 어떻게 상호작용하여 임상적 징후로 나타나는지에 대한 가설의 기초가 되며, 이 가설은 현재 상태를 설명해 주는 것이나 개인의 모든 것을 알 수 있게 하는 것은 아니며 치료가 진행되어가면서 계속 변화될 수 있다.

진단적 가설의 변화 이해

그러므로 정신역동맥락에서 치료대상을 이해하고자하는 치료사는 역동평가에 의한 진단적 가설이 계속 변화될 수 있다는 사실과, 진단과 치료는 분리되는 것이 아니라 동시에 이뤄진다는 것 또한 이해하고 있어야 한다.

역동평가를 위한 기초자료는 현재의 스트레스 요인에 초점을 두고 과거의 발달력과 애착행동과 기억 그리고 가족력 및 문화종교의 배경이 어떻게 관련되고 반복되는지에 중점을 둔다. 정신상태 검사와 투사적 심리검사를 활용할 수 있으며 역동진단을 위해 DSM-5의 기술적 진단과 DSM-IV에 제시된 5축 진단(DSM-5로 개정되면서 제외)의 상호관계를 평가할 필요가 있다. 자아의 약함과 강한 부분 및 방어기제와 갈등 그리고 초자아와의 관계를 평가하고, 대상관계 특징으로서 가족관계와 전이-역전이 양상과 내적대상관계에 대한 추정과, 자기개념의 특징으로서 자존감과 자기결속력 그리고 자기지속성과 경계 및 마음과 신체의 관계 등에 대한 자료를 통해 설명적 가설을 내리는 것이다. 다음 장에서는 이에 대한 구체적인 사례개념화를 위한 방법에 대해 살펴볼 것이다.

제 3 장

사례개념화와 개입에 필요한 요소들

이 장에서 함께 고민하고 풀어 보고자하는 내용은, 치료대상의 자료들을 모으는 역동적 접근과정에서 우리가 무엇에 어떻게 집중하고 자유롭게 상황에 맞는 질문을 하고 답을 찾으면서 그들의 삶에 함께할 것인지에 대해서 이다. 우리의 질문은 치료대상을 향한 직접적인 내용을 의미하는 것이라기보다는 치료사로서 자기를 향한 질문이며 자신의 경험 안에 꿈틀거리는 의혹과 정서를 추론해보면서 우리에게 도움을 구하는 그들의 경험에 가까이 가는 것을 의미한다. 이러한 개념을 근거로 우리가 해야 할 의도에 대해 생각해보기로 하자.

사례개념화 전에 생각해 볼 사항

사례개념화는 첫 대면에서부터 시작

개입목표의 효과성을 높이고 성공적인 종결을 위한 방법이자 임상적 전략이 사례개념화이다. 우리는 치료초기에 이미 사례를 개념화하고 치료의 가능성에 대한 가설을 세우게 된다. 사례개념화는 초기면담으로부터 시작하여 호소하는 문제는 무엇인지, 그가 기대하는 것은 무엇인지, 면담

상황에서 보이는 태도와 패턴들에 대한 역동을 평가하고 잠재적 가설을 세우게 된다. 가설은 그 개인의 현재와 과거의 삶에서 현재문제를 가져온 배경을 찾아가면서 검증되며 잠재적 가설과 가설이 드러나면서 문제가 구체화되고 이것을 개입목표와 방법을 위한 근거로 삼게 된다.

이 과정에서 치료사는 자신이 해야 할 일이 무엇인지, 가능한 대안은 무엇인지, 사례를 위해 누구와 함께할 것이며, 자신의 역할은 무엇인지, 그리고 치료 팀은 어떻게 구성된 체계인지에 대해서도 확인하고 생각해 보아야 한다.

특정사례에 유난히 마음이 끌린다면 특별한 이유가 있는지에 대해서도 점검해보아야 한다. 효과적인 사례개념화는 치료과정에서 파생될 수 있는 다양한 장애요소를 얼마나 예측하고 대처하느냐에 달려있기 때문이다. 또한 사례개념화는 치료의 목표성취에 대한 인식과 적절한 종결 시기를 짐작하게 하고 종결준비를 도와주기 때문에 치료관계의 준비과정에서 통과의례적인 기본과정이다. 사례개념화는 일반적으로 진단적, 임상적, 문화적, 개입적 등의 네 가지 요소를 기초로 임상가의 이론적 관점에 따라 다양하게 구성될 수 있다. 이에 대한 기초 틀은 부록에서 제시될 것이며 여기에서는 역동관점의 임상가로서 훈련되어야할 직접적인 내용에 초점을 맞출 것이다.

치료계획의 통과의례로서 사례개념화

초기 평가면담의 기초원리

개입초기에 하는 평가면담은 치료대상의 모든 과거를 캐묻고 확인하기 위한 과정이 아니라 현재의 관계경험과 상황 속에서 표출되는 내적 관계경험과 연관된 면담을 의미한다. 이 과정을 통해 그는 무엇을 하고자 하는지 자신의 욕구를 살피고 치료사는 그와의 치료관계를 구체화해갈 수 있을지 가능성을 타진함으로써 사례를 공식화하게 된다.

평가와 치유로서 초기면담의 의미

평가면담은 흔히 4회기 또는 6회기 정도까지의 시간을 필요로 할 수 있으며 이 기간 동안은 치료를 유지해야한다는 압박감 없이 치료의 필요와 가능성을 탐색할 수 있게 된다. 반면에 치료대상의 입장에서는 치료에 대한 신뢰와 위로를 경험하게 되므로 면담자체가 갖는 치유경험 뿐 아니라 앞으로 진행될 치료에 대한 이해와 치료관계의 강도가 결정될 수 있는 기회이기도 하다. 따라서 이 기간 동안 아무리 많은 정보를 수집한다 해도 그의 현재감정과 무관한 경험이었다면 면담의 의미는 없어진다.

그러므로 어린 시절의 경험이 어땠느냐 또는 그때 부모의 생활은 어땠느냐는 식으로 추적하듯 캐묻는 것이 아니라, 감정적 전이순간을 사용하여 개인의 과거경험과 현재문제의 관련성을 찾아가는 것이다(부록1-2의 내용은 직접면담 이전에 부모에게 과제로 제시함으로써 부모로부터 주관적 객관적 정보를 받는 것이며, 초기의 부모직접면담에서는 이 자료를 기초로 면담이 이루어지는데, 이에 대한 이해가 준비되지 않은 채로 면담을 하는 경우 경직되고 추적하듯 캐묻는 자세가 될 수 있으므로 유의해야 한다. 사전기록을 사용하는 이유는 부모가 치료를 위한 준비를 하도록 돕는데 도움이 되며 이것은 거짓자기가 자극되기 이전인 도움요청 즉시 시행되어야한다. 이에 대한 구체적인 접근방법은 아래에서 계속 다루어질 것이다).

평가를 위한 환경 조성하기

치료적 도움을 필요로 하는 모든 대상의 면담은 안전감을 느낄 수 있는 기초 틀을 제공하는 것으로부터 시작된다. 치료환경에 대한 내용은 이 책 제1장의 "역동심리치료의 구조와 환경설정"에서 기초적인 내용을 다루고 있으므로 참조하기 바란다. 여기에서는 초기 평가면담을 위한 환경으로서 필요한 요소에 대해 논하려고 한다.

초기면담을 위한 환경

도움을 필요로 하는 이들이 경험해야하는 첫 환경은 치료를 결정하기위한 탐색과정이든, 평가를 위한 과정이든, 치료과정이든, 당연히 안전하고 보호된 분위기가 제공되어야 한다. 이것의 의미는 그들이 치료실에 들어온 그 상황이든 전화로 문의를 한 상황이든 어떤 식으로든 치료사와 첫 관계를 시작한 그때부터 이미 평가와 치료는 시작된다는 이야기이다.

전화면담

치료의 직접적인 대상인 본인이나 주요체계는 방문이전에 우선 전화로 면담을 요청하여 시간과 장소 및 기타 궁금증을 질문해 오기 마련이다. 개인마다 질문의 유형과 내용은 다르나 기본적이고 실제적인 필요요소들에 대해서는 솔직하고 즉각적으로 대답해 주는 것이 심리적 안정감을 준다. 반복질문이나 염려하는 내용들 대부분은 스트레스의 주요내용임을 전달하는 것일 수 있으므로 진지하게 반응하고 경청하면서 안내해야 하며, 다만 치료에 대한 구체적인 질문은 방문 시에 보다 자세하게 설명하겠다는 답변으로 안심감을 갖도록 지지적 태도를 취하는 것이 좋다.

직접면담의 첫 대면시 치료사의 자세

첫 방문 시에는 전화상황에서 메모해 둔 내용이 잘 못 되었는지 확인하는 등 일반적인 이야기로부터 시작하여 편안한 분위기를 조성하고, 치료대상 또는 부모의 궁금증에 진실된 태도로 솔직하게 반응한다. 대상이 안정감을 회복하면 그의 욕구와 기대에 초점을 맞추어 필요한 내용에 답하고 설명하면 된다.

만약에 그가 방문목적의 실제적인 내용을 벗어난 질문으로 시간을 끄는 경우에는 지나치게 경직된 반응을 할 필요는 없으나 치료와 관련 없는 질문에 대해서는 답하지 않는다는 것을 알려줄 필요가 있다. 부분적으로는 첫 면담에서 필요한 내용에 초점을 모아 지식화의 방어로 대처하고 질문이 갖는 의미를 탐색함으로써 그의 감정을 이해하고 그 역시 자신의 마음속 이야기를 내어놓을 용기를 갖는 기회를 제공할 수 있다.

치료결심에 대한 재확인

위에서 설명되었듯이 전화상황에서 왜 치료를 받아야한다고 생각했는지 이야기했더라도 직접면담의 첫 만남에서 다시, 치료를 받고자하는 마음을 일으키게 한 배경에 대해 질문하는 것으로 면담을 시작할 수 있다.

치료에 대한 욕구가 확인되면 첫 면담 마지막 즈음에 일정, 횟수, 비용, 유의사항 등에 대해 설명하고 10분쯤 여유를 두어 하고자한 이야기 중 아직 못한 이야기가 있는지 질문하여 궁금증을 해소하도록 한다.

무비판적 반응과 반영

무엇보다 중요한 치료사의 역할은 그들의 이야기를 경청하고 무비판적인 태도로 듣고 이해한 것을 되돌려주며, 무의식적 의식적 모든 태도에 반응하고 반영하면서 "왜 지금 이 시점에서 상담을 필요로 했는지"에 이야기의 초점을 모은다. 이 과정에서 우리는 치료대상이 특별하게 생각하지 않는 것마저도 무시하지 않고 받아들이며 그의 과거경험이 오늘의 문제와 어떠한 관련성이 있는지 찾고자한다. 이때 우리는 추적하듯 무리하게 연결 짓거나 질문하지 않으면서 그가 무의식적으로 나타내는 표현과 반응에서 그 관련성을 찾으며, 다만 지금상황에 함께 머무는 것으로서 그의 불안을 충분히 담아내는 치료적 대상관계를 발전시켜갈 수 있어야 한다.

발달수준의 성숙도 평가하기

역동적 접근의 평가에서 치료대상의 발달수준과 관계능력 및 발달적 고착문제를 평가하는 것은 치료계획을 위한 기본적인 통과의례로서의 과정이다. 발달수준을 평가하기 위해 우리가 하는 이미지사용의 표현기법은 프로이트의 심리성적 발달단계에 따른 개인의 고착문제를 이해하는데 유익하다. "이상심리 미술치료지침서(2016)"의 제2장에서는 미술표현에서 발견할 수 있는 발달적 수준과 그림에서 노출되는 발달단계에서의 고착과 퇴행문제를 사례와 함께 소개하고 있으므로 참조하여 임상적 평가에 도움되기 바란다.

프로이트식 미술평가의 유용성

발달과정에서 경험되고 잠재되어있는 무의식의 내용은 의식적인 표현에서 관찰이 쉽지 않으며 오직 특별한 경우에 관찰이 허용되므로 언어가 아닌 그림 표현에서 구강기와 구강학대, 항문기, 남근기상징 등의 의미 있는 관찰이 가능해진다. 이러한 프로이트식의 이해는 관계론적 역동접근에서 전체를 그대로 수용하지는 않지만, 그럼에도 불구하고 임상영역에서는 발달수준의 성숙수준과 취약성을 평가하는데 유용한 것으로 영향을 미치고 있다.

정신역동관점에서는 발달적 특성을 평가함에 있어서 단순히 발달과정의 고착된 문제요소에 기초하기보다는 관계경험에 기초한다. 그러므로 치료대상의 발달수준과 관계능력을 평가함에 있어서도 관계경험이 어떻게 그들 개인에게 내재화되었는지, 그래서 외부대상과 어떤 방식으로 관계 맺는지, 발달적 성취를 향한 개인의 불안이 주로 어떤 발달적 자리에 위치하는지에 관심을 갖고 각 발달단계간의 균형을 평가한다.

발달수준과 관계능력 평가

따라서 우리는 평가면담에서 치료대상의 성숙과 발달의 어느 지점에서 부적절한 경험들이 있었는지, 특히 대상관계의 어려움이 있었는지, 갈등이 일어난 특정 발달단계에 대해 확인하고, 그러한 경험이 현재 관계패턴에서 어떠한 방식으로 결정되고 있는지 관계기술의 특성을 평가하게 된다(이 책 부록에 제시된 "초기 면담기록지"의 개인력 평가에서 출생전후부터 현재까지의 건강상태, 성격적 특성, 양육자의 지속성 및 성격이나 태도, 동생분만 시의 반응, 이사시기와 빈도, 충격적인 사건, 집착물건, 또래관계, 부모와의 관계, 장점, 학교상황, 부모관계와 부모의 성장배경 등에 대한 평가 참조, 1997년 개발).

애착행동과 애착에 대한 기억 평가하기

정신건강의 척도로서 애착경험

인간의 발달에서 애착경험은 삶의 전체이자 정신건강의 척도라고 불릴 만큼 중요한 영향을 미친다는 사실은 정신건강전문가가 아니어도 누구나 공감하고 있을법한 내용이다. 실재로 임상에서 만나는 이들의 호소 문제를 들여다보면, 표현된 문제나 징후는 각 개인마다 다를 수 있지만 호소하는 문제의 핵심에는 애착관계의 불협화음이 존재한다는 사실을 발견하게 된다.

애착경험에 따른 관계유형

애착이론에서는 초기관계에서의 애착경험이 어떠했는지 그 경험에 대한 기억은 무엇인지에 따라 성격이 다르게 형성되고 현재의 문제를 노출하게 된다고 본다. 예를 들면, 안정된 애착관계를 경험한 사람은 그 경험이 내면에 잠재되어 있기 때문에 관계를 중요시하며 자연스럽게 관심의 능력을 발휘하게 된다. 그러나 불안한 애착경험을 한 경우는 모든 관계상황이 불안하기 때문에 자신의 불안을 다루기 위해 집착적인 친밀감을 추구하게 되고 애착대상에게 충성심을 보이나, 분리를 할 수 밖에 없는 상황에서는 고통을 인정하지 못하고 감정을 철수하고 관계를 차단하는 경향이 있다. 거절적인 애착경험을 한 사람은 내재화되어 있는 거절감에 대한 불안 때문에 인간관계에서 깊은 관계를 맺지 못하거나 관계경험의 매사를 평가절하거나 거리를 둠으로써 자신의 불안을 다룬다.

개인은 살아가면서 수없이 많은 경험들을 하고 그 과정에서 일어나는 경험 안에는 셀 수 없이 많은 변화 또한 가능하다. 그래서 우리의 임상적 평가는 치료대상과의 면담에서 보이는 현상적인 특성이외에, 언어적 비언어적 이야기 속에서 나온 초기경험과 기억에 근거를 삼고 계속되는 면담과정과 이미지작업에서 표현되는 특성과 역전이를 통해 이해하고 평가하게 된다(이 책 부록에 제시된 초기면담기록지 내용에서 부모의 원 가족관계와 성격특성 및 성장배경 그리고 부모관계, 개인력에서 확인하게 되는 치료대상의 유아동기 모아관계경험과 아동청소년기 또래관계특성 등 개인력과 가족력에 대한 특성적 내용은 애착관계와 직접적인 상관관계가 있으므로 참조하기 바란다).

내적갈등과 작업능력 평가하기

우선 중요한 것은 현재 가지고 온 호소문제의 갈등이 내부로부터 오는 것인지 외부사건에 의한 것인지 확인하는 것이다. 그러나 대부분의 치료대상이 도움을 요청할 때 현재문제에 초점을 두어 호소하기 때문에 평가면담에서 그가 힘들어 하는 문제와 갈등의 근거가 어디에 있는지 가늠하기가 쉽지만은 않다. 이때 우리는 호소하는 문제 그 자체를 수용하면서 반복되는 문제유형과 타인과의 관계패턴을 탐색하면서 그의 갈등에 대해 작업해 갈 것이다.

초기 평가면담이 함축하고 있는 의미

앞에서도 설명했지만 경우에 따라서는 초기에 하는 4-6회기 정도의 평가면담이 지나자 어떠한 사유로든 종료가 되는 경우도 있어서 평가면담은 예비치료의 개념을 함축하면서 최 단기치료로서의 의미를 갖기도 한다. 그러므로 평가면담에서 확인해야하는 치료관계를 유지하고 작업할 수 있는 능력을 평가하는 방법은 앞의 제2장 "치료관계 가능성 평가를 위한 틀(p.63 - p.70)"에서 제시된 내용들을 다시 확인하기 바란다. 이 외의 해석에 대한 반응이나 부가적인 치료에 대한 평가 역시 앞의 내용들을 기초로 이해할 수 있으리라 본다.

역동적 사례개념화의 기본요소와 적용

특징적 관점은 유년기의 관계경험이 현재의 생활기능에 미치는 영향에 초점을 둔다. 개입의 초점은 관계특성에 대한 통찰과 교정적 대인관계 경험을 촉진시키는 재현에 역점을 두면서, 순환적이고 반복적인 부 적응적 상호작용의 패턴에 대한 평가 및 현재와 과거의 관계패턴과 문제를 다루게 된다. 다시 말해서 성장에 따라서 환경이 변화되었을 수도 있지만 개인이 보이는 관계패턴은 초기경험을 기초로 지금의 관계양식이 패턴화되었다고 본다.

관계양식의 중요성

그러므로 현재의 연령이 어느 단계에 있든 간에 지금 치료가 필요한 이유는 당연히 초기발달과 관련이 있다고 보며, 따라서 관계양식을 평가하는 것은 사례개념화를 위한 중요한 과제가 된다. 아래에서는 이에 대한 이해를 위해 필요한 요소들에 대해 살펴보기로 하겠다.

사례를 공식화하기 위한 토대 갖기

새로운 관계경험으로써 치료관계

역동접근에서는 반복 설명하지만 순환적이고 반복적인 부 적응적 상호작용을 중시하므로 치료는 새로운 관계를 맺는 경험을 촉진하고 과거의 관계경험에서 벗어남으로써 문제를 해결할 수 있도록 돕는 것이다. 이를 위해 치료사는 참여자이자 관찰자로서의 역할을 하게 되며, 개입과정은 자기이야기로 시작하여 감정과 행동을 촉발시킨 관련 과거사를 탐색하고 언어 및 비언어적 의사소통을 관찰하며 호소문제와 관련된 정서를 탐색해 간다.

정서탐색

호소문제의 정서탐색을 위해 우리는 치료대상에 대해 "언제 문제가 일어났는가? 그때 어떠한 대인관계역동이 일어났는가? 고통은 어디서 오는가? 타인의 인정을 받기위해 자기 안에 무엇을 부인하고, 무엇을 왜곡시키는가?" 등에 대해 관심을 기울인다.

부 적응적 관계 패턴 탐색

또한 부 적응적 관계패턴 관련 정보에 대한 관찰을 위해 경청하고 질문할 수 있는데 예를 들면, 타인에 대한 자신의 행동(타인에 대한 기대와 의도는 무엇인가? 타인에게 어떻게 행동하는가?), 타인반응에 대한 예측(자신에 대한 타인의 의도가 무어라고 생각하는가? 생각한 타인의도에 대한 그의 반응은 어떠한가?), 자기를 대하는 타인행동에 대한 반응과 예측(타인의 행동을 어떻게 지각하고 해석하는가? 이에 대한 반응은 어떠한가?), 자기에 대한 자신의 행동(스스로를 어떻게 대하는가? 타인과의 상호작용에 대한 경험이 자신을 바라보고 대하는 방식에 어떤 영향을 미치는가?) 등이다.

또한 치료관계에서 치료대상에 대한 치료사 자신의 반응은 객관적인가? 그에게서 영향을 받지 않고 중립을 지키고 있는가? 유난히 그에게 마음이 끌리는가? 밀쳐내고 있는가? 아니면 끌리고 밀쳐내는가? 등의 상호작용적 역전이에 대해 스스로를 탐색할 필요가 있다.

상호작용 역전이 탐색

단기치료 역시 같은 맥락에서 문제를 보므로 경험적 대인관계를 촉진하고 순환적인 관계패턴을 수정하거나 또는 변화를 위해 치료적 관계를 활용하게 되며 더불어 지지, 해석, 교정적 정서체험을 돕고자 한다. 따라서 관계의 순환적인 부 적응적 패턴과 이러한 패턴이 생활의 모든 측면에 어떻게 영향을 미치는가? 에 근거하여 치료계획을 설정하게 되며, 단기목표로 통찰(새로운 이해)과 교정적 관계경험(새로운 경험)에 초점을 두어 순환적부적응 패턴 개선, 역동해석, 전이분석, 명료화와 직면, 질문, 코칭과 실습, 역할극 등에 의한 개입을 하게 된다.

초기면담의 목적과 방법 바로 알기

사례개념화에서 초기 평가면담이 중요한 이유는 치료관계에서 문제에 얽매이기 전에 그 가능성을 걸러주고, 현상을 탐색하고, 방해요소가 될 수 있는 위험을 평가하고 예방하며, 유의해야할 행동에 대해 알게 할 뿐만 아니라, 합당한 계획을 세우도록 돕기 때문이다.

이와 관련하여 역동맥락의 관계특성은 초기에 이뤄지는 만남자체가 생애초기경험과 유사하다고 보므로, 이 기간의 경험이 어떠하냐에 따라 앞으로의 과정에 미칠 수 있는 파장 또한 크다. 초기면담이 이처럼 중요한 과정임에도 불구하고 이 과정의 정보 수집은 자칫 들은 것과 기록에서 왜곡될 수 있고 치료사개인의 경험과 관계능력의 정도에 따라 편견이 작용할 수 있어서 치료를 위태롭게 할 가능성을 배제할 수 없다. 따라서 치료사는 수집된 정보에 의해 치료대상에 대한 기억과 더 알고자하는 욕구를

치료관계의 시작은 생애초기경험과 유사

내려놓고 마음을 비워야 그 개인을 전체로서의 한 개인으로 이해할 수 있고 관계 또한 가능하게 된다.

아동청소년의 면담

특히 아동청소년의 경우 성인과는 달리 자발적으로 면담을 요청하는 경우는 거의 없으며 부모나 교사 또는 다른 양육자에 의해 의뢰되거나 억지로 끌려서 방문하는 경우가 대부분이다. 이처럼 비자발적 참여라는 점 이외에도 청소년의 발달특성상 관계 맺기가 쉽지 않을 수 있다. 그러므로 청소년과의 첫 만남은 어떠한 문제로 면담이 시작되었건 관계형성에 우선 초점을 두어야 하며 편안하고 안정감 있는 분위기를 가질 수 있도록 노력하는데 최선을 다해야 한다.

대면의 첫 순간부터 치료는 시작

대면의 접촉이 시작되는 그 첫 순간부터 치료는 시작되며 이때 초기의 평가면담이라는 목적이 있음에도 관계수립이 진단과 평가보다도 더 중요한 초점이 된다. 이유는 앞에서도 말했듯이 인간의 발달에 있어서 가장 중요한 첫 단계가 어머니와의 애착형성과 신뢰관계라는 맥락과 유사하다. 치료사가 공감적 존중과 홍미를 보여주며 개인의 가능성을 믿고 다가갔을 때 청소년은 안도감을 갖게 되며 솔직하게 자기감정을 이야기하게 될 것이다.

공감적 만남

공감적 만남이란 동정이 아닌 관계로서 치료대상인 자기와 타자 사이의 의사소통이 발생하는 공간이자 이 공간 안에서 그의 내적세계와 외적세계의 측면이 검토되고 새로운 지각이 일어나며 관계 맺는 방식이 창조된다. 첫 면담은 그가 안심감을 느끼게 하는 것뿐만 아니라 관계특성을 이해할 수 있는 기회이기도 하므로, 특별한 사유가 없다면 부모와 함께 면담하는 것이 적절하다. 정확한 진단이나 효과적인 치료를 위해서는 임상면담과 직접관찰 등 다양한 면담기법을 활용할 필요가 있다. 다음에서는 초기의 평가면담 및 개입사전에 고려되어야할 사항은 무엇인지에 대해 살펴보기로 하자.

초기면담에서 확인할 사항

- 치료대상이 면담에 동의했는가?
- 의뢰경로는 무엇인가?
- 제시된 주문제는 무엇인가?
- 드러난 문제가 가족 또는 주변인에게 어떠한 영향을 미치는가?
- 치료대상이 가장 잘 적응했던 시기와 그 수준(성취, 만족)은 어느 정도인가?
- 치료에서 기대할 수 있는 것은 무엇인가?
- 의학적 진료 및 약물처방 또는 미술치료나 기타상담경험이 있는가?
- 지금 이 시점에서 그 문제를 해결하려는 이유가 있는가(지금-여기, 그때-거기 사용)?
- 치료대상 자신의 갈등은 어느 정도이며, 그 갈등은 객관성이 있는가?
- 가족은 치료를 위해 적극적으로 협조할 준비가 되어있는가?
- 간과된 무의식적인 중요한 내용은 없었는가?

◆ 의뢰경로는 무엇인가?

의뢰경로에 대한 사전정보를 아는 것은 치료관계에서 일어날 수 있는 부정적 반응을 예방하고 대처하기 위해 중요한 요소이다. 성인의 경우는 주요체계인 주변인의 권유나 가족에 의해 의뢰되기도 하고 본인이 요청하기도 할 것이나, 아동청소년의 경우는 부모나 교사 또는 다른 주요체계인 성인이나 타 전문가에 의해 의뢰되는 경우가 대부분이므로 사전정보는 더욱 중요하다.

의뢰경로 확인방법

의뢰경로를 아는 방법은 면담신청서와 같은 기록문서와 치료계약과정에서 만나는 주변인과의 일상적인 이야기에서 또는 다른 전문직을 가진 치료사들과의 공유문서인 과정기록과 검사기록에서 확인될 수 있다.

예를 들면, 첫 면담에서 기본적으로 다뤄지는 내용들 즉 의뢰한 사람은 청소년과 어떤 관계인지, 의뢰과정에서 청소년자신의 비밀이 치료사에게 공개된 것에 대해 알고 있는지, 의뢰인은 어떻게 문제를 인식하게 되었는지, 치료환경에 들어옴으로써 가족이나 의뢰체계들은 어느 정도로 심리적 불안과 부담에서 벗어날 수 있는지 등에 대한 질문들을 통해 확인되고, 이를 토대로 기초계획을 세울 수 있을 것이다.

◆ 주요 문제는 무엇인가?

치료대상 본인이 호소하는 문제와 의뢰 시 가족과 주변체계가 호소하는 문제는 흔히 다를 수 있다. 간혹 치료사가 치료의 대상인 개인의 호소보다는 가족의 호소내용에 초점을 둠으로써 핵심문제와는 상관없는 것에 의미를 부여하여 문제를 왜곡시키는 경우가 있다.

주 호소와 실제 문제의 상관성

치료대상의 호소와 증상은 개인력이나 가족력 또는 더욱 확장된 가족사로 향하는 하나의 방편이기도 하며, 드러난 표면적인 호소내용은 실제 문제가 아닐 수도 있다. 예를 들면, 그가 가지고 온 문제는 증상으로 드러난 문제와 드러나지 않은 문제가 있을 수 있으며 그것은 둘 다 현실에서 경험하는 문제와 전혀 상관없는 것이기도 하다. 뿐만 아니라 가족이나 주변체계가 호소하는 문제와는 전혀 무관한 것일 수도 있으며 의뢰기록문서에 적힌 내용과 면담에서 표현하는 내용과도 다를 수 있다.

특히 청소년기의 치료대상이 드러낸 문제는 그 자체의 본질에서 의미를 찾을 수 있으므로 치료사는 그가 표현하는 주호소의 발달과정이 있었는지, 신체변화와 정서의 변화와 이러한 변화의 시간적 발달이 있었는지, 증상에 대한 주변체계의 반응 및 증상과 관련된 주요체계의 호소가 있었는지 등에 대해 살펴보아야 한다. 이에 대한 내용은 이 후의 "주 호소"에서 더욱 구체화될 것이다.

◆ 가장 최고수준으로 기능했던 시기와 그 수준은 어느 정도인가?

발달적 특성과 문제간의 관계

이 질문을 통해 우리는 현재문제의 요인이 될 수 있는 발달적 특성과 문제의 지속성에 대해 이해하고 문제가 어떤 특정시점의 사건에 의한 것인지에 대해 탐색함으로써, 치료과정에서 도달해야하는 기능수준을 예측할 수 있는 평가기준으로 삼을 수 있다.

드러난 문제가 장기적으로 지속해온 만성화된 문제라면 구체적이고 장기적인 계획에 의해 치료를 발전시켜가야 할 것이며, 최근의 학교폭력이나 특정 사건에 연루된 문제라면 위기개입이 필요할 것이다. 발달적인 장애가 의심된다면 치료의 제한성과 추가적인 치료 의뢰가 요구될 수 있다.

◆ 의학적 진료 및 약물처방 또는 미술치료나 기타상담경험이 있는가?

치료경험의 포괄적 이해

치료경험에 대한 확인은 단순한 질문 같지만 본인 또는 가족이 가지고 있는 치료에 대한 기대 및 신뢰에 대한 생각과 위기대처에 대한 능력을 평가할 수 있게 하므로 간과할 수 없는 내용이다. 현재 드러난 문제가 기질적인지, 심리적인지, 신체질환으로 인해 영향을 받은 결과인지, 기타 특정장애가 있는지 등에 대한 포괄적인 이해는 치료방향을 설정하는데 중요한 단서가 된다.

만약 기질적으로나 또는 유전적인 문제나 신경학적 문제를 잠재적으로 가지고 있다면 적응 문제가 반복되었을 수 있다. 특히 일상생활의 활동을 제한시키는 신체질환을 가지고 있다면 사회적응 및 관계문제를 가질 수 있으므로 의존적인 성격으로 발전시켜왔을 가능성이 높다. 또한 정신건강 의학적 평가를 수용할 수 없어서였거나, 부모의 편집적 경향성으로 인해 치료를 신뢰하지 못했거나, 깊은 밀착관계를 맺을 수 있는 능력의 제한성으로 인해 치료기관을 순회하여 치료기회를 잃은 경우도 있을 수 있다.

치료의 방해요소와 잠재적 기능평가

그러므로 치료계약 후 시작된 초기면담에서 반드시 치료대상본인과 그의 가족으로부터 치료경력에 대해 확인하고 확인된 내용이 치료관계에 미칠 수 있는 부정적 영향으로서 방해요소와 잠재적 가능요소를 평가하여 치료계획에 포함시켜야한다.

만약 치료사가 이에 대한 이해나 경험이 부족하여 치료경력활용의 중요성을 깨닫지 못하거나, 교육에 의해 확인은 가능했으나 어떻게 활용해야하는지 이해부족으로 인해 치료계획에서 누락된다면, 치료대상과 가족은 지금까지의 패턴을 반복함으로써 치료사를 조정하고 또 다른 치료쇼핑을 위해 불안정한 계획을 세우게 만드는 결과를 초래할 수밖에 없게 될 것이다.

치료사의 중립적 자세 유지

또한 이 문제는 부모와 치료대상의 보고가 다를 수 있으므로 그 또한 바른 평가를 위해 중립적인 자세를 유지하고, 거짓보고에 대해서는 그 이면에 잠재해 있을 수 있는 두려움과 수치감정에 대해 이해하고 지지적인 자세로 대처해야 한다.

◆ 왜 지금에서 문제를 해결하려고 하는가?

개인의 발달과정에서 나타나는 변화는 심리내적인 변화일 수도 있으며 환경적 변화일수도 있으며 심리적 환경적 변화 둘 다를 포함할 수도 있다.

발달상의 변화와 문제 구별

치료사는 치료대상이 하필 지금에서야 치료실을 방문하게 된 이유가 통과의례로서 발달상의 문제인지 특수한 문제나 사건에 기인한 것인지 구별할 수 있어야 한다.

중요한 것은 어떤 이유로 지금 도움을 필요로 했든 간에 도움을 요청하고 치료실에 들어온 상황은 그 어느 때보다도 경험의 정서가 강렬하게 나타날 수 있다는 점에 대해 치료사는 이해하고 수용적 자세로 대처해야 한다.

◆ 현재 겪고 있는 갈등은 어느 정도이며, 그 갈등은 객관성이 있는가?

청소년기 갈등

치료대상이 청소년이라면 아직 경험하지 못한 성인기에 대한 희망을 가지는 반면에, 미래에 대한 불안과 현재 상태에 대한 갈등 또한 있으며 그럼에도 그가 변화 동기를 가지고 있다면 갈등과 불안은 성장의 기회가 될 수 있다.

마찬가지로 성인의 경우 역시 그가 중년기에 있다면 그 시기에 획득해야하는 자기실현의 문제로 인해 내적갈등을 가지나 갈등의 시기를 어떻게 극복해 가느냐에 따라 다음 단계의 삶은 보다 풍요로워질 것이다. 청소년과 성인의 이 단계만이 아니라 인간의 생애는 모든 단계마다에서 갈등위기를 직면하게 되며, 특히 치료실을 방문하게 되는 경우는 단순한 발달적위기로서의 갈등을 넘어서는 경우가 흔하다.

성인기 갈등

그 어떤 사람도 자신의 미래에 대해 변화하고 싶지 않은 사람은 없을 것이다. 그럼에도 치료실을 방문한 초기에는 양가적인 감정을 갖지 않을 수 없으며 변화와 현재 상태를 유지하고 싶은 욕구로 갈등을 일으키게 마련이다. 치료사에 대한 신뢰가 형성되기까지는 계속되는 시험과 갈등 속에서 혼란을 겪으나 안정감을 경험하기 시작하면서 치료동기를 가지기 시작하게 된다.

변화욕구와 치료관계 갈등

특히 청소년기에 있는 치료대상은 관계형성이 더욱 쉽지 않으며 치료에 임하더라도 자신의 문제를 보기보다는 상담을 통해 부모를 변화시키겠다는 생각으로 치료관계를 수용하는 경우도 있으며, 부모 역시 자신의 필요를 받아들기보다는 자녀의 문제에 초점을 두는 경우가 대부분이다. 그러나 치료사에 대한 신뢰가 형성되면 어느 정도 변화에 대한 동기가 가능해지므로 이때 치료사의 중립적이고 지지적인 태도가 중요한 영향을 미치게 된다.

문제를 보는 부모와 자녀의 시각차이

치료에 들어오는 대부분의 사람은 자기와 타인에 대한 어느 정도의 불신과 방어로 왜곡된 자기보호를 가질 수밖에 없는 개인적상황과 다양한 경험을 가지고 있다. 다만 이 부분과 관련하여 우리가 이해하고 있어야 하는 것은 당연한 그들의 갈등수준이 어느 정도 객관성이 있다면 굳이 치료실을 찾아와야할 아무런 이유가 없을 것이라는 사실이다.

그러므로 어떠한 비 객관적인 태도와 갈등에도 우리는 그가 성취하고자 하는 것이 무엇이며 자신이 가진 잠재적가능성에 초점을 맞추고 인내하며 기다려야 하며, 그가 보지 못했거나 무시해왔던 스스로에 대해 점점 알아가기를 바랄 뿐이다.

◆ 가족은 적극적으로 치료에 협조할 것인가?

치료에서 청소년이 변화하는 것을 가족이 돕지 않는다면 심리적 성숙을 기대할 수 없으며 문제는 지속될 수밖에 없다.

치료관계에서 부모의 반응이 미치는 영향

흔히 가족들은 자녀를 의뢰한 초기에는 치료에 적극적인 협조를 할 것 같은 자세를 취하지만 치료관계에 들어오기 시작하면서 가족문제가 자극받게 되고 드러난다는 것을 느끼기 시작하게 된다. 그러므로 부모는 치료관계에 대해서 반사적으로 불편감을 느끼기 시작하고 불편한 감정이 지속되면서 면담을 피하려고 하거나 경우에 따라서는 치료를 중단하기도 한다.

청소년기 자녀를 둔 부모가 자녀를 치료에 의뢰한 시점은 흔히 문제의 전조징후를 인정하지 않고 무시해왔다가, 문제가 구체적으로 드러나기 시작하고 위기를 느끼게 되면서야 의뢰를 결심하는 경우가 일반적이다.

치료실을 찾는다는 것은 자녀의 문제를 인정하고 싶지 않아 차마 치료에 들어올 수 없었던 부모가 이제는 더 이상 감출 수만은 없다는 생각으로 문제를 공개적으로 인정한다는 의미가 함축되어 있다. 자녀를 완벽하게 키우고 싶은 마음이 모든 부모의 기대이므로 면담에서 우리는 의뢰과정에서 경험할 수 있는 부모의 불안이 어떻게 다뤄지는지에 대해 조심스럽게 돌보는 마음으로 접근해야 한다.

부모의 불안심리 이해

신경학적 발달적 문제를 가진 자녀를 둔 부모는 치료사를 믿지 못했거나 치료기관쇼핑을 하다 지쳐서 마지막 기대로 지금 우리에게 다가온 경우도 있을 것이다. 뿐만 아니라 어떤 경우는 지푸라기라도 잡는 심정으로 유사한 치료를 중복하면서 개입의 다른 특성에 혼란을 겪는 경우도 있다. 그러한 부모의 마음을 이해하고 적극적인 협조의 마음을 끌어내기 위해 우리는 이해와 수용의 자세로 임하되, 더불어 치료대상인 자녀와 그의 가족관계변화와 성장은 함께 발전해 가는 것이라는 사실을 잊지 않아야 한다.

따라서 치료계약초기에 반드시 가족의 발달사와 특성 및 욕구와 현재 상황에 대한 정보 수집을 구체화하고 역동적 상호작용이 미치는 영향에 대해 대처하며 다음 계획에 포함해야 한다.

◆ 간과된 중요한 무의식적인 내용은 없었는가?

치료사들을 감독하다보면 간혹 면담내용에서 중요한 표현들이 간과되고 있다는 것을 발견하게 된다. 오래전 막내딸이 12세가 되던 해에 나와의 대화에서 있었던 이야기가 생각난다. "내가 만약에 막내가 아니라 중간순위로 태어났다면 어땠을까 생각해 봤어…" 딸아이가 말한 이야기의 결과는 돌보고 싶은 마음과 돌보아져서 좋음에 대한 이야기로 마무리되었다. 이 이야기 속에는 일어나지 않은 사건의 세계에 대해 추측하는 것, 즉 사람이 말하는 이야기 속에는 늘 또 다른 세계가 존재한다는 것을 보여준다.

딸아이와의 대화내용에서 하고 싶은 말의 초점은 우리에게 도움을 요청하는 이들을 만나 듣게 되는 이야기 속에는, 그들의 경험과 아직 경험하지 않은 세계가 있으며 그 속에는 다양한 그들의 현재문제를 담은 세계로서 우리가 함께하는 세계라는 사실이다.

면담내용에 담긴 기억의 실체

이와 관련하여 우리가 면담에서 기억하고 있는 사실이 실제가 아닌 "나 차원"의 왜곡이 있을 수 있으며 생략된 것도 있을 수 있다는 것이다. 그러므로 우리의 기억이 온전히 실제가 아닐 수 있다는 것이며 이것은 앞에서 말한 일어나지 않은 세계를 만들어 낸 지나치듯 흘리는 이야기와 같은 맥락이다. 이것이 이미 일어난 사실을 이해할 수 있는 단서가 된다는 것이다.

우리가 치료관계에서 경험하는 역전이에 익숙하고 그 역전이를 자유롭게 치료적으로 사용할 수 있기까지는 어느 정도의 시간을 필요로 하므로 아직 익숙하지 않은 시점에서는 늘 부담으로 담고 있게 마련이다.

아직은 그가 내어놓지는 않았지만 때때로 지나가는 무의식적 표현들이나 주변인들에 의해 전해오는 표현들을 간과하지 않으면서 기다리면 어느 순간 스스로 방향을 찾아 움직여줄 것이다. 우리가 치료관계 안에서 관찰된 것이나 들은 정보를 억지로 꿰어 맞추며 추적하지 않아도 열린 마음으로 수용하다보면 스스로 길을 찾아가는 그들의 과정을 치료사들은 이미 경험했으리라 본다.

임상 실수에 함축된 의미

감독상황에서 나는 지나가버린 중요한 시점에서의 자기 실수에 대해 자책하는 치료사들에 "이제 또 기회는 올 것이므로 염려할 필요는 없다. 우리의 부족감이 때로는 치료적인 자극제가 될 수도 있다"며 안심시키기도 한다. 그것은 사실이며 우리가 무엇이든 해결해내는 마술사는 아니며 완벽할 수도 없으므로 너무 자책하지마라는 이야기를 전하곤 하지만, 이것은 단순히 치료사가 자신의 실수에 대한 생각자체가 무의미하거나 잘못 안내한 것에 대해 합리화해도 된다는 의미가 아니다.

여기에는 치료에 들어온 그들 스스로가 가진 잠재능력과 치료가 갖는 숨은 힘과 그들을 도우려는 치료사의 마음이 담긴 노력과 관심의 능력 이 모두를 믿는다는 것을 함축하고 있다.

초기면담이 함축하고 있는 구성요소 이해하고 준비하기

도움을 받기위해 치료면담에 들어온 대부분의 개인들은 다양한 부정적 감정들을 가지고 들어오기 때문에 이전의 상황으로부터 가지게 된 분노를 치료사에게 표출하거나 기대이상의 요구를 하기 마련이다.

이에 대해 드물기는 하지만 간혹 치료사가 권위주의적이거나 기계적인 반응을 하거나 또는 부정적 역전이를 일으켜 치료대상에게 되돌려주는 경우가 있다. 그럴 경우 치료관계는 당연히 회복되기 어려울 것이다. 사람은 누구나 자신이 신뢰하는 사람에 대해서만 관계를 허락할 것이기 때문이다. 다음에서는 이를 위해 초기면담에서 고려되어야할 사항과 어떠한 준비가 필요하며 어떻게 면담을 끌어갈 것인지에 대해 생각해 보기로 하자.

초기면담 준비와 대처

- 면담에 적절한 공간과 도구는 준비되었는가?
- 면담의 주목적은 무엇인가?
- 누구를 먼저 만날 것인가?
- 자신이 왜 이곳에 와 있는지 모른다면 어떻게 할 것인가?
- 치료대상인 자신이 느끼는 주관적 세계와 가족이나 주변체계가 느끼는 치료대상의 모습에 대해 어떻게 평가할 것인가?
- 면담에서 기억하고 있는 내용과 기록문서에 나와 있는 내용은 균형적인가?
- 개인력에서 의미있는 사건은 무엇이며, 작품 속에서 표현되고 있는 내용은 어떻게 이해할 것인가?
- 비밀보장문제와 관련하여 부모개입은 어떻게 할 것인가?
- 전이 및 역전이에 대한 평가는 해보았는가?

◆ 이상적인 면담공간이란 어떤 모습인가?

기본적으로 초기면담을 위한 공간은 너무 크지 않고 간단한 미술재료와 작은 원형모래상자와 몇 가지 피겨가 있으면 적절하다.

이때 지나치게 많은 미술재료나 피겨는 집중력을 떨어뜨릴 수 있으므로 유의해야하며 조명은 너무 밝지 않고 안정감을 느낄 수 있는 분위기의 환경이면 된다. 무기로 사용될 수 있을법한 날카로운 도구들은 눈에 띄지 않게 치워야하며 자리배치는 마주보는 것 보다는 ㄱ자 형태로 배치하는 것이 편안함을 주는데 도움 된다. 특히 정신문제를 가진 대상의 경우는 치료사가 문 쪽에 앉고 치료대상을 안쪽에 앉도록 배치함으로써, 망상으로 인해

초기면담을 위한 안전한 환경

충동적으로 나타날 수 있는 위험행동에 대처할 수 있도록 예방적 환경을 준비해야한다. 또한 의자의 높이는 자칫 치료사가 권위적으로 느껴질 수 있는 구조를 배제하고, 치료대상이 치료사로부터 존중받는다는 느낌을 갖도록, 서로가 올려다보거나 내려다보지 않게 같은 눈높이로 제공하는 것이 좋다.

◆ 면담의 주목적은 무엇인가?

직접면담은 전체로서의 상호관계가 핵심

면담의 주목적이 평가인지 관계형성인지에 따라서 면담의 방법은 달라질 수 있다. 기본적으로는 어떠한 형태로든 직접면담은 관계를 맺는 계기가 되며, 직접관찰을 통한 비언어적 행동평가를 가능하게 하고, 직접적인 정보를 수집할 수 있게 한다. 직접면담의 이 세 목적은 주요체계로부터 이미 얻은 정보나 면담의 내용을 걸러내고 치료에서 제외시키기 위함이 아니라 전체로서의 상호관계에 초점이 있다는 사실에 대해 기억할 필요가 있다.

특히 첫 면담에서는 목적이 무엇이든 간에 우선시되어야 하는 것은 도움이 필요한 사람과 도움을 제공하는 두 사람관계에서의 안전과 안정감이다. 물리적공간과 심리적 환경에 신뢰를 하면할수록 치료대상은 왜곡하지 않은 자신을 그대로 내보이게 마련이기 때문이다.

지나치게 탐색적인 치료사의 태도는, 그로 하여금 비밀스러운 부분이 모두 들킨다고 생각하게 하여 마음을 조기에 닫아버리게 하므로 무비판적인 자세로 "괜찮다, 그럴 수 있다"는 태도로 다가가야 한다. 소극적이고 부정적인 태도에 대해서는 지적하거나 교육하려하지 않고 인내하고 기다리는 자세를 취해야하며, 특히 부모에게 함부로 조언하거나 책임을 강요하는 듯한 태도는 치료를 중단하게 만드는 지름길이 된다는 것을 기억해야한다.

임상면담에서 치료사들이 가장 힘들 수 있는 과제가 바로 이 신뢰관계를 형성하고 관계의 수준을 조절하는 것일 것이다. 경우에 따라서는 만남 이전부터 또는 만나는 첫 순간 신뢰는 이미 형성될 수 있으나, 관계의 깊이정도는 면담의 목적과 횟수에 따라 조절되어야한다는 점 또한 잊지 않아야 한다. 최단기간의 만남이 이미 설정되어있다거나 이후의 만남이 불확실한 경우 관계에 대한 기대로 인해 상처받을 수 있으므로 안전한 울타리로서의 한계설정을 위해 적정거리를 유지해야한다.

면담의 목적과 횟수에 따라 관계의 깊이 조절

치료관계에서 우리의 역할은 참여자이자 관찰자로서의 역할을 하게 되는데 이 두 역할이 균형적일 때 진정한 치료관계가 성립될 수 있다는 점 또한 기억해야 한다. 참여자로서의 치료사역할은 전이와 역전이의 토대가 되는 직관에 기초를 이루면서 접근방법으로 제공된 창작은 참여자로서 그와 함께하는 관계가 외현화될 수 있는 잠재영역인 공간이 되어준다. 반면에 관찰자로서의 치료사역할은 객관적으로 치료대상을 바라보는 입장에 서기 때문에 자칫 관찰로 수집된 정보와 치료관계가 불협화음을 일으킬 수 있다.

치료관계에서 균형적인 치료사의 역할

다시 말해서 신뢰로 이어진 치료관계가 수집된 정보에 의해 영향을 받을 수 있고 가지고 온 문제의 이해에 불균형과 왜곡된 해석을 초래할 수 있기 때문에, 두 사람관계에서 우리의 역할은 어느 한쪽에 치우치지 않고 그와의 면담목적을 상기하며 중심을 잃지 않으면서 균형적으로 관계를 맺어야한다는 것이다.

◆ 누구를 먼저 만날 것인가?

임상면담에서 누구를 먼저 만날 것인지는 치료사의 관점에 따라 다를 수 있다. 만약 치료대상을 먼저 만날 경우 부모는 자신이 무시된다고 느끼거나 자녀의 문제가 부모자기 때문이라고 느껴 죄책감에 시달릴 수 있을 뿐만 아니라 자녀를 빼앗긴다는 시기심이 자극받게 되어 부정적인 치료관계를 형성할 수도 있다.

부정적 치료관계 예방

반면에 부모를 먼저 만나는 경우 역시 유사한 맥락에서 치료대상인 자녀의 불안을 자극할 수 있으므로, 첫 만남은 특별한 상황을 제외하고는 부모와 자녀를 동시에 만나는 것이 가장 보편적이라고 볼 수 있다. 특히 편집적인 정신증상을 가진 대상의 경우는 그를 밖에서 기다리게 하면서 부모면담을 하는 것은 금기사항이다.

만약 가지고 온 문제가 편집성을 염려하지 않아도 되는 정도이고 부득이한 상황에서 자녀와 분리하여 부모를 만나야할 필요가 있을 경우, 자녀가 어리다면 누군가가 함께 있거나 소일거리를 제공하고 부모면담 후 곧 다시 만날 거라는 사실을 설명해야 한다. 10분 이상 기다리지 않도록 유의해야하며, 구체적인 부모면담은 자녀와 함께하지 않은 다른 날로 면담일정을 약속하는 것이 바람직하다.

공식적인 약속이나 공유해도 되는 일반적인 사항에 대해서는 함께 참여한 상황에서 전달하고 의논할 수 있다. 이때 유의해야하는 것은 양쪽모두가 소외감을 느끼지 않도록 교대로 시선을 접촉하면서 대화를 끌어가고, 부모와 자녀 중 어느 한쪽에 질문이나 전달사항이 필요한 경우에는 한쪽에 동의를 구하는 반면에, 두 사람 사이에 중재가 필요한 경우에는 양쪽이 서로의 시선을 접촉하면서 의견을 전달하고 논하도록 안내하는 태도 또한 잊지 않아야 한다.

◆ 자신이 왜 이곳에 와 있는지 모른다면 어떻게 할 것인가?

치료실을 방문하는 많은 대상들 특히 초기청소년기에 있는 아이들은 자신이 왜 이곳에 와야 했는지 이유를 알지 못하는 경우가 흔히 있다. 대부분 이 아이들은 부모의 구체적인 설명이나 이해 없이 치료실로 데려와 있기 때문이거나, 통찰능력의 문제이거나, 또는 스스로에 대해 너무 당황스럽기 때문에 자신이 왜 여기에 와있는지 모른다고 할 수 있다.

이러한 아이들을 만날 때 나는 이곳에 오게 된 그들의 반응을 탐색하면서 치료사에 대한 소개와 이곳이 어떤 곳이고, 무엇을 하는 곳인지, 이곳에서 무엇을 할 수 있는지 등에 대해 설명을 함으로써 이 환경에 대한 이해를 돕는 것으로부터 시작하곤 한다.

발테그기법으로 치료의 동기부여

때로는 그 아이가 마음이 조금 누그러지기 시작하는 시점에서 발테그기법을 활용하여 "네가 원하는 만남은 아니었지만 지금 우리에게 주어진 이 시간을 의미 있게 사용해보지 않겠느냐"는 제안으로, 그들의 욕구와 능력에 초점을 둔 발테그기법으로 자기관찰을 유도하기도 한다. 이 과정에서 치료사의 공감적이며 대상존중의 태도는 아이들로 하여금 치료사에 대해 신뢰를 싹트게 하며, 참여 동기를 갖게 하고, 그로 인해 치료계약을 약속하게 되는 긍정적결과를 가져다주므로, 나의 경험상 거의 99% 성공적인 결과를 가져다준 방법이다.

◆ 주관적 세계와 객관적 세계에 대해 어떻게 이해할 것인가?

면담에서 자신의 주관적인 견해나 편견으로 왜곡시킬 수 있는 가능성을 방지하기 위해 치료사는 객관적인 정보를 수집하려고 노력한다.

객관적 정보와 작품연결

예를 들면 치료 상황에서 표현되는 내용, 현재 처한 상황, 가족의 객관적인 정보를 통해 작품의 메시지와 연결하고 해석하게 된다. 최선을 다 하려는 치료사의 노력에도 치료대상과 가족은 간혹 거짓정보를 제공하는 경우가 있어서 객관적 구분의 어려움 또한 배제할 수 없다. 그러므로 치료사는 면담에서 단편적인 해석을 금하고 무비판적인 태도로 그들의 편에서 진솔한 태도를 취하는 자세여야 한다.

객관적 세계란 주변체계들이 보는 치료대상의 모습으로, 이것을 통해 치료사는 그가 자신에 대해 말하는 주관적 견해를 균형적으로 이해할 수 있는 척도로 삼을 수 있으며 그를 왜곡해석하거나 편견으로부터 벗어날 수 있게 한다.

치료대상은 치료관계에서 치료사가 자신을 이해해주기를 바라므로 어떤 식으로든 자기를 이해시키고자 노력한다. 치료사는 이러한 그들의 기대에 부응하고 그들 자신의 관점에서 자기세계를 비하시키거나 왜곡시키지 않고 탐색하도록 돕기 위해서는 우리가 같은 눈높이에서 그들 내면의 세계를 볼 수 있어야 한다.

사례개념화를 통해 문제 확인

그러기 위해서는 객관적으로 사례를 개념화할 수 있어야하며 개념화를 통해 그들의 환상과 왜곡 그리고 한계를 이해하고 문제요인을 발견하여 적절한 방법으로 해석할 수 있어야 한다. 개인이 지각하는 경험과 기억은 심리적 상황에 따라 영향을 받고 변할 뿐만 아니라 우리가 보는 것과 그가 보는 것이 다를 수 있기 때문에 객관적인 검증은 쉽지 않다. 다만 우리가 할 수 있는 것은 치료대상 그가 보는 것과 그의 주요체계들이 보는 것 그리고 우리가 본 것의 공통의 합의점을 찾아 어느 정도의 객관성을 유지할 수 있을 것이다.

해석의 오류

임상에서 가장 실수할 수 있는 부분은 우리가 그들의 주관성을 무시하고 주요체계의 정보에 의존하여 기계적인 해석을 하는 것이다. 해석문제에 대한 이해를 돕기 위해 성적노출과 부적응문제로 의뢰된 청소년을 한 예로 들어보자.

> 어느 날 그 청소년은 치료 작업에서 찰흙을 만지다가 막대형상을 만들어 세우기 시작했다. 치료사가 그 순간 관찰한 것은 막대형상을 세우면서 빙그레 웃는 모습과 이어서 한 손은 호주머니 속에서 무엇인가를 주물럭거리고 있었다. 이어서 표현한 풍경그림에는 둥근 지붕위에 굴뚝을 표현하고 주변에는 음경형상의 나무들이 표현되었다. 이에 대해 치료사는 자신의 잘못된 매체선택으로 인해 그 아이에게 성적인 자극을 제공하게 된 결과였다며 치료사로서 자신의 부족감에 대해 자책하고 있었다.

결국 이것은 차후 청소년의 문제가 공식화되면서 치료의 핵심계획에 중요한 요소가 되었으나 이 날 치료사의 해석은 분명 부정적인 이해에만 초점이 맞춰졌다는 사실을 배제할 수 없다. 청소년과의 대화 속에서 확인된 것은 찰흙을 만지다보니 아침에 엄마가 준 가래떡이 생각났고, 순간 호주머니 속의 떡이 먹고 싶어 만지고 있었다는 것이다.

치료대상의 내적 경험과 외현적으로 나타나는 문제에 대한 구분은 이론상으로는 가능할 수 있지만, 위의 사례에서처럼 임상에서 우리가 얼마나 자신의 주관적사고로 그들을 해석해내는 오류를 범하고 있는지 깨닫고 나면 그 구분은 불명확해지기 십상이다. 그의 반응이 그러하듯 우리 역시 자신이 경험한 세계와 기억에 의해 그리고 그 상황에서의 심리적 상태와 보고 싶은 방향에 따라 편견이 작용할 수 있고 같은 내용을 가지고도 매순간마다 다르게 이해할 수 있다. 인간의 심리는 상황에 따라 영향을 받기 때문에 언제라도 변할 수 있기 때문이다.

치료사의 성격유형에 의한 왜곡해석

다만 우리가 치료관계에서 그들을 이해할 수 있는 중요한 근거는 공감적 경험으로부터 온다는 사실이다. 또한 임상상황에서 치료사로서 해석해내는 관심의 척도와 패턴(표현예술치료로 만나는 정신건강이야기, 2009, 제18장 참조)은 자신의 성향이 직관형인지 사고형인지에 따라 달라지므로 자신의 경향성을 의식하고 반대 입장에서도 이해하려는 태도가 필요할 것이다.

◆ 작품에 대한 심층적 접근을 하고 있는가?

인간의 내적 정신세계는 어느 누구도 들여다볼 수 없으며 다만 작품세계를 통해 심층의 측면을 느낄 수 있다.

그 과정에서 치료사는 창작자인 그들의 소망, 기대, 환상, 적응, 정서와 관련하여 그의 심상을 관찰하게 된다. 그러기 위해서는 제3의 눈으로 보고 제3의 귀로 듣는 능력이 필요하다. 그러한 능력을 발휘하기 위해서는

제3의 눈과 제3의 귀로 심층이해

치료사자신의 창작과정이 요구되며 그 과정을 통해 자신을 들여다보는 마음거울과의 만남을 게을리 해서도 안 될 것이다.

◆ 기록내용과 기억내용의 균형은 어떠한가?

면담과정의 기록은 치료계획을 세우고 효과적으로 치료를 수행하기 위해 필수적인 조건이자 과정이다. 이것은 치료대상이 가져온 문제에 대한 보다 정확한 이해와 다음 계획을 위해 중요한 자료가 되므로 치료사의 기록에 대한 자세는 매우 중요하다.

기록의 다양한 방법

기록방법은 다양한 방법으로 사용될 수 있다. 예를 들면 비디오, 녹음, 문서화 등의 방법으로 기록하게 되는데 구술적 문서화의 경우 기록자의 편견이 따를 수 있으므로 각별히 유의해야 한다.

기록의 윤리적 치료적 이슈

가장 좋은 방법은 비디오기록이라고 볼 수 있는데 이때 치료대상의 승낙 없이 녹화를 하는 것은 윤리적인 면에서도 문제가 되므로 유의해야 한다. 녹화방식의 기록은 개방성에 있어 의식문제가 따르므로 면담의 방해요인이 될 수 있으며, 특히 편집적인 경향성이 우려되는 대상에게는 불안을 가중시키는 요소가 되기도 하므로 유의해야 한다.

작품의 결과물은 비디오기록과 같은 반복적인 환기성의 특성을 가지므로 면담상황의 심리과정에 대한 연속성을 제공해 준다는 점에서 유용하다. 또 다른 기록의 방법은 관찰이 필요한 내용을 사전에 준비하여 체크하는 방식의 기록을 선택할 수 있으며 체크한 필요항목에 대해서는 면담 후 기억을 되살려 구체적으로 서술할 수도 있다.

◆ 개인력과 작품표현의 관련성을 어떻게 이해할 것인가?

사실적 정보와 작품언어

면담과정에서 개인력에 대한 정보를 수집할 때 고려해야 할 내용으로 우리의 기억은 사실을 잘못 알고 있거나 제외시키는 경우가 있는데, 작업과정에서 치료사는 기억으로 떠올리지 못하고 있는 내적언어를 작품에서 만나기도 한다.

이과정은 갇혀있던 내면의 무의식을 의식세계로 끌어올리고 그 결과는 꿈이나 투사를 통해 빠져나오기도 하며, 일반적인 면담의 개인력조사에서 발견하기 어려운 그림자를 창작활동의 작품언어에서 예측하고 만나게 된다. 이것은 또한 통합과정에서 자극제로서의 역할을 하게 된다.

◆ 비밀보장문제와 관련하여 부모개입은 어떻게 할 것인가?

비밀보장성

면담에서 드러나는 비밀에 대한 보장문제는 매우 복잡한 문제 중의 하나인 것 같다. 부모는 치료사로부터 자녀의 치료과정과 상황에 대해 당연히 듣고 싶어 할 것이다. 이와 관련하여 치료사는 치료대상인 자녀의 입장에서 그에게 도움이 되고 싶은 단순한 마음이 앞서, 부모에게 설득력 있는 설명 없이 일방적으로 비밀보장을 위해 말할 수 없다고 말함으로써 회피하거나, 반대로 자신의 전문성을 드러내기 위해 작품을 펼쳐놓고 설명하고 싶은 유혹을 받기도 한다.

비밀보장 관련한 치료대상의 치료사조정문제

어떤 치료대상은 치료과정에서 있었던 자신의 이야기를 부모에게 절대로 알리지 않을 것을 치료사에게 당부하는 경우도 있고, 때로는 부모에게 요구하고 싶은 내용을 대신 전해달라는 부탁을 하기도 한다. 이러한 경우 만약 치료사가 약속을 지키지 못했다면 도덕적 책임 외에 법적인 규제 장치가 마련되어있지 못한 현실적인 문제에 부딪히게 되며, 들어주지 못한 부탁에 원망을 듣기도 하고 치료관계에 갈등이 일어나기도 한다.

비밀보장의 윤리적 문제 예방법

그러나 치료사가 비밀보장성문제와 관련하여, 사전에 그에게 직접적인 해가 되는 상황이나 부분에 대해서는 부모의 도움을 요청해야하기 때문에 공유할 수밖에 없다는 사실을 설명했다면, 그러한 윤리적문제와 불신문제는 예방될 수 있을 것이다. 다만 자신의 요구를 부모에게 대신 전해달라는 치료사조정문제는 직접 하지 못하는 그의 마음을 우선 이해하되, 스스로가 직접 부모에게 어떻게 요구하고 합의점을 찾을 수 있을지에 대해 함께 나누고 방법을 찾아가는 것이 도움 될 것이다.

비밀보장성의 조건

충분히 있을 수 있는 이러한 문제들에 대해 우리는 몇 가지 지침을 가질 필요가 있다. 예를 들어 비밀보장의 조건이 치료의 모든 것을 절대로 이야기하지 않아야한다는 의미는 아니므로, 치료대상을 위험에 빠트리게 하는 문제들에 대해서는 부모나 그의 치료를 위해 협력하는 다른 관련인과는 함께 의논해야하며, 상황이 검토된 최대한의 보장이 고려되어야한다.

이때 치료사는 기관과 감독자의 조언을 따르되 문제예방을 위해 사전에 안내를 받고 숙지한 후 치료에 임하는 자세가 필요하다. 다시 말해서 치료과정에서 일어나는 상황에 대해 부모에게 구체적으로 설명하거나 그림을 보여주면서 해석하거나 그림분석을 통해 교육하려는 태도는 전문가가 하는 일이 아니다. 자녀에 대해 중요하게 다루는 염려부분에 대해서만 부모가 느끼는 정도에서 언급하되, 부모가 자녀를 이해하는데 도움이 되고 부모가 어떻게 대처해야하는지와 관련된 부분에 초점을 두어 안내하는 것이 무리 없다.

부모개입의 유의사항

치료관계초기에 반드시 거치는 비밀보장설명에 대한 규정과 마찬가지로 부모에게도 치료계약 시에 치료과정에서 나눈 내용들에 대한 비밀보장의 의미가 무엇이고 치료에 어떠한 영향을 미치는지에 대한 설명을 해야 한다. 그리고 치료대상의 특정행동이나 상황이 본인에게나 주변인에게 위험한 상황이라고 평가된 부분에 대해서는 가족에게 알려 대처하도록 도움을 요청할 것이라는 치료지침에 대해서도 설명해야 한다.

이때 부모가 소외감을 느끼지 않도록 세심하고 배려 깊은 태도로 임하며 이것이 가족과 치료를 위해 최선이라는 점을 강조한다.

◆ 전이와 역전이 탐색은 우리에게 무엇을 알려주는가?

우리는 타인의 내면세계를 실제로 목격할 수 없기 때문에 면담상황에서 치료대상인 개인과 가족이 말하는 내용과 그들의 태도에 의해 영향을 받은 치료사 자신의 심리나 정서를 임상적 정보의 출처로서 해석하게 된다.

임상적 정보로서 치료사의 정서

이 과정에서 미치는 영향은 여러 가지 형태로 치료사개인의 경험과 정서라는 허구 속에 한 개인을 받아들이는 것에서 벗어날 수가 없기 때문에 어느 정도의 왜곡은 불가피하다는 점이다. 그럼에도 불구하고 어느 순간 갑자기 일어나는 관계경험에서의 상호작용은, 치료사로 하여금 예측하지 않았던 연상을 불러일으키고 두 사람과의 치료관계에서 어떠한 일이 일어나고 있는지 또는 지금 그에게 어떠한 일들이 일어나고 있는지를 이해하게하는 자료가 된다.

아직은 우리가 듣지 못했거나 일어나지 않은 일에 대해, 그가 지나가듯 하는 말에서도 순간 어떤 느낌을 갖게 되고 그 느낌과 알아차림은 그의 무의식적 내용을 의식세계로 돌릴 수 있는 기회로 제공된다는 사실을 치료사들은 흔히 경험했을 것이다. 어떤 계기로 어느 순간 알게 되는 아주 사소한 것에서도 우리가 무언가를 느끼게 된다면, 그 곳에서는 이미 탐색의 움직임이 일어나면서 그의 내면에 가까이 가게 되고 회복의 빛을 만나게 하고 찾아가게 하는 통로가 된다.

주호소와 증상의 의미 이해하고 임상에 적용하기

치료대상이나 그의 가족이 말하는 주 호소는 말 그대로의 의미도 있지만 그와 가족이 말하는 호소내용과 드러난 문제나 증상은 서로 다를 수도 있으며 호소하고 있는 그 문제가 진짜문제가 아닐 수도 있다. 뿐만 아니라 호소문제가 반드시 증상으로 나타나는 것도 아니며 드러난 증상이나 문제와 전혀 무관한 의미를 가지는 경우도 있다.

호소문제와 증상에 담긴 욕구

주 호소는, 지금까지 억압시키고 무시해왔던 증상을 더 이상은 감당할 수 없어서 무언가 해결책을 찾고자하는 욕구로부터 온다. 우리가 만나는 이들이 고통으로부터 벗어나도록 돕기 위해 우리는 초기면담과정에서 탐색되어야하는 호소문제가 갖는 의미와 증상의 관련성에 대해 보다 더 깊은 이해를 필요로 한다.

◆ 주호소가 갖는 의미와 우선 확인해야하는 것은 무엇인가?

초기면담에서 우선 확인되어야 할 점은, 호소하고 있는 문제가 긴급한 위기상황인지에 대해 논의되고 평가되어야 한다.

문제의 위험 상황에서는 안전이 우선

치료대상이 호소하고 있는 내용이 가족이 말하고 있는 내용과 다르게 한층 더 위급하고 치명적인 상황일 수 있는 부분을 간과할 수 있기 때문이다. 예를 들면, 자살사고라든지 지나친 공격행동의 위험성이 느껴진다면 보다 더 특정질문으로 탐색하고 위기개입으로 접근할 수 있어야 한다. 호소문제가 자신에게나 타인에게 위험한 상황으로 표현된다면 위험을 평가하는 면담을 지속하기 보다는 안전을 우선적으로 고려해야 할 것이다.

호소문제 관련 질문

- 치료대상이 느끼고 있는 관심사와 문제는 무엇인가?
- 심각성을 느끼고 있는 어떠한 상황이 있는가?
- 문제로 느끼고 있는 어떤 것의 징후가 있는가?
- 문제와 관련된 주변체계 상황들이 있는가?
- 문제는 얼마나 심각한가?
- 특정상황이나 대상에게 문제의 탓으로 돌리는 어떠한 의미가 있는가?
- 처음 문제를 느끼게 된 시기는 언제인가?
- 문제의 지속성, 빈도, 그 결과는 무엇인가?
- 문제인식과 신체변화의 관련성이 있는가?

이외에도 치료대상이 자기문제를 전혀 인식하지 못하고 가족이나 주변인에 의해 치료 상황으로 오게 되었다면, 그들은 대부분 "내가 왜 여기에

왔는지 모르겠어요"라고 하거나 치료사의 어떠한 질문에도 "몰라요, 생각이 안나요"가 주된 답변일 것이다. 그러한 경우 초기면담 시 가장 고려해야하는 첫 번째 관문은 그가 느끼는 도움의 외부압력을 충분히 이해하고 감소시켜주는 것이다. 그 다음에서야 그의 승낙에 의해 계약이 결정된다.

초기면담에서 치료동기부여의 중요성

이 과정에서 그가 스스로 문제를 인식하고 문제의 경계가 분명해진다면 구체적인 치료계획을 세울 수 있게 된다. 이때 무엇보다 중요한 것은 공감반응이라고 할 수 있다. 감정이입적인 의사소통은 치료대상으로 하여금 어떠한 기술적 접근보다도 도움요청의 동기를 불러일으키는 핵심요소가 된다.

그가 드러내는 문제 상황들은 삶의 전환점에서 이제는 가면을 내려놓고 진정한 자기를 찾고자하는 시도에서 오며 그 과정에서 불균형을 초래하여 나타난 증상들이다. 이때 그가 보이는 문제의 본질이 일종의 보호막으로서 외부체계로부터 용납될 수 있는 쉼의 형태로 받아들여질 수 있을 때에야 비로소 치료사는 새로운 균형을 형성하도록 도울 수 있을 것이다.

보호막으로서 문제의미

이 말에는 가족이 치료의 협조체계로서 함께해야한다는 조건을 함축하고 있으며, 그 가족이 현재 당면한 문제에 대해 이해하고 수용하며 돕고자하는 의도를 가져야 치료가 유지될 수 있으며 온전히 치료에 집중할 수 있다는 의미가 담겨있다.

◆ **문제에 대한 가족과 주변체계의 시각을 어떻게 이해할 것인가?**

아동청소년은 대부분 부모에 의해 의뢰되고 성인은 심각한 정신의학적 어려움이 있는 경우를 제외하고는 대부분 본인 스스로가 도움을 요청한다.

그러므로 가족면담의 주된 특성은 부모가 자녀의 행동이나 특정문제를 변화시키기 위해 나름의 노력을 하는 시점이거나, 노력에 대한 기대가 어긋났을 때 좌절을 경험하고서야 치료환경으로 들어오게 된다. 따라서 어떤 이유에서 지금 치료실을 찾았든 간에 주호소와 관련하여 가족과 주변인이 그의 문제를 보는 시각과 태도는, 부모의 좌절과 노력 및 문제에 대한 이해와 부정의 수준 그리고 문제의 요인과 진행수준을 평가하는 척도가 되어줄 것이다.

문제요인과 진행수준 평가질문

- 가족과 주변체계는 무엇이 문제라고 생각하는가?
- 그 문제는 왜 지금 다루려고 하는가?
- 이 문제는 가족의 어떠한 패턴이나 방식과 관련하고 유지되고 있는가?
- 호소하는 문제로 인해 가족과 주변에 어떠한 반응들이 발생하고 있는가?
- 가족이 보는 문제는 치료대상이 인식하고 있는 내용과 동일한가?
- 직접면담에서 말하는 내용이 접수면접지에 기록된 내용과 다른 호소 문제를 함축하고 있는가?

치료관계에서 부모이해와 심리적 거리 유지

이유가 무엇이든 부모는 이 시점에서 치료사가 자녀문제의 원인이 부모 자신에게 있다고 생각할 것이라는 불안을 안고 있다. 그러므로 부모면담에서 우리가 유의해야하는 것은, 문제의 원인을 부모에게 돌리지 않아야 한다는 것과 교육하려고 하지 않으며 부모의 노력에 대해 지지하고 존중해야 한다. 우리가 치료대상을 이해하려고 노력하듯 부모의 고충과 노력 또한 이해해야하며 더불어 부모로부터 조정당하지 않도록 적절한 심리적 거리를 유지해야 한다.

◆ 주호소와 증상의 관계는 무엇인가?

임상에서 호소문제와 함께 나타난 증상은 개인사, 가족사, 또는 더 넓은 범위의 문제를 예측하게 하는 암시이기도 하다.

왜 이러한 문제가 자기와 가족에게 찾아왔는지 모르겠다며 호소하지만 사실은 이미 문제는 알고 있을 수 있다. 다만 직접 표현할 수 없어서 증상으로 나타내거나, 거짓자기로 포장하면서 버티던 것을 이제 더 이상은 스스로 감당할 수도 더 이상 기대할 수도 없어서 포기한 결과이거나, 더 이상 감출 수 없는 참자기를 드러내는 과정에서 증상이 나타날 수 있다. 다시 말해서 자신이 진정으로 원하는 모습을 찾기 위해 적극적인 노력을 하고자할 때 거짓자기로 가려졌던 그림자를 발견하면서 증상이 나타날 수 있다.

증상의 발병시기와 호소시기

증상의 발병 시기는 생활방식의 불균형과 관련되며 지금까지 숨기고 사용하지 않았던 신체적 정신적 균형을 위해 새로운 체계를 받아들이면서 나타나기도 하며, 문제를 호소하는 시기는 그 다음에 등장한다. 그러므로 우리는 그들이 치료에 들어와 무언가를 호소하며 도움을 요청 할 때 호소문제를 듣는 과정에서 어떤 특정증상을 관찰하고 그것이 언제부터 시작되었는지 어떻게 유지되어왔는지 알고자 한다.

증상의 의미

증상의 의미는 증상이 나타난 시점과 증상자체의 본질 즉 발달적 전환기, 기대하는 것과 현실에서 제공되는 것의 불협화음이 일어날 때, 특정사건에 대한 당혹스러움과 두려움, 특수한 상황변인과 변화 등에서 찾을 수 있다. 증상의 또 다른 의미는 자기보호를 위한 울타리로서 나타낸다. 심한 경우는 가족과 주변인이 인정할만한 강력한 쉼으로 들어가는 방편으로 분열을 일으키면서 지금까지 견뎌왔던 모든 것을 포기하는 것이다.

문제의 초점 찾고 도움 범위 선택

이때 우리가 유의해야하는 것은 호소문제가 스스로 선택한 결과이든 주요체계가 증상을 구체화하도록 유도했든 간에 "지금-여기"에서 무엇이 가장 우선인지에 초점을 두어야 한다. 일차적으로 확인해야하는 것이 무엇인지 도울 수 있는 것이 무엇인지 선택해야하며 치료관계에서 방해될 수 있는 요소가 무엇인지 파악하고 있어야 한다. 자칫 호소문제의 사실을 알기도 전에 앞서가게 되면 지나친 의존을 부추길 수 있으며 치료의 방해요소를 모른 채 부모역할을 떠맡게 된다.

그러므로 초기면담에서 충분한 시간적 여유와 심리적 거리를 두면서 관계와 평가과정을 거쳐야한다. 이에 대한 내용은 이미 앞에서 설명되었으므로 숙지하기 바란다.

개인력 탐색하기

도움을 필요로 하는 개인의 발달사를 조사하는 것은, 치료과정에서 파악이 어려운 발달단계별 경험과 관계특성을 이해함으로써 심층의 내적 상호교류가 미치는 불균형을 통합으로 안내하기 위한 기초과정이다.

발달단계마다의 과제성취 확인

다만 염두에 두어야하는 것은 가지고 온 문제라는 것이 반드시 인간의 발달에 따라 순서를 지키면서 어떠한 문제가 발생하지는 않는다는 것이다. 그러한 반면에 발달과정에서 거쳐 온 개인들의 관계경험은 복잡하면서도 너무나도 중요해서 기본적으로는, 각 발달단계마다의 이전 단계에서 과제를 성취해야 다음단계로의 진입이 원활해진다는 것이다.

결과적으로 초기발달의 경험은 문제이해를 위해 무시할 수 없는 중요한 발달단계로서, 특히 아동청소년치료에서 직접면담과 치료과정에서 이를 다루는 것 외에 치료초기에 부모를 통해 개인력을 확인하는 것은 임상에서 가장 기본적이고 통과의례적인 과정이다.

◆ 개인력을 확인하는 이유는 무엇이며 적정 시기는 언제인가?

삶의 과정에서 모든 인간은 개인에 따라 부분적인 각자차원과 각기 다른 강도로 또는 유사한 형태로 위기를 만나면서, 그 과정을 통해 변화의 기회 또한 만나게 된다는 사실에 대해 우리는 이미 알고 있다.

그러므로 임상과정에 이어지는 면담의 내용에서 변화가 일어날법한 시기에 변화가 없다면 우리는 기회를 놓쳤을 가능성이 높다는 것 또한 예측하고 있을 것이다. 그러하듯 개인의 발달단계에서 거쳐야 했을 특정 경험의 기회가 없었다면 아마도 그는 그 변화의 기회를 잃었을 수 있으며 그로 인해 현재의 문제에 직면할 수밖에 없었다고 가정해볼 수 있다.

중간대상

다시 말하면, 어린 시절 아이들은 누구나 중간대상을 창조하는 능력을 발휘하는 시기가 있는데 만약에 그 시기에 중간대상이 없었다면 그의 성장 과정에서 분리에 대한 위안이 없었다고 볼 수 있다. 만약에 "지금-여기" 이 자리에도 오지 않았다면 그는 더 큰 장애를 가지고 살아갈 가능성이 높다. 따라서 우리가 치료대상과의 초기만남에서 개인사를 살펴보고 이해하는 것은 그가 가지고 온 문제의 불균형을 회복할 수 있도록 상실을 다루는 치료의 첫 관문이라는 사실을 기억해야할 것이다.

발달사 확인 시기

개인력을 다루는 시점은 가능한 치료계약이 이뤄진 다음 부모와의 첫 면담 후반부에서 충분히 이뤄져야 한다. 문제가 무엇인지에 대해 파악하는 단계에서는 치료대상이 자신의 발달사에 대해 기억할 수 있는 영역 이외의 발달과정을 부모로부터 확인해야 하는데, 이 과정에서 부모는 자신이 잘못했다고 생각한 것에 대해 죄의식과 불안을 느껴 면담자체를 불편해하므로 시간이 지날수록 자녀의 문제에만 초점을 두고자 한다.

그러므로 부모의 불편감과 정보의 왜곡을 예방하기 위해서 부모와의 첫 만남인 치료계약에서는 불편사항을 듣는데 초점을 두며, 부모면담이 필요한 이유와 기본약속에 대해 충분히 설명하고 동의를 구한 후 곧 바로 면담일정을 약속한다. 계약면담 후 치료의 첫 면담에서 호소문제에 기초한 발달사와 가족사에 대한 핵심내용을 확인하고 더 깊은 내용은 이후면담부터 구체화해가면 된다.

부모불안에 대처할 면담자세

부모의 불안에 대처하여 치료사가 미리 준비해야 하는 내용으로서 첫 번째 요소는 치료계획이전에 개입되는 관계요소이다. 예를 들면, "자녀의 발달사와 관련하여 2~3회기 정도 가족면담을 통해 파악하게 될 것이며, 면담내용은 치료를 위해 필요할 뿐 어떠한 이유로도 다른 곳에 사용되지 않을 것이므로 솔직하게 아는 대로 말하면 된다"라고 사실을 전함으로써 부모의 불안을 줄여줄 수 있다.

두 번째는 이러한 부모면담의 과정은 도움이 필요한 아이들의 모든 부모에게 하는 일상적인 통과의례라는 설명을 함으로써 특별히 "나에게만"이라는 불안을 없애주게 된다. 마지막으로 부모면담은 특별한 이유가 없는한 치료대상인 자녀와 함께 하지 않는 것을 원칙으로 하고 공감적, 지지적, 무비판적 태도로 임해야한다.

발달배경에 대한 정보수집 대상 확대

치료대상이 청소년기까지의 자녀인 경우 어머니가 주된 양육자이므로 발달배경에 대한 면담대상자는 어머니가 초점이 되겠으나 한 부모가 아닌 양부모로부터 정보를 수집하는 것이 가장 이상적이다. 만약에 일정기간 주 양육자가 어머니가 아닌 다른 사람이었다면 어머니 외에 그 사람을 면담에 포함시키는 것은 매우 중요하다. 개인력의 주된 내용은 출생전후의 부모 준비도와 임신의 의미, 자녀의 기질적 정보, 초기 애착관계, 발달적 특성, 충격적 경험 등에 대한 순서로 파악하게 된다. 다음은 이에 대해 탐색되어야하는 구체적인 내용들에 대해 살펴보기로 하자.

◆ 출산준비와 부모환경 이해는 왜 필요한가?

자녀가 출생할 때 부모의 준비도는 양육태도에 중요한 영향을 미칠 수 있다. 정신분석학에서는 인간의 생애에서 가장 강렬한 경험으로써, 임신과 출생에 대한 경험이 어떠했는가를 인간발달의 핵심요소로서 중요시 한다. 출산과 관련된 경험과 사건은 평생 지울 수 없는 흔적을 남긴다는 사실은 의심의 여지가 없다. 그러므로 한 개인의 탄생과정을 이해하려고 노력하는 것은 임상에서 치료사들만이 경험할 수 있는 유일하고 보람 있는 일이다.

출산에 대한 부모환경 평가질문

- 결혼당시 부모의 나이는 몇 살이었는가?
- 부모의 첫 만남 배경은 무엇인가?
- 만난 지 얼마 만에 결혼했는가?
- 계획된 임신이었는가?
- 임신 중에 어머니의 건강상태와 경제적 및 심리적환경은 어떠했는가?
- 유산 또는 낙태경험이 있었는가?
- 임신했을 당시 어머니자신과 가족 및 주요체계의 반응은 어떠했는가?
- 출산 후 자녀의 성별에 만족했는가?
- 출생 후의 가족환경과 생활수준은 어떠했는가?

출산에 대한 부모환경과 문제의 연관성

치료과정에 들어온 이들의 그림에서 나는 때때로 탄생과정의 사건과 관련된 내용들이 원형적 상으로 나타나는 것을 만나곤 한다. 탄생과 죽음, 밝음과 어둠, 좋음과 싫음 등 양극단의 모든 것은 우리들 인생의 전체과정을 생각하게 하는 것 같다. 슬픔에서 기쁨을 만나고 아픔에서 회복을 만날 때 사람들은 다시 태어나는 것과 유사한 경험을 하리라 본다.

여러 연구결과에서도 탄생과정의 경험은 인간발달의 핵심요소라는 사실이 확인되고 있다. 치료과정으로서 출생과 관련하여 과정을 탐색하는 것은 한 개인을 이해하는데 중요한 실마리를 제공해 준다.

◆ 기질적문제의 가능성을 파악하기 위해 무엇을 확인해야하는가?

임상에서 심리치료사들이 간과할 수 있는 부분이 기질적 요소에 대한 부분이다. 기질적인 요소는 치료 계획 전에 가장 먼저 평가되어야 하는 영역인데 그 이유 중 하나는, 치료대상이 보여주고 있는 문제가 기질적인 영향이라면 발달상의 어려움은 치명적이 될 수 있고 치료에서도 잠재력을 끌어내는데 제한적이므로 치료의 한계설정에 포함되어야 하기 때문이다.

또한 그 제한성을 부모나 가족이 이해하지 못하고 있다면 치료교육을 위한 계획에도 포함되어야 한다. 기질적인 문제요소를 평가하기 위한 질문은 다음과 같다.

문제의 기질성 평가 질문

- 임신했을 때 어머니의 신체적 정신적 상태는 어떠했는가?
- 조산은 아니었는가?
- 임신 중에 약물복용은 없었는가?
- 진통은 얼마나 오래 지속되었는가?
- 출산을 돕기 위해 약물을 사용하지는 않았는가?
- 출산 시 특징적인 어려움은 없었는가?
- 출생 후 입원기간은 어느 정도였는가?
- 모유나 우유는 잘 먹었는가?
- 유아기에 사고나 병을 앓은 적은 없었는가?

초기면담 시 위의 내용에서 제시한 기질적인 문제요소에 대한 파악은 매우 중요한 부분이다. 이 척도에서 확인된 의문점과 그림 표현에서 기질적인 요소가 발견되면 더욱 구체적인 평가를 통해 치료계획을 세워야 할 것이며, 부모교육을 통해 기대감을 적정수준으로 낮추고 잠재능력을 최대한 개발할 수 있도록 도와야 한다.

◆ 영·유아기에는 어떠한 특성이 있었는가?

성격형성과 초기 애착경험

인간의 초기 애착관계는 성격형성의 기초가 되며 타인과 세상에 대한 신뢰와 불신이 형성되어가는 과정에 직접적인 영향을 미치게 된다. 유아기라고 하는 초기 3년(여아의 경우는 2년까지에 해당한다고 보면 됨) 이전의 발달단계는 학자에 따라 다양한 용어로 신뢰와 관심과 애정의 상호관계를 설명하고 있다.

위니캇(Winnicott, 1965)은 충분히 좋은 엄마의 역할과 유아의 환상적 환멸적 과정을 이야기하고 있다. 이론에 의하면 유아가 충분히 좋은 품의 경험을 하게 되면, 전능적인 힘으로서의 자기 환상을 갖게 되어 그 경험은 자기감과 신뢰된 내적세계를 형성하고 참자기로 살아갈 수 있지만, 그렇지 못하게 되면 부정적인 내면화에 의해 거짓자기를 형성하게 된다. 또한 청소년기의 문제행위들은 초기애착에 대한 제2의 경험으로써 자기를 회복하고자하는 욕구로 나타낸 행위라고 볼 수 있다.

이와 관련하여 클라인은 투사적동일시원리와 생애초기의 원시적기제와 관련하여 경계선병리를 이야기하면서 초기애착과 관련한 지속적인 발달의 영향에 대해 강조했다. 아래의 질문은 초기애착관계의 특성을 이해하기 위해 확인되어야하는 내용이다.

초기 애착관계 특성 평가 질문

- 유아기 건강상태는 어떠했는가?
- 산후조리는 어디서 했으며, 누가 도왔는지, 불안정한 환경은 아니었는가?
- 치료대상인 이 아이는 가족 중 누구와 닮았는가?
- 이름은 누가 지었는가?
- 수유방법은 무엇이며, 잘 먹었는가?
- 잠버릇은 어떠했는가?
- 양육자는 누구였는가?
- 낯가림은 어떠했는가?
- 신체적 발육상태는 어떠했는가?
- 특별히 밀착된 애착관계 또는 상실경험이 있는가?
- 배변훈련은 언제부터였으며, 방법과 반응은 어떠했는가?
- 동생이 있다면, 동생에 대한 반응은 어떠했으며, 당시에 양육은 누가했는가?

위의 질문내용에 포함된 초기애착형태는 치료대상의 성격구조형성에 미친 영향을 감지하게 한다. 그러므로 이러한 정보는 우리로 하여금 그가 성장한 가정의 분위기와 상황을 이해할 수 있게 한다.

◆ 유·아동기에는 어떠한 특성이 있었는가?

24개월이 되면 유아는 의사표현을 위해 주변어른들과 자주 부딪히게 된다. 이 시기는 흔히 동생이 태어나는 시기와 맞물리면서 현실에서 부딪히게 되는 갈등과 도전을 경험하게 되고 수치감을 알아가면서 사회화가 시작된다. 그 과정에서 아이는 자기에게 위로가 되어줄 중간대상을 창조하며 자신이 선택한 대상에게 끊임없이 변화되어가는 자신의 감정을 쏟아내면서 자기의 불만족이나 필요를 탐색해가게 되며 그 과정을 통해 분리개별화를 진행하게 된다.

중간대상 창조의 중요성

이 중간대상의 반은 인간이고 반은 인간이 아닌 중간형태의 창조물로서 사회화되어가는 과정을 적극적이게 하는 놀이의 구심점을 이루게 된다. 아래의 질문은 애착대상으로부터 분리해가는 과정에서 보일 수 있는 자기탐색 반응과 행동 및 중간대상의 수준을 이해할 수 있게 하는 척도이다.

중간대상 경험에 대한 평가 질문

- 공격성을 어떠한 방법으로 나타내는가?
- 주변인은 아동의 공격성을 어떻게 받아들이고 있는가?
- 상상의 세계 또는 비밀스러운 자기세계가 있는가?
- 특별히 애착을 가지는 물건이 있는가?

분리개별화를 향한 외부세계로 발을 내 딛는 이 시기에 놀이능력을 지지받지 못하거나 직접적인 양육자의 애정과 적절한 지지경험이 부재하다면, 좌절하고 위축되어 적응문제가 두드러질 수 있는 시기이다. 동생이 태어난다는 사실 그 자체 외에도 앞으로 동생과 부딪쳐야하는 현상에 스스로 대처해야하기도 하고 박탈경험에서 살아남기 위해 도전해야 하는 시기인 만큼 더욱 긍정적인 돌봄 환경이 필요하다.

분리개별화 시기의 놀이와 돌봄환경의 중요성

유치원시기에 있는 아동의 경우 사춘기시기와도 일맥상통한 특성과 퇴행성행동을 드러낼 수도 있다. "나 아닌 대상"으로서 중간대상을 향해 자신의 감정을 쏟아내고 자신의 기대나 욕구를 표출하고 탐색해 간다. 이러한 시기의 특성들을 잘못 이해하게 되면 문제행동으로 보여 질수도 있는 반면에, 진짜문제를 일반화시켜 치료시기를 놓칠 수도 있게 된다.

유아동발달의 특성에 대한 우리치료사들의 충분한 이해는, 그러한 오류를 예방할 수 있도록 부모를 안내하게할 뿐만 아니라 적절한 시점에서 도울 수 있게 한다.

◆ 학령기에는 어떠한 특성이 있었는가?

6세경부터 12세경까지에 해당하는 학령기의 특성은 아동기이자 청소년 초기특성을 포함하고 있어서 발달적 이해를 분류하는데 다소 차이가 있다(청소년기본법에 의하면 8~9세경부터 청소년으로 명시하고 있음). 여기에서는 이론가들이 제시하는 학령기의 공통적인 특성을 언급하되 구체적인 이해는 학령전기라는 개념아래 임상가가 확인해야하는 학교진입 이전의 유치원시기 특성에 대해 다루려고 한다.

이론가들은 학령기의 다양한 특성적 의미를 들어 발달단계에서 요구되는 환경적 경험을 강조한다. 예를 들어 인지관점에서는 학령기를 구체적 조작기로부터 형식적 조작기를 향해가는 과정으로 보고, 전통적인 정신분석입장에서는 잠복기 또는 잠재기, 사회적 심리발달을 말하는 에릭슨은 이 시기를 근면성대 열등감의 과업에 부딪히는 발달단계로 본다.

학령기 발달 특성에 대한 다양한 시각

발달단계에 대한 다양한 관점의 공통성은 이전단계의 성취에 근거하면서 보다 넓어진 사회 환경에의 경험이 이 단계 아이들의 인지와 정서 그리고 사회적 적응과 관계발달에 큰 영향을 미친다는 것이다(발달적 접근과 특성별 지침서-미술치료사의 아동청소년 정신건강을 위한, 2014, 참조).

학령기 이전의 원만한 경험과 사회적응

다시 말하면 유아동기까지의 원만한 초기과정을 경험했다면 새로운 사회적 관계와 유치원생활 및 학교생활에 대한 흥미가 전환기대상으로서 자연스러울 것이며, 이전의 충분한 놀이경험은 학습과 조화롭게 융합할 수 있게 한다는 것이다.

즉 놀이감에 집중하고 부모에 의존되었던 아이가 자발적으로 공식적인 숫자나 문자에 관심 갖고 또래와 관계를 맺으면서, 사회로 나아가는 변화과정에서 부딪히게 되는 상황들을 풀어가려는 노력을 하게 되는데, 문제는 이러한 과정에 적응하지 못하면서 일어나는 심리적 트러블이 발달을 지연시키고 고착시키는 결과를 초래한다고 본다.

유아동기 특성과 경험수준 평가 질문

- 어린이집 또는 유치원에 처음 들어간 시기는 몇 살 때였는가?
- 다니는 동안 건강상태는 어떠했는가?
- 처음 등원했을 때의 상황과 반응 및 적응수준은 어떠했는가?
- 부모와 잘 분리했는가?
- 중간에 그만 두었다면 그럴만한 이유가 있었는가? 그 시기는?
- 상호작용하고 잘 어울리는 친구가 있는가?
- 선생님과의 관계는 어떠했고, 기억나는 선생님이 있는가?
- 유치원의 규칙에 잘 적응했는가?
- 유치원에 대한 부모의 관심과 태도는 어떠했는가?

사회적 관계 및 학교에 진입하기 위한 준비과정이라고 볼 수 있는 유아원 및 유치원시기에 어떠한 특성들이 아동에게 있었는지 확인하는 것은, 현재문제를 이해할 수 있는 개인역동과 환경에 대한 이해를 가능하게 한다. 특히 이 시기까지의 원만한 경험은 학교에서 적응해야하는 교과목이나 교사와 친구관계에 영향을 미치며 이는 또한 중간현상으로서 연결되므로 유치원시기의 생활수준은 반드시 확인되어야하는 요소이다.

◆ 청소년기에는 어떠한 특성이 있었는가?

청소년기는 8~9세경부터 24세경(청소년기본법의 기준)까지에 해당하는 발달단계로 부모에게 의존되어있던 자기가 이제는 부모가 아닌 스스로가 자기내면의 중심이 되고 독립적인 자기로 성숙해 가야하는 시기이다.

발달단계별 과제 성취의 중요성

청소년기의 성숙은 갑자기 이 시점에서 확립되는 것이 아니라 각 단계마다의 발달이 근거가 되므로 이 시점에서 문제가 노출되고 도움이 필요해진다면 앞의 단계에서 성취해야하는 과업을 성취하지 못한 결과일 수 있다. 그러한 맥락에서 아래에서는 청소년기의 발달을 초기, 중기, 후기 등 세 단계로 분류하여, 단계마다 거쳐야하는 성숙의 격차와 그로 인해 발생할 수 있는 문제에 접근하기 위한 평가지침에 대해 살펴보기로 하겠다.

초기청소년기 특성과 경험수준 평가질문

- 학교에 처음 들어간 시기는 몇 살 때였는가?
- 학교를 다니는 동안 건강상태는 어떠했는가?
- 처음 학교에 갔을 때의 상황과 감정은 어떠했는가?
- 중간에 학교를 그만 두었다면 이유가 있는가? 시기는?
- 좋아한 과목과 싫어한 과목은 무엇이었는가?
- 친구관계는 어떠했는가? 친한 친구가 있는가?
- 선생님과의 관계는 어떠했는가? 특별히 기억나는 선생님이 있는가?
- 시험에 대해서 어떤 감정인가? 특별히 기억나는 사건이 있는가?
- 학교출석(결석이나 지각 또는 조퇴)은 어떠했는가?
- 학교에 대한 부모님의 태도는 어떠했는가?

- 가정에 대한 느낌은 어떠했는가?
- 소원(3가지)이 있다면 무엇인가?
- 만약에 다시는 돌아올 수 없는 곳으로 가야하는 상황이라면 누구와 함께 가고 싶은가?

다양한 관점에서 청소년기 발달 이해

이 발달단계는 신체와 심리적 성숙의 격차가 심한 시기로 발달적 혼란이 따르는 시기이다. 따라서 청소년기에 있는 치료대상을 평가하고 이해하는 것은 어느 발달단계에서보다 쉽지 않으므로 다양한 측면에서 특성을 볼 수 있어야한다. 앞에서도 말했지만 학령전기까지의 경험이 순조롭게 발달해 왔다면 청소년초기에 경험하게 되는 모든 새로운 과정이 창조적인 중간대상이자 중간영역으로서 경험이 가능해진다. 그러므로 신체와 정서변화에 당황하지 않고 받아들이고 적응해가며 충동적으로 올라오는 공격성의 승화과정이 일어나면서 성정체성과 자존감을 발달시켜가게 된다.

청소년기 정체성 발달

만약에 청소년이 붕괴된 가정환경에 노출되었다면 정체성에 대한 과제는 성취가 불가능하게 된다. 좋은 경험이 제한적이기 때문에 대상에 대한 관심을 가질 수도 없으며 좋은 대상에 대한 이해 또한 할 수 없기 때문에 임상과정에서도 지속적으로 치료사를 시험하고 조종하며 함부로 말하고 공격할 것이다. 더불어 치료사는 결과를 예측할 수 없는 좌절을 언제까지고 감당해야만 하는 어려움에 직면하게 될 것이다.

위의 질문은 그러한 청소년초기발달의 질적 수준을 이해하고 발달적 적응과정이 어떻게 진행되어왔는지, 특히 학령초기에 학교생활을 어떻게 유지하고 발전시켜왔는지, 친구관계와 가정과 학교환경에 대해 확인하는 것은 지금 가지고 온 문제의 수준을 평가하고 치료를 계획할 수 있는 지표가 되어준다.

중기청소년기 특성과 경험수준 평가 질문

- 짜증과 화를 자주 내고 불안이 심한가?
- 신체변화에 대해서 어떻게 느끼는가?
- 진학과 진로에 대해서 생각했다면, 언제부터였으며, 정서적 반응은 어떠했는가?
- 진로에 대해 부모의 태도는 어떠한가?
- 고등학교 초기까지의 과정에서 가족이나 자신에게 특별한 전환점이 있었는가?
- 학교생활은 어떠한가?
- 만약에 학교를 중단한 적이 있다면 언제, 무슨 일로, 어느 기간 동안 학교에 가지 않았는가?

청소년 중기는 중·고등학교 시점에 걸쳐있는 발달단계로서 이 시기의 청소년은 자유와 독립욕구가 강한 반면에, 무언가를 선택하고 결정적인 판단을 해야 하는 경우 아직은 경험이 부족한 시기이므로 올바른 선택이 어렵고 그로 인해 겪게 되는 갈등과 불안 또한 높은 시기이다. 또한 이들의 신념과 태도는 극단주의로 많이 기울게 되는 발달적 특성과 함께 독립적이고 독자적인 이상을 향해 가는 동시에 다양한 상실과 좌절에 빠지기도 하는 특성을 가진다.

따라서 이 발달단계에 있는 청소년의 성숙은 간혹 비합리적인 모습으로 표출되기도 하는데, 이러한 모순은 성인의 시각으로는 문제라고 볼 수 있는 것마저도 가능성으로 보아줄 수 있는 환경을 필요로 한다.

이러한 청소년기의 특성에 대처하여 그들 스스로 자아성취가 가능하도록 돕기 위해서는 이들의 문제를 문제로만 보지 않는 사회와 성인의 여유가 제공되어야 한다. 반면에 만약 청소년에게 정신병적 요소가 잠재해있었다면 이 단계에서 분열증상이 나타날 수 있으므로 정서변화에 관심을 가지고 격심한 정서가 관찰된다면 반드시 심리검사와 치료를 통해 성인정신장애로 진행하는 것을 예방해야한다.

후기청소년기 특성과 경험수준 평가 질문

- 청소년초기와 중기의 경험은 어떠했다고 생각하는가?
- 청소년이 집을 떠나있다면 어떤 이유로 떠나게 되었는가?
- 가풍과 가치관은 무엇인가?
- 진로에 대해 생각하고 있는가? 진로문제를 지각하기 시작한 시기는 언제이고, 특별한 계기가 있었는가?
- 미래에 대해 어떠한 목표를 세우고 있는가? 그 목표와 관련된 어떠한 경험이나 자극이 있었는가?
- 친밀관계를 맺고 있는 사람이 있는가? 그와는 어떻게 만났으며, 어떤 관계인가?
- 자신을 어떤 사람이라고 생각하는가?

청소년후기단계는 고등학교 후반부터 대학시기까지에 해당한다고 볼 수 있으며 이 시기는 성인기로 가기 위한 준비로 연결되어 있다. 그러므로 이전 단계에서의 신체변화와 불안에서 벗어나 다소 진지해지는 변화를 보이나 환경과 억압수준에 따라서는 반사회적인 행동으로 이끄는 성격을 가질 수도 있다.

지지하고 기다려주는 성인의 역할이 필요한 시기

반면에 개성 있고 호기심 많던 이전의 경험과는 달리 진로에 대한 실험과 좌절이 동반하기도 하여 우울감에 빠지기도 한다. 따라서 새로운 것에 대한 준비기간으로서 현실을 인지하고 자신의 능력과 기대에 적절한 출발을 위해 준비하도록 기다려 주는 것이 성인의 몫이 될 것이다. 그러한 맥락에서 보면 치료란 문제를 지적하고 없애는 것이 우선이 아니라 그들의 강점을 먼저 찾아내고 지지하는 것이라고 할 수 있다. 다음은 청소년 임상에서 강점을 사용하는 방법에 대해 살펴보기로 하자.

◆ 개인력 탐색에서 발견된 강점을 어떻게 활용할 것인가?

청소년치료사들이 병리에 초점을 맞추려는 경향과 그에 대한 불협화음과 왜곡문제는 흔히 볼 수 있는 임상적 문제이다. 물론 여기에는 사심이 있기보다는 문제를 평가하여 치료계획을 세우고 변화를 도우려는 임상가로서의 책임성에 대한 욕구이자 역할에 대한 노력에서 오는 결과일 것이다. 평가와 진단에 의해 붙여진 라벨은 문제가 가지고 있는 복합적인 병리를 묘사하는 편리한 방법들을 임상가에게 제공해 주지만 병리와 역기능의 라벨이 결코 한 개인의 전체를 말해주지는 않는다.

욕구와 강점 수준 평가 질문

- 청소년은 자신이 원하는 것이 무엇인지 알고 있는가?
- 청소년의 강점을 다양한 수준에서 평가해보았는가?
- 청소년이 강진 강점을 치료과정에 적용하고 있는가?
- 가족과 주변인의 강점은 무엇인지 확인해보았는가?

품행장애진단을 받은 한 청소년을 예로 들어보자. 몇몇 치료사들은 품행장애라는 라벨이 갖는 증상을 선입견으로 한 개인을 고정화시키고 능력을 제한시키는 경우가 있다. 품행장애란 특정진단의 용어일 뿐 그 청소년이 가지고 있는 관심이나 목표, 기쁨, 정서, 기능수준에 대한 개인의 전체는 아니다. 병리적으로 드러나는 문제행동 이면에는, 문제 이전에 자기를 지킬 수 있는 힘으로 사용할 수 있는 방법이 문제라고 하는 행동으로 드러내는 것 밖에 할 수 없었을 절실함을 포함하고 있으며, 관심과 인정받고 싶은 욕구가 더 크게 자리 잡고 있었을 수 있다.

문제 행동 이면의 의미 이해

문제를 병리가 아니라 힘이라는 강점으로 끌어낼 수 있다면 그 문제는 문제자체로서가 아니라 자기를 지킬 수 있는 에너지로 바뀌게 될 것이고, 폭력이나 기타 품행 문제가 아닌 힘 있는 자기로 독립할 수 있을 것이다.

그러나 만약 개인적인 공격에너지, 도전, 결손들의 문제에 가족의 폭력과 비난, 치료 상황의 왜곡된 통제만이 주어진다면, 청소년은 스스로 독립적인 자기를 성장시킬 수 없을 것이며 더욱더 힘을 역기능적이고 왜곡된 파괴행위에 초점을 맞추거나 통제로 인한 또 다른 손상의 좌절된 자기로 전환해 버릴지도 모른다.

청소년의 에너지와 능력과 가족의 지지적 원천을 치료 상황에서 발견해 낸다는 것은 인간의 가장 기본적인 인정받고 싶은 욕구의 본질을 존중하는 것이며 그 기본 욕구에 기반한 인간존중의 치료라고 할 수 있다. 병리에 초점을 둔 치료가 아닌 강점에 민감한 임상가의 자세는 더 많은 청소년 치료에 희망을 안겨 주게 될 것이다.

◆ 성인기 및 중년기에는 어떠한 특성이 있었는가?

여기에서 성인기라 함은 청소년기본법에서 말하는 청소년기를 지난 청년기를 포함하여 40세경까지를 의미하며 중년기는 40세 이후부터 60세경까지를 지칭하는 것으로 한다.

성인치료에서 포함해야 하는 개인력과 치료적 주제

성인 치료대상의 개인력을 확인할 때 우리는 그가 기억하고 있고 말하는 어린 시절의 발달과정으로부터 현재까지의 정보를 근거로 하여 지금 가지고 온 문제의 관련성을 찾고자 한다. 그가 호소하는 내용에는 최근의 관심사를 함축하고 있을 것이며 발달적 개인력을 살피는 것을 통해 현재 드러내고 있는 증상의 의미와 그 자신에게 어떻게 영향을 미치고 있는지를 알게 해 준다. 가족력을 통해 기질적 관련성과 환경요소를 이해하게하고 가족 및 주요체계에 대한 정보는 지금까지 그가 살아온 심리적 정서적 발달의 주요영향을 이해할 수 있게 한다.

그러므로 우리는 성인 치료대상을 만나면 최근 현재의 갈등에만 초점을 두지 않고 생애 전반에 걸친 상호작용과 특정사건 및 반복적으로 표현되는 내용들을 다루기 원한다. 만약에 그가 자신의 부모에 대해 이야기한다면 보다 의미 있는 상호작용에 대해 우리는 다룰 수 있게 될 것이다. 다음의 질문은 성인치료대상을 만날 때 치료적 주제가 될 수 있는 내용들이다.

성인기 특성과 경험수준 평가 질문

- 직업은 무엇이며, 언제부터 언제까지인가?
- 그 직업을 갖게 된 배경이나 자극요소가 있었는가?
- 선택한 직업은 자신의 가치관과 어떻게 관련하는가?
- 친밀관계를 유지하고 있는 이는 누구이며, 얼마나 오래되었는가?
- 결혼을 했다면 언제 했으며, 어떻게 만나게 되었는지, 결혼 동기는 무엇이며, 결혼한 것에 대해 만족하는가?
- 자녀 및 배우자와의 관계는 어떠한가?
- 미혼이라면 결혼하지 않는 이유가 있는가?
- 여가시간은 누구와, 어떻게 보내는가?
- 좋아하는 일이 있다면 얼마나 유지되고 있으며, 좋아하는 것이 변했다면 얼마 만에, 또는 변화를 추구하게 하는 어떤 동기가 있는가?
- 주말은 어떻게 보내는가?
- 미래에 대한 염려가 있다면 그것은 무엇인가?
- 살아오면서 특별히 잊혀지지 않는 경험이나 사건이 있는가?

중년기 치료대상의 치료적 주제

중년기는 그동안 살아오면서 가졌던 외부에 대한 관심이 자기에게로 방향이 바뀌게 되는 시기로서 이때 잘못된 관심의 방향은 갈등을 초래하고 우울감에 빠져들게 한다. 관련하여 이 시기에 있는 치료대상을 만날 때 그가 생각하는 생계문제와 가족부양과 관련한 관심의 방향, 결혼관계와 욕구충족의 수준, 여가생활, 사회적관심등을 살펴보면 개인의 특성을 이해할 수 있는 의미 있는 자료들을 발견하게 된다.

◆ 은퇴기에는 어떠한 특성이 있었는가?

은퇴기 삶의 방향

50세 이후부터 80세경까지에 해당하는 이 시기는 앞의 발달단계와는 다르게 살아온 세월의 경험을 돌아보고 통합하는 반면에 그동안 하지 못하고 미루어왔던 일들을 마무리하고 마지막 인생이라고 하는 노년기를 준비하는 단계로서 의미를 가진다.

아래의 질문은 은퇴를 앞두고 또는 은퇴한 그의 현재 문제를 이해하는 척도가 될 수 있다. 그동안 노력하고 애써왔던 날들과 자신에게 수고했다 위로하고 여유를 위한 쉼을 준비해가야 하는 시점이다. 또는 이 시기는 진정한 자신을 위한 삶을 찾을 수 있는 보다 가치 있는 시기이기도 한 반면에, 혼돈과 갈등 그리고 원망과 불안으로 자신과 주변인을 괴롭히면서 스스로를 파괴하는 이도 있다.

은퇴기 특성과 경험수준 평가 질문

- 은퇴를 앞두고 있다면 어떻게 기다리고 있는가?
- 은퇴 후에 무엇을 하길 원하는가?
- 정기적인 만남이나, 취미활동을 함께하는 누군가가 있는가?
- 은퇴를 한 경우라면, 은퇴로 인해 가족 내 또는 자신에게 어떤 변화가 있는가?
- 은퇴 후 새로운 직업을 가지게 되었다면, 동기는 무엇인가?
- 혼자 있는 시간과 사회적인 관계를 갖는 시간의 균형은 어떠한가?
- 정서적 또는 신체적 변화는 무엇인가?
- 자신이 살아온 과정에 대해 어떻게 생각하는가?

은퇴기 삶과 초기경험의 연관성

은퇴기는 그동안 노력하고 애썼던 날들과 자신에게 수고했다 위로하고 여유를 가질 수 있는 쉼을 준비해가야 하는 시점이다. 은퇴기를 어떻게 받아들이느냐에 따라서 어떤 이는 진정한 자기를 위한 여유의 시간으로 받아들이기도 한 반면에, 어떤 이는 원망과 갈등 속에서 자기책임은 배제하고 변명하고 탓하면서 자신과 주변인을 괴롭히며 시간을 낭비하는 이도 적지 않다.

후자의 경우 개인력을 살펴보면 흔히 초기 애착관계에 결함이 있거나 유년기에 좋은 대상경험이 없는 경우가 대부분임을 발견할 수 있다. 그러므로 은퇴기와 노년기에 있는 대상을 만날 때 우리는, 위의 은퇴상황의 내용 외에도 앞의 발달에서와 마찬가지로 보다 구체적인 개인력과 가족력에 관심을 가질 필요가 있다.

◆ **노년기 개인력에 대한 평가기준은 무엇인가?**

60세 이후의 노년기 발달에 진입하게 되면서는 과거에 직업과 재산축적에 관심을 가졌던 삶의 방향이 건강으로 치우치게 된다. 피해갈 수 없는 건강상태의 약화와 신체변화는 개인의 심리적 정서적 상태에 영향을 미치면서 좌절을 겪기도 한다.

노년기의 통합감 문제

어떤 이는 노화와 신체상의 변화를 애도하면서도 남은 삶의 시간을 풍요롭게 유지하는가 하면, 어떤 이는 은퇴기의 문제와 유사한 감정으로 현재의 변화된 자신을 수용하지 못하고 원망하며 고통스러운 삶을 살아가는 이도 있다. 다음의 질문은 노년기변화에 대한 개인의 지각수준과 특성을 이해할 수 있는 지표가 된다.

노년기 특성과 경험수준 평가 질문

- 나이가 들면서 느끼는 가장 힘든 변화는 무엇인가?
- 건강이 악화되었을 경우에 대비한 어떤 준비가 있는가?
- 아직 못 다한 일이 있다고 생각한다면, 그것은 무엇인가?
- 세상에 대해 어떻게 생각하는가?
- 배우자나 주변인의 죽음에 대해 어떻게 생각하는가?
- 사후세계가 있다고 생각하는가?

이러한 질문을 토대로 우리는 노년기치료대상의 개인력을 평가하는 것만이 아니라, 그들 자신의 인생을 되돌아보게 하고 그 과정을 통해 과거와 현재가 단절된 것이 아니라 연속선상에서 자신이 어떤 사람이었는지에 대한 감각을 일깨워 통합감을 유지하도록 돕게 된다.

가족력 탐색하기

초기면담에서 가족사를 확인하는 것은 개인력 못지않게 중요하다. 가족 없이 이 세상에 태어나는 이는 아무도 없으므로 가족은 우리 모두의 삶에 중추적인 역할을 하며 어느 누구도 자신의 삶에서 가족의 영향을 피해갈 수는 없다.

모든 대상의 문제이해와 치료에서 제외될 수 없는 가족환경

더불어 나는 개인이나 집단 어떠한 대상이든 접근방법에서 가족을 포함하지 않는 치료방법은 제한적일 수밖에 없다고 생각해 왔다. 아주 오래전 내가 10대 청소년기 때 "탈춤"이라는 시나리오에서 인간의 삶이 본래의 타고난 참모습을 잃고 모방으로 이어지는 과정을 읽으면서, 그리고 그 내용의 기억으로 인해 내 삶에 대한 의문을 갖게 한 그때부터 지금까지 영향을 미치고 있고 치료관계에서도 연결되고 있는 것에 새삼 놀랍기만 하다.

성격 뿐 아니라 일상행동마저 부모를 닮는 자녀들의 모습을 보면서 우리들 자신의 모습은 가족환경을 대변하는 모델이라는 생각이 10대 때 본 시나리오의 영향과 무관하지 않다는 생각을 떨쳐버릴 수가 없었다. 그러한 생각은 다시 이후에 치료사로서 나의 실천적 방향에 이어지고, 임상에서 가족을 배제하고는 치료할 수 없다고 생각하는 나의 임상원리를 확인하면서 부모환경이 미치는 영향에 대한 내 나름의 논리에 고개를 끄덕이곤 했던 기억을 떠올리게 된다.

30년 전부터 이미 모든 치료대상에 가족중재의 중요성을 강조해왔던 나의 그러한 배경으로부터 온 임상적 태도는, 2000년에 전통적 정신 분석

에서 대상관계정신분석으로 전환하면서 검증받는 느낌이 들었다. 때문에 지금도 변함없이 가족의 중요성과 초기경험의 애착관계 이해에 더 많은 에너지를 쏟고 있다.

물론 현재의 환경자체가 갖는 개인의 상황을 나 역시 인정하고 있고 중요하게 수용하고 있으며 인지 행동적 이해 또한 배제하지 않고 나의 임상적 부분들에 중요하게 차지하고 있다. 다만 앞의 경험은 임상에서 가족사에 대한 확인을 강조할 수밖에 없는 중요성을 이야기하다보니 과거 나의 배경을 떠올리게 된 것 같다.

가족 내에서의 경험은 한 개인에게 연속적인 반응을 불러일으켜 지금 현재의 상태뿐 아니라 결혼을 해서도 나이가 들어서도 끊임없이 반복될 수 있다는 논리가 두렵기마저 하다. 우리가 임상에서 그러한 연속성의 고리를 끊을 수 있다면? 하는 바람이 오늘의 이 시간에도 간절한 소망이 되고 있다. 아래의 내용은 가족력 확인에서 우리가 염두에 두어야하는 가족의 문화, 위기, 유전 요소 등에 대한 이해를 돕는 질문들이다.

가족경험의 반복적 순환적 연결 고리

◆ 그 가족만이 갖는 문화에는 무엇이 있는가?

가족은 대부분 가족원들이 각자의 직업이나 종교 및 사회생활 그리고 지역과 국적에 의해 가지는 외적경험을 통한 문화와, 가족 내부에 깊이 뿌리내려져 있는 그 가족만의 특성 및 가족유형의 특성에 의해 갖게 된 가족문화로 설명될 수 있다.

임상면담에서 이러한 가족문화를 확인하는 것은 단순한 몇 가지 질문으로 확인될 수 있는 것이 아니다. 다양한 각도에서 개인의 욕구와 속도에 따라서 서서히 드러날 수 있으며 더 많이 오랜 시간이 지나서 다음 세대에서야 드러나기도 한다. 당면한 상황과 문제들은 비밀스럽게 무의식속에 숨겨지고 가족을 규명하기 위해 자녀가 또는 한쪽부모가 가족연극에 가담하여 역할을 감당하다가, 더 많은 나이가 들고 새로운 가족을 구성하면

세대를 거슬러 연결되고 드러나는 가족문제

서 과거의 역할과 원가족의 삶속에 숨겨졌던 문제를 드러내기도 한다.

하여 우리는 가족사에서 과거와 현재의 가족 내에서 자행되고 있는 그들의 역할을 찾는데 마음을 집중하곤 한다. 다음은 가족문화를 탐색하는 과정에 도움이 될 수 있는 주요 질문내용이다.

가족만의 문화적 특성 평가 질문

- 태어나고, 성장한 곳, 그 곳의 생활환경, 그 곳에서 지낸 기간, 특별한 경험은 무엇인가?
- 종교는 무엇인가?
- 종교적 신념은 가족 내에서 인정되고 지지되고 있는가?
- 가족이 속한 사회계층은 치료대상에게 어떠한 의미가 있는가?
- 가족여행에 대한 기억이 있는가?
- 가족 내 분위기 특히 치료대상의 유년기 가족분위기는 어떠했으며, 특별한 사건은 없었는가?
- 확대가족의 생활양식과 정서적 분위기는 어떠한가?
- 가족행사나 특별한 날에 가족은 어떻게 지내는가?
- 그 가족만의 특별한 규범이 있는가?
- 치료대상인 그가 느끼는 가족의 중요성과 가족에 대한 전반적인 느낌은 무엇인가?

자녀양육에 대한 부모의 특성확인

위의 내용이외에도 치료대상의 잘못에 대한 벌칙이나 부모가 규정한 이해할 수 없거나 강압적으로 수용된 가족 내 어떤 경험들과 지역사회에서 또는 학교에서 수용될 수 없거나 말할 수 없는 특별한 가족만의 특성이나 요구되는 행동이 있는지에 대해서도 확인할 필요가 있다.

이러한 가족배경에 대한 이야기들은 민감한 부분이어서 쉽게 말하지 못할 수 있으므로 상처가 되지 않도록 조심스럽게 다뤄야 한다. 창작활동이나 투사적 그림검사를 활용한 면담은 이러한 내용들을 표현하기에 안전하나 이에 대한 설명을 강요하는 것은 배재하고 개인의 욕구와 반응에 맞추어야 한다.

◆ 대물림되고 있는 의식이나 유전요소가 있는가?

위에서도 말했듯이 가족은 우리가 원하지 않아도 연속적으로 대물림되고 개인의 삶에 중요한 핵심적인 역할로서 정신 안에 자리 잡고 있어서 삶속에서 다양한 모습으로 나만의 독특한 성격이라는 것으로 드러나게 한다. 그러한 영향은 혈연관계에서 더욱 분명하게 두드러지고 유아기에 입양되었거나 성장 후에 이어진 가족관계일지라도 가족이라는 울타리는 여전히 우리 모두에게 강하고 특별한 의식으로 연결시켜주게 마련이다.

그럼에도 혈연관계가 아닌 경우 특히 입양아들이 성장 후 친부모를 찾는 과정에서 볼 수 있듯이 존재감에 대한 의문은 예외가 아닌 것 같다. 나의 청소년임상사례(학교미술치료지침서 4편-발달적 접근과 특성별 지침서; 집단미술치료방법론II-임상적 실제, 참조)에서 밝혔듯이 태어나자마자 입양된 아이가 청소년기가 되면서 온갖 품행문제를 일으키고 정신건강의학과의 도움을 받아야했듯이, 아무리 좋은 환경에서 지냈어도 내면에 흐르는 본질에 대한 의식요소를 거부할 수 없는 게 인간의 욕구이자 정신인 것 같다.

따라서 치료초기의 임상면담에서 우리는 개인의 족보라고도 말할 수 있는 가족 내 관계와 순환적인 특성에 대해 확인할 필요가 있다. 다음은 그에 대한 질문에 해당하는 내용들이다.

가족 문제의 순환적 특성 평가 질문

- 치료대상은 자신의 가족 및 친족관계 내력에 대해서 알고 있는가?
- 원 가족 및 확대가족의 생일, 나이, 사망 및 사망사유 등에 대해 알고 있는가?
- 가족 내에 정신장애나 특정 질환을 가진 사람이 있는가?
- 가족관계는 어떠한가?
- 가족 내에 법적 통제를 받는 사건에 결부된 사람이 있는가?
- 가족 중에 자살, 중독문제, 간질, 이상성격을 가진 사람이 있는가?
- 그가 가지고 온 문제와 유사한 특성을 가진 사람이 가족 중에 있는가?
- 3대까지에 대물림되는 반복적인 유사한 문제나 특성이 있는가?

◆ 가족 내에 어떠한 위기상황이 있는가?

가족은 살면서 다양한 상황들에 노출되고 경험되면서 가족원 서로에게 반응을 일으키면서 위기를 겪게 한다.

개입초기에 우리는 현재 가지고 온 문제의 근원지를 확인하기 위해 가족 내 충격적인 경험을 살피게 되는데, 과거의 특정사건이 유사한 문제로 현재에 나타난 경우도 있고 유년기의 충격적인 경험이 반복적으로 지금에 이어지고 있는 경우도 있다. 과거의 충격이 나이가 들면서 괜찮아질 거라는 스스로의 위로는 아랑곳없이 나이가 들면서 오히려 더욱 강력하게 다가오고 집약적으로 위협을 느끼게 하기도 한다. 다음은 가족 내에 위기로 다가올 수 있는 사건들이다.

가족 내 위기사건

- 임신, 출산에 의한 스트레스와 후유증
- 가족의 죽음
- 별거, 이혼, 재혼상황
- 가족의 중독문제, 건강악화, 만성질환, 정신장애
- 자연재해, 사고, 폭력 및 범죄에 노출 등의 사고와 후유증
- 부모의 은퇴

이 외에도 가족이 위기감을 느끼는 문제는 다양할 수 있으나, 어떠한 위기상황에서도 가족이 슬기롭게 대처하고 극복해간다면 가족관계의 응집과 성숙을 기대할 수 있다.

임상면담에서 가족의 극복과정을 듣다보면 의외로 많은 가족들이 서로에 대한 기대감으로 변화를 향해왔다는 사실을 발견하게 된다. 면담에서 그러한 가족의 노력을 발견할 수 있다면 관계의 재설정은 당연히 가능하고 계속 발전해갈 수 있을 것이다. 더불어 가족의 변화는 주치료대상인 그의 변화를 보장하는 지름길이 된다는 사실 또한 우리는 믿고 있다.

드러난 문제의 요인에 대해서 확인하기

지금까지 확인된 개인적 특성과 가족사와 환경을 이해했다면 이를 근거로 현재의 문제에 이르게 한 요인에 대해 논리적으로 요약하고 설명해 낼 수 있어야 한다. 이에 대한 이해를 돕기 위해 다음에서는 "학교미술치료의 실제, 2008, p.86-92"에 소개한 민들레의 사례를 인용하려고 한다. 사례에 대한 더 구체적인 내용은 인용문헌을 참조하기 바란다.

◆ 문제의 현재 상태는 어떠한가?

민들레의 사례

담임교사로부터 의뢰된 민들레가 드러낸 문제와 성격적 기능적 특성은 주변인들로부터 이해할 수 없는 아이라는 평판으로 관계에서 배제되는 상황이었다. 뛰어난 예술적 감각과 명석한 두뇌와 착한 심성에 비해 학교생활에서 보이는 행동은 예측할 수 없는 짜증과 수시로 변하는 정서의 특성 때문에 혼란을 겪는 교사와 부모의 호소가 있었으며, 본인의 보고에서는 잦은 자살사고와 시도가 있었다는 보고와 또래로부터 성격장애라는 낙인을 받고 있었다.

그 당시 가족환경에서는 특별히 드러나 보이는 문제는 없었다고 보고되었지만, 면담과정에서 어머니의 불안정한 정서적 환경을 확인할 수 있었고 부모관계의 갈등과 아버지의 폭력문제가 평가되었으며, 민들레의 심리검사결과에서는 심각한 불안문제가 확인되었다. 민들레의 면담이 지속되면서 그가 호소한 주된 내용은 발표시간의 불안과 자기비하 및 낮은 자존감문제였다. 이를 근거로 확인된 문제의 현재 상태는 다음과 같이 요약될 수 있다.

문제의 현재 상태

- 산만하고 상황을 고려하지 않고 짜증낸다.
- 소리 지르고 아무 때나 교실 밖으로 뛰쳐나간다.
- 감정변화가 심하다.
- 자살시도가 반복된다.

◆ 문제를 발생시킨 유발요인은 무엇인가?

유발요인은 특성적 패턴을 설명할 수 있는 발달사와 가족사 그리고 생리적, 심리적, 사회적 모든 가능한 요소라고 볼 수 있다.

역동적 관점에서 문제의 유발요인은 관계에서의 순환적인 부적응 패턴

즉, 유년기로부터 경험되어 내재화된 자기에 대한 인식·감정·동기·지각 및 행동과, 자신의 행동에 대한 타인의 반응에 대한 자기예측, 자기를 대하는 타인의 행동에 대한 지각이나 추측, 자신을 대하는 자기스스로의 태도나 행동이 문제를 발생하는 원인이라고 본다. 이러한 관계측면에서 우리는 민들레의 현재어려움을 발생시킨 문제요인을 확인하기 위한 몇 가지 질문을 가질 수 있다.

첫째는, 민들레가 타인과 관계 맺고 상호작용할 때 어떤 모습의 역할로 반응하는지와 관련하여, 타인에 대한 민들레의 느낌은 무엇이고, 어떤 기대와 의도를 가지고 관계 맺는지, 타인에게 어떻게 행동하는지에 대한 상호작용패턴이 문제의 유발요인이 될 수 있다.

둘째, 민들레가 이전에 경험했던 주요체계와의 관계경험을 특정 타인에게 투사하여 원하는 모습의 반응을 기대하거나 그 기대가 두려움으로 되돌아와 타인의 기대와 행동을 왜곡시키므로 스스로 문제를 유발시킬 수 있다.

셋째, 관계 맺고 있는 사람이 하는 행동에 대해 민들레 스스로가 느끼는 경험 즉, 타인이 자기와의 관계에서 어떻게 행동하는지에 대한 민들레의 주관적 해석과 추측에는, 두려움이 잠재하고 있으며 타인의 특정반응을 일으키는 행동을 유도할 수 있으며 잘 못 해석될 수 있어서 이 또한 문제를 일으키는 요인으로 작용할 수 있다.

마지막으로, 민들레자신에 대한 자기반응은 왜곡된 자아상과 자기 처벌적 방식의 자기인식으로, 타인도 자기와 같은 방식으로 생각하고 자신을 대할 거라고 인식함으로써 문제를 촉발시키는 요인으로 작용하게 된다.

문제의 유발요인

- 타인에 대한 자기행동은 소극적이고 배려적인 반면에 수동 공격적이다. 내면에서는 타인과의 관계를 원하지만 상대방이 적극적으로 다가오면 순간 관계를 차단한다.
- 자기를 대하는 타인행동에 대해 기본적으로는 부정적이고, 그들이 자신의 결점을 알고 나면 언제라도 자기를 싫어할 거라고 믿고 있다.
- 타인의 반응에 대한 인식 및 예측수준은, 어느 누구도 자기를 신뢰하지 않을 것이고 지금의 호감은 곧 사라지고 자기를 싫어하게 될 거라고 생각하거나 타인의 호의를 모두 가식이라고 여긴다.
- 자기를 대하는 자신의 행동 즉 내사된 자기는 부족감과 낮은 자존감으로 왜곡되어 있다.

민들레의 주호소문제로 등장한 발표불안은 현상적인 표현일 뿐 구체적인 호소는 자기부정과 관계에 대한 상실문제였고 거기에는 깊은 우울불안이 내재되어 있음이 확인되었다. 문제를 유발시킨 핵심은 기본적인 욕구가 충족되지 못한 불안환경으로부터 기인했다고 가정하며, 우선 필요한 도움요소는 정서지원이라고 평가되었으므로 지지기반 마련과 관계능력을 강화하는 것에 초점을 두고 치료계획을 설정하였다.

◆ 문제를 지속시키는 요인이 있는가?

유지요인은 부적응적인 특정패턴이 본인과 환경에 의해 강화되고 지속적으로 유지되는 과정이다. 민들레는 이미 내재해있던 초기불안이 거절에 대한 민감 반응으로 자극되고 중요한 대상으로부터 거절당하지 않기 위해 더 깊어지기 전에 관계를 차단하는 것으로 실망과 비난의 가능성에 대한 불안을 줄일 수가 있었다.

발표불안 또한 비난의 가능성을 차단하기 위한 방편으로 나타난 결과였으며 이어서 점점 타인 앞에 나서는 것이 두려워지고 그 결과는 스스로를 고립시키고 눈치 보는 무의식적 반응을 지속시켜가게 했다.

이러한 민들레의 패턴은 다시 거슬러 올라가보면 유연하고 성숙하지 못한 부모의 영향을 확인하게 된다. 민들레의 상황에서 사회적 관계 맺는 연습은 당연히 부족했을 수 있으며, 부족한 관계능력과 기술은 자동적으로 다시 불안을 유발시키고, 더불어 주변으로 하여금 그러한 자기에 대한 반응을 유도하게 했을 것이다. 그럼으로써 그 상황과 반응을 피하기 위해 고립을 자초하는 결과를 만들었을 뿐만이 아니라 부정적인 자기상을 의식적으로 강화했을 것으로 보았다.

이렇게 보면 민들레가 가진 발표와 관계 불안은 부적응을 유발시키는 반면에 지속시키는 요인으로서 서로 상호적인 관계에 있다. 우리가 임상적 개념화를 위해 이 두 요인을 구분하고자 하지만, 때때로 이 둘은 겹쳐 있어서 무엇이 유지요인인지 유발요인인지 구분이 어려울 때가 있으며 때로는 유발요인이 유지요인의 기능을 하기도 한다.

이것에는 어떠한 이유에서든 관계기술이 부족하거나, 부모환경이 비양육적이었거나, 스스로 고립시키고, 있는 그대로를 받아들이지 못하고 부정적인 반응을 하게 되는 인식문제 등을 포함할 수 있다.

긍정적 자원과 취약성 확인하기

사례개념화에서 치료대상의 자원을 확인하고 치료사의 생각을 체계화하는 것은 효과적인 치료계획과 도움이 필요한 개인과 그의 환경 사이의 특성을 이해함으로서 더욱 구체적이고 직접적인 방법으로 돕기 위함이다. 아래에서는 자원체계를 두 유형으로 분류할 수 있다는 것과 개인과 환경사이의 교류특성이 두 유형으로 논의될 수 있다는 것을 설명해주고 있다.

자원체계의 유형

내적자원	외적자원	개인과 환경간의 교류특성
• 개인 • 가족	• 비공식적인 자원 자연적인 원조자 자원봉사자 • 공식적인 자원 공적인 것 사적인 것	• 욕구와 자원 • 사회적 요구와 능력

◆ 임상에서 자원이란 무엇인가?

자원이란 우리가 살아가는데 있어서 성장과 발달을 돕는데 필요한 사회 기관과 대상들로서 내적자원과 외적자원으로 분류한다. 내적자원은 흔히 개인이 가진 장점과 개인의 주요체계인 가족이 가진 긍정적인 요소를 포함하여, 문제해결을 위해 요구되는 능력과 태도 및 성격과 생활의 질적 수준을 의미한다. 외적자원은 치료대상인 개인과 가족의 질적 생활을 돕는 중요한 사람이나 조직을 의미하며 공적인 것과 비공식적인 것으로 나뉠 수 있다.

내적자원

비공식적 외적자원

즉 외적자원에서 비공식적인 자원이란 친구나 이웃 그리고 자원봉사자와 같은 규칙이나 적격성에 대한 제한이 없는 보다 더 자발적이고 융통성 있는 경향이 있으며, 흔히 정서적 지지와 관련한다. 비공식적 자원에 해당하는 모임의 형태는 종교단체, 조합이나 신용조합과 같은 고용단체, 다양한 동호회 등의 여가단체, 특정 욕구를 가진 사람들로 형성된 예를 들면 장애자녀를 둔 부모모임이나 한부모모임과 같은 사회단체 등이다. 이러한 자원들은 사회적 욕구의 일부분을 충족시켜주는 것 외에도 지지적인 새로운 대상을 만날 수 있는 기회를 제공해 준다.

공식적 외적자원

공식적인 외적자원이란 문제해결을 위해 도움 주는 기관이나 조직 및 전문가들로서 이들이 도움을 제공하는 방법은 정책이나 규칙에 의해 정의되고, 그러한 명문화되어있는 자원의 유형은 다시 공적인 것과 사적인 것으로 구분된다.

공식적 사적자원

공적인 것은 법적으로 통제되며 세금으로 충당되는 실업보험 및 고용보험과 같은 유형이다. 사적인 것은 자선적 기부에 의한 것으로 구세군, YMCA, YWCA와 같은 개인적인 기금으로 형성되고 이익을 추구하는 사업과 독립적인 전문가들이 포함되며, 수혜를 받는 자와 제공자 사이의 교환은 분명하고 금전적인 경향이 있지만 덜 분명하다. 그러나 공식적인 사적자원은 전형적인 비공식적 자원에 비해 융통성이 덜하고 개별적으로 도움이 제공될 수 있는 것이 아니다.

◆ 자원평가를 하는 이유는 무엇인가?

사례개념화에서 자원평가는 자원을 사용하는 이의 사고와 행동양상과 경험을 알려주므로 우리가 그들을 도울 때 효율적으로 생각하고 실천할 수 있도록 안내할 수 있는 근거가 되어준다. 뿐만 아니라 자원의 제한성으로 인해 가능한 것을 할 수 없게 만든 요인을 찾는데 효과적이며, 보다 체계적인 치료계획을 세우고 치료대상의 성장과 변화에 따라 융통성 있는 계획 또한 가능하게 한다.

◆ 자원평가를 위한 면담기술이 있는가?

면담에서 기술적인 접근은 네 가지 차원에서 생각해 볼 수 있다.

자원평가 기술의 4단계

첫째는 문제목록을 먼저 만드는 것이다. 이 문제와 관련하여 어떠한 자원이 사용되고 있고 과거에는 어떤 자원이 사용되었는지, 그 사용은 내적인 것인지 외적인 것인지, 외적자원이라면 비공식적인 것인지 아니면 공식적인 것인지, 필요한 자원이나 사용하지 못한 것이 있는지 이유는 무엇인지, 과거 자원에 대한 경험과 인식은 무엇인지 등에 대해 확인할 필요가 있다.

두 번째 단계에서는 치료대상의 욕구에 따른 내적자원과 외적자원을 분류해보는 것이다.

세 번째 단계에서는 자원정보에서 확인한 그의 긍정적인 경험과 기억을 치료적으로 사용하는 것이다. 예를 들면, 치료대상자가 경험한 긍정적인 자원을 다시 사용하도록 지지하거나, 만약에 그가 현재의 상담에서 긍정적인 경험을 하지 못하거나 치료사가 더 이상 직접적인 도움이 되지 않더라도 상담을 유지하는 것 자체가 유용하다는 태도는 다른 상담에 전환되더라도 좋은 경험을 가질 수 있는 근거를 제공해주는 기회가 된다. 또한 이 경험이 과거에 했던 치료경험과 유사하다고 느끼더라도 다소 다른 자원에 이르는 통로가 될 수 있다는 자세로 임해야 한다. 이러한 접근방법은 새로운 자원 활용에 대한 그의 경험을 지지하고 연결하는데 도움 되며 그가 자기성장을 위해 노력할 준비가 되었다면 더욱 의미 있는 경험이 될 것이다.

네 번째 단계에서는 치료대상이 자신의 문제를 인식하도록 돕고 지지체계로서의 자원을 사용할 수 있도록 돕는 것이다. 치료는 아무리 좋은 경험을 안내해도 본인 스스로가 인식하지 못하고 수용할 자세가 안 되어 있다면 실질적인 도움은 제한적일 수밖에 없다.

◆ 자원평가를 위해 도움 되는 척도는 무엇인가?

사용가능한 척도는 사회망그리드, 욕구에 따른 자원목록, 생태도, 장점과 강점 등이 있다.

자원평가 척도활용

"위기의 아동청소년을 위한 학교미술치료지침서, 2010, p.230-231"에는 사회망그리드와 학생의 욕구에 따른 자원목록 평가지가 제시되어 있다. 그리고 "학교미술치료의 실제, 2008, p.87"에서는 민들레 사례에서 그의 중요한 환경요소와 관계 맺을 수 있는 능력에 대한 이해를 돕기 위해 생태도를 제시하고 있고, 제6장의 표 6-1에서는 '학교미술치료 프로그램강화를 위한 지역사회의 환경과 역동분석'을, 표 6-2에서는 '학교환경과 학교의 역동분석'을 위한 질문을 제시하고 있으므로 참조하기 바란다.

이 책들에 소개된 내용들은 학교환경에서 아동청소년을 돕기 위해 준비된 자료들이지만 어떠한 대상에게도 사용가능하고, 특히 아동청소년기에 있는 대상을 돕는데 필요한 요소를 포함하고 있으므로 임상가의 욕구에 따라 사용가능할 것이다. 척도를 근거로 우리는 도움을 필요로 하는 이들의 강점과 약점 또한 평가가 가능할 것이다.

강점접근의 효과성

강점과 취약점에 대한 접근은 우리로 하여금 그들이 가진 자신의 문제를 극복할 수 있는 능력의 가능성을 이해하게한다. 그리고 현재의 문제를 가질 수밖에 없었던 이유를 그와 주요체계가 직접적으로 느끼게 하는 단서가 되어줄 뿐 아니라 극복의 힘을 갖게 하는 효과성으로 작용한다.

강점은 앞에서 제시된 자원의 의미와 분류에서 말한 내적자원에 해당하며 강점의 소극적 의미로서 장점은 아동청소년임상에서 내가 중요하게 강조하는 영역이기도 하다. 이것은 "청소년임상미술치료방법론, 2005, p.384"부록 8의 '치료를 위한 가족개입 2'에 제시되어 있으므로 참조하기 바란다.

여러분은 지금까지 제시한 앞의 내용들을 통해 우리에게 도움을 요청하고 있는 이들의 주요문제를 찾아낼 수 있고 관계를 지속하면서 문제해결을 위해 관계를 가질 수 있는 자원을 구별할 수 있게 되었을 것이다. 이 모든 작업은 사례개념화의 공식화된 문서로 기제 되고 다음에 이어지는 내용들이 추가될 것이다. 이러한 기초 작업이 되었다면 이제부터는 더 깊은 창조적인 치료사로서의 역할을 필요로 하는 문제에 다가가 보기로 하자.

치료에서 자원사용과 문제 극복에 장애가 되는 요소 확인하기

사례개념화의 과정에서 우리는 여전히 평가라고 불리는 지점에 머물러있으며 이것은 자원과 장애물이라는 두 줄기에 연결되어 있다.

치료를 방해하는 장애물

임상에서 장애물이란 개인이 삶을 살아가는데 있어서 관계의 장벽이며 어떤 것은 환경에 의해 또 어떤 것은 개인의 욕구와 수용능력에 부적절해서 또는 욕구를 대처해줄 수 있는 자원자체가 부재해서 발생하는 장애일 수 있다. 때로는 자기문제를 극복하고자하는 동기가 없어서일 수도 있고 또는 도움을 제공하는 사람의 역할이 부적절해서 둘 사이에 장애물이 발생하는 경우도 있다.

◆ 치료에 영향을 미치는 장애물에는 어떠한 것이 해당하는가?

우리들 중 많은 치료사들은 자기에게 닥친 문제를 스스로 해결하기 어려운 힘든 사람들에게 관심을 갖고 그들의 고통을 자신의 고통인양 생각하거나 염려하는 마음을 갖고 있기 때문에 돕는자로서의 직업을 갖고 있다.

그러나 이러한 마음은 전문적인 역할을 실천하는데 있어서 때때로 우리를 곤란하게 만들기도 한다. 이것이 무엇인지 우리는 생각해볼 필요가 있으며, 이와 관련하여 여기에서는 무엇이 그들의 장애물평가와 도움과정에 영향을 미치는지에 대해 논하려고 한다. 그에 앞서 우선 치료대상이 가질 수 있는 보편적인 장애물의 유형과 특성에 대한 이해로부터 시작하기로 하자.

문제를 유발시키는 장애물의 유형

내적 장애물	외적 장애물	정신 및 신체관련 장애물
• 세상과 자신에 대해 비관적 • 비판적인 사고와 방어적 행동 • 운명주의 관념으로 무계획적 삶 • 불신과 거부 및 감정적 거리	• 부적절한 자원 • 고갈된 자원 • 필요한 이차적인 자원 부재	• 지적장애 및 발달장애 • 심각한 정신장애 • 알코올 및 약물남용 및 중독 • 신체질환 및 신체장애

대부분의 치료대상이 위의 이러한 모든 장애물을 경험하는 것이 아니라 이와는 다른 형태로 장애물을 경험할지도 모른다. 다만 여기에서는 장애

물의 개념이해를 위해 제시하였다.

체계론적 접근의 장애물 이해

그러므로 임상에서 치료사들은 자신의 개념으로 장애물을 명명할 수 있을 것이다. 그리고 사례개념화에서 치료대상을 돕는 과정에 장애물을 명시하고 나면 자연스럽게 목표설정으로 발전해갈 수 있기 때문에 치료사로서의 시각을 내면에만 초점을 두지 말고 외적상황과 환경으로 확장하여 체계론적 접근을 한다면 더욱 효과적이고 직접적인 도움이 가능해 질 것이다.

내적 장애물의 의미

내적 장애물은 유아동기경험과 관련하며 반복적인 실패경험으로 인한 좌절과 자기에 대한 무가치감과 관련한 개인이 가지고 있는 신념이나 태도 및 가치 등을 의미하며, 이것은 치료관계에서 도움을 받아들이는데 방해가 되는 행동양상을 야기 시키게 된다. 내적 장애물은 치료면담과정의 언어적 표현과 행동 및 감정적 표현에서 그리고 작품에서 노출되므로 관찰에 의해 확인될 수 있는 부분이 많을 것이다. 내적 장애물에 대한 특성과 행동경향을 요약하면 다음과 같다.

내적 장애물의 특성과 행동양상

유형	비관적	비판적	무계획적 운명주의	불신적
요인	• 아동기 학대 경험 • 애착관계 결손	• 지지체계 부재 • 반복적 실패경험	• 유년기 불안환경 • 변덕스런 양육	• 정서관계 부재 • 상실경험
감정	• 무관심 • 쓸모없음 • 우울감 • 무력감	• 분노 • 공격적 • 불쾌감	• 매사에 염려 • 무반응 정서 • 무의미감	• 외로움 • 소외감
행동	• 희망 없음 • 퇴행 • 회피	• 방어적 • 매사에 트집 • 책임전가	• 충동행동 • 무계획적, 무질서 • 위기의 반복 • 상황 따라 반응	• 매사에 절제된 행동 • 지나치게 독립적 • 거부적 • 밀착관계 제한

이렇듯 개인의 내적 장애물은 삶의 경험과 감정상태 그리고 행동으로 노출될 수 있다. 비관적인 행동양태를 보이는 치료대상은 자신이 무엇을 하든 항상 잘못되고 자신은 쓸모가 없는 존재라는 표현이 의식적으로 또는 무의식적으로 표현된다. 치료사의 도움에도 자신이 가진 문제는 결코 해결될 수 없는 문제라고 생각하므로 치료관계가 쉽지 않을 수 있다.

비판적인 사고를 가진 경우는 늘 자신을 실패자라고 생각하거나 불공평한 대우를 받아왔다고 생각하므로 자신의 문제를 확대하여 치료사에게 끊임없이 요구하면서도 정작 치료사를 신뢰하지 못하고 거부하고 약속을 지키지 않으며 변명하고 트집을 잡기 때문에 치료사의 인내가 없이는 만남이 어려울 수 있다.

삶이란 계획을 세울 수 없는 것이고 예측할 수 없는 것이라는 운명론적 사고를 가진 경우는, 자신에게 닥쳐온 문제에 대해 해결하려는 노력보다는 그저 무방비상태로 상황이 나아지기를 기대하듯 단지 반응할 뿐 노력이나 협조를 하지 않으므로 치료사의 노력은 메아리처럼 되돌아오는 느낌을 갖게 된다.

매사에 불신적인 태도를 보이는 이들은 가족 내에서도 스스로를 이방인과 같은 존재로 느끼므로 치료사가 자신을 도울 수 있다는 사실 자체를 인정하지 않으려 한다. 오히려 타인이 자신을 이용할거라고 생각하므로 밀착관계가 어렵고 거리를 두면서 늘 외로움을 호소하기도 한다. 치료관계에서 이러한 개인의 특성을 발견했다면 이것은 내적 장애물로 간주할 수 있다.

외적 장애물로 인한 문제 접근

외적 장애물은 이와 같은 개인의 내면문제가 아니라 환경의 결핍을 의미하며 치료대상의 능력밖에 있는 것이므로 스스로 통제가 불가능하다. 따라서 전문가의 도움이 필요하며 흔히 이것은 그의 환경이 열악하여 자원이 아예 없거나 자원은 가능하지만 그가 제공되는 자원을 사용할 수 없는 상황이거나 이용할 수 없는 무지 때문에 또는 필요자원을 사용할 수 있으나 다음단계로의 진행을 할 수 없는 조건 등이다.

이러한 외적 장애물에 대해서는 부득이한 상황을 제외하고는 치료사가 직접 안내하기보다는 관련 전문가에게 도움을 요청하는 것이 지속적인 도움을 가능하게 한다. 선천적인 장애나 이후의 정신 및 신체 관련한 장애로 인한 문제는 치료과정에서 적극적이고 일반적인 참여수준이나 도움능력을 감소시킬 수 있다.

정신적 신체적 장애가 확인되면 심리치료이외에 필요한 의료적 도움 및 관련전문가의 구체적인 도움을 받도록 안내해야 한다. 그럼으로써 이들로 하여금 치료과정에서 장애물로 작용하는 자신의 제한요소를 인식하고 더 가능한 것에의 의식을 확장시켜 적극적이고 구체적인 도움체계로 들어갈 수 있도록 도와야 한다.

치료대상의 내적기능과 장애물인식은, 첫 사례개념화 과정에서 동의되어야하는 것은 아니며 다만 초기의 사례공식화과정에서 중요한 치료사의 목표가 될 수 있을 것이다.

◆ 임상적 문제와 장애물의 관계는 무엇인가?

앞에서 계속 이야기되어왔듯이 문제는 도움체계와 관계를 맺음으로서 변화될 수 있는 것으로서 치료대상의 삶에 영향을 미치는 어려움이다. 장애물이란 그가 도움을 받는 임상적 상황을 방해하는 것으로서 이 장애물은 해결해야할 문제만큼이나 임상에서 중요한 관심요소이다.

민들레 사례에서 예측된 장애요인

앞에서 인용한 민들레의 사례를 들어 생각해보기로 하자. 그녀가 가지고 온 문제를 해결하기 위한 초기면담과정에서 문제의 해결가능성과 활용 가능한 자원을 분석하고 장애요인이 무엇인지 평가하는 과정에서 예측된 장애요인(학교미술치료의 실제, 2008, p.88-90참조)은 과거의 부정적 해결방식, 의존성을 부추기는 어머니의 양육태도, 역기능적 가족관계, 교사의 편견과 친구들의 부정적인 시각으로 평가되었다. 이를 근거로 해결을 위한 치료목표를 세우고 다양한 체계수준에서 중재의 길을 열어갈 계획을 세울 수 있었다.

◆ 장애물 관련하여 치료사의 역할은 무엇인가?

치료사가 앞에서 확인된 정보를 근거로 장애물과 도전과제를 예측하는 것은 성공적인 치료에 반드시 필요한 요소이다. 효과적인 치료계획은 사례개념화가 초기면담과정에서 그리고 치료의 진행과정에 따라 등장하는 장애물을 제거할 수 있을 때 가능해진다. 특히 저항, 양가감정, 전이의 재현 그리고 진행과정에서 등장할 수 있는 특정이슈들에 대해 미리 예측하고 예방하는 것이다.

쉬운 예를 들어보면 우리가 여행을 가려고 할 때 사전에 날씨를 확인하고 지역적 특성상 교통체증이 있는 시간대와 반드시 준비해야하는 물건들과 비용과 숙소예약과 같은 것들이다. 그렇듯 임상에서도 초기에 치료대상의 성향과 부 적응적 패턴을 미리 이해할 수 있다면 매우 유용할 것이다.

내적 장애물 이해가 치료의 지름길

개인에 따라서는 매사에 거짓을 고하고 시간을 지키지 않고 감정을 드러내지 않을 수도 있을 것이며 치료사를 시험하고 조정하려고 할 것이다. 삶에서 성공의 경험이 있는 치료대상과 성공경험이 없는 치료대상은 면담에서도 다른 모습으로 역동을 보일 것이다. 또한 가족이 치료사를 조정하고 그를 떠맡겨 책임을 전가하는 경우도 있을 것이다. 이 모든 것이 임상에서 내적 장애물이며 이에 대한 이해 없이 효율적인 치료를 한다는 것은 있을 수 없는 일이다.

치료사의 역할은 외적자원에 대한 정보제공과 스스로 할 수 있도록 지원하는 것

뿐만 아니라 치료사는 치료대상이 외적자원을 사용할 수 있도록 정보를 제공하고 안내할 수 있다. 이때 치료사는 간접적인 영향을 미칠 뿐 문제를 직접 해결해주는 것이 아니라 그와 가족이 스스로 해결할 수 있도록 지원하는 것이다. 물론 긴박한 상황에서 그의 고통을 들으면서 거리를 두고 있다는 것이 쉬운 일은 아니다. 이와 관련한 나의 실수이자 어쩔 수 없는 상

황이었다고 변명하게 한 아마도 1990년대 중반쯤으로 기억되는 사례를 예로 들어보겠다.

> 그는 내가 정신건강영역에서 일할 시점에서 만난 청소년으로서 사건이 일어난 당시는 폐쇄병동에서 퇴원한 이후였다. 어느 날 그의 어머니로부터 긴박한 음성으로 알려온 내용은 "아들의 이상행동과 난폭행동으로 온 가족이 불안해서 어떻게 해야 할지 모르겠으니 집으로 와 줄 수 있겠느냐며 도와 달라"는 호소를 접하고 곧바로 그 집으로 달려갔다. 그 청소년과 면담을 하고 평가한 결과는 보호조치를 위해 입원을 해야 한다고 생각되었으므로 그 아이를 설득했지만 수용되지 않았다.

이 후의 내용은 더 이상 거론하지 않아도 나의 실수는 공적자원으로서 내가 사적관계를 조작한 가정방문을 시도하고 입원을 준비시킨 문제라는 점을 여러분은 짐작했을 것이다. 그러한 나의 실수는 그와 가족에게 필요한 자원을 효과적으로 사용하는 능력을 방해하는 결과를 제공하지 않았을까 반성했다(참조; 전문 의료기관에서는 퇴원 전에 이미 사후의 예측 가능한 어려움에 대한 대처방법에 대해 안내하고 준비시킨다. 그럼에도 예측할 수 없는 위기상황이 있을 수 있으며 몇 가지 이유로 인해 친밀관계를 유지했던 치료사에게 도움을 요청하는 경우가 있으므로, 그럴 때 치료사는 직접적인 도움을 제공하기보다는 우선은 응급처치에 대해 설명하고 곧바로 기관에 도움을 요청하도록 안내해야 한다).

자원 사용에서의 윤리적 대처

다시 말하면 우리는 사례개념화에서 임상적 자원과 관련하여 장애물에 대한 확인과 어떻게 하면 더 효과적인 치료를 제공할 수 있을지 계획을 세우는 것에 대해 이야기를 하고 있다. 그렇다면 "이미 오래전에 퇴원한 환자의 가족이 감당할 수 없는 그 사건을 직접 돕는 것에 문제가 있는가? 이것은 전문가가 할 일이 아닌가?"라는 반문을 할 수 있다. 그렇다. 최선을 다해 돕고자하는 마음이 문제라기보다는 공적자원인 전문기관에 소속된 내가 아무리 돕고자하는 마음이 간절했다 해도 사적으로 처리할 일이 아니라 공적범위 내에서 적극적으로 처리할 수 있는 방법을 안내하는 것이 전문가다운 역할이자 윤리적인 대처였다는 것이다.

사례의 청소년은 그가 가진 특성 이외에 가족의 의존성과 관련된 내적 장애요인을 가지고 있었으므로 이에 대한 평가를 중심으로 부모환경에 대한 장애요소를 고려해보면 "이 후에 또 다른 문제가 발생했을 때 그들은 어떠한 행동을 취할 것인가?"에 대해 몇 가지 있을 수 있는 문제들에 대해 예측해야 한다.

지금은 우리가 할 수 있는 역할이라고 생각하고 최선을 다한 일이 자칫 그들의 지속적이고 연속선상에서 도움 받을 수 있는 자원을 제한시키는 결과가 될 수 있다는 점을 기억해야 할 것이다.

확인된 핵심문제에 대해 이론적으로 설명해내기

이제부터는 앞에서 다룬 창의적인 치료사의 역할을 토대로 "무엇이 문제인지? 왜 치료가 필요한지?"에 대한 보다 합목적적이고 당연함을 증명하는 과정이 이 단계에서 설명될 것이다. 뿐만 아니라 개인의 특성과 그가 가진 문제유형이 어떠한 이론적 관점으로 접근하는 것이 더 효과적인지 결정된다.

인간의 경험은 다양하고 복잡하므로 단편적으로 해석해낼 수 없으며 때로는 우리가 관찰한 내용들이 사실인지 아닌지 구별이 분명하지 않을 수도 있고 병리적인지 판별하는 것도 쉽지 않을 수 있다. 더욱이 개인의 문제를 이론적으로 설명해 낼 수 있다는 것이 오만일 수도 있다.

선호 이론을 근거로 문제 설명

그럼에도 우리는 이 시점에서 기본적인 틀을 가져야하므로 치료사는 자신이 선호하는 이론을 근거로 치료대상의 특성에 대해 이해한 것을 설명해내는 연습을 해야 한다. 이 책에서는 역동적 접근에 초점을 맞추고 있으면서 생태체계접근법을 적용하고 있으므로 정신분석이론과 생태체계접근법에 대해 이해하고 이 책을 사용해야하며 이를 근거로 자신만의 사례개념화를 만들어갈 필요가 있다.

수집된 정보를 토대로 치료목표 설정하기

문제에 대한 이론적 설명까지 되었다면 그에 근거한 치료목표를 설정해야 한다.

치료대상의 궁극적인 해결을 위한 목적은 폭넓게 세워지는 것이고 목적을 성취하기 위한 하위목표를 위해 구체적인 계획을 세우게 된다. 목표는 장기목표와 단기목표로 제시할 수 있으며, 단기목표는 장기목표를 성취하기 위한 단계로서 구성되고, 장기목표가 성취되었을 때 전체목적이 달성되었다고 볼 수 있다. 목표설정은 문제 상황에 따라 달라지고 일정 기간을 두고 반복적으로 확인되고 새롭게 만들어질 수 있다(학교미술치료의 실제, 2008, p.92-94; 청소년임상미술치료방법론, 2005, p.73-77, 참조).

장기목표와 단기목표

◆ 목표설정에서 고려되어야 할 사항은 무엇인가?

가장 중요한 것은 치료대상의 욕구가 무엇인가가 우선이며 더불어 그가 가지고 온 문제의 특성과 치료기간을 고려하여 실천 가능한 목표를 설정하게 된다. 그가 가진 내적자원을 사용하고 내적방해요인을 제거하기 위해 주치료대상인 개인과 그의 가족에 대한 목표설정을 할 것이다. 이때 유의해야하는 것은 아무리 긍정적이고 필요한 요소라 해도 약속된 기간 동안에 실천할 수 없는 목표라면 갈등만 더욱 부추기는 결과를 가져올 수 있으므로 유의해야 한다. 다음은 목표설정에서 유의하고 지켜야하는 치료사의 기본적인 자세이자 지침이다.

욕구를 근거로 성취가능한 목표 설정

목표설정의 유의사항

- 목표는 치료대상이 추구하는 바람직한 결과와 관련이 있어야 한다.
- 목표는 명료하고 측정 가능한 조건이어야 한다.
- 목표는 성취 가능한 것이어야 한다.
- 치료사자신의 능력과 지식에 적합한 목표여야 한다.
- 목표의 진술은 긍정적인 용어로 제시되어야 한다.
- 치료사개인의 사적욕구에 근거한 목표설정을 피한다.
- 비자발적인 치료대상의 경우 동기화의 적합성이 포함되어야 한다.

사례개념화를 중요시하는 치료사라면 아마도 이러한 기본적인 사항에 익숙하고 자신의 개인적 가치에 초점을 둔 목표설정은 하지 않을 것이다. 치료대상이 문제해결을 위한 자원과 능력을 사용하는 것을 방해하는 요소들을 제거하기 위한 목표가 일차적으로 제시될 것이고 그것을 위해 치료대상개인과 그의 주요체계에 접근하는 기술과 목표를 갖고자할 것이다. 이어서 우리는 앞에서 다뤄온 정보와 이해를 어떻게 목표로 전환하여 공식화하는지에 초점을 두려고 한다.

◆ 목표설정의 핵심조건은 어디에 두어야 하는가?

기본적인 목표설정의 조건은 치료대상의 욕구에 초점을 두어야한다는 것이다. 만약 치료사가 일방적으로 목표를 규정하게 되면 치료대상의 자발적인 동기와 협력관계를 유지할 수 없을 뿐 아니라 추상적으로만 치료에 반응하게 할 것이다.

그러므로 치료사는 치료대상의 표현에 민감해야하고 치료사자신의 숨겨진 계획을 가져서도 안 되며 솔직하고 최선을 다해 그의 관심욕구에 다가가야 한다. 그들이 스스로 자기에게 적절한 선택을 할 수 있도록 격려하고 안내하고 공감을 표현할 수 있어야 한다. 중요한 것은 진정으로 그들의 이야기를 경청하고 그들의 가능성을 기대하는 자세일 것이다.

◆ 목표설정의 동기화와 적합성을 위한 전략은 무엇인가?

법적문제와 관련되어있거나 정신건강문제로 치료실을 찾게 되는 이들의 대부분은 원치 않는 면담에 대면하게 된다. 이러한 경우 치료사에 의해 흔히 비자발적 치료대상으로 낙인찍힐 수 있고 그로인해 치료관계를 저항하게 만드는 요인이 되기도 한다.

비자발적 치료대상 접근의 초점

치료사의 어떠한 반응과 전략에도 전혀 반응하지 않는 이도 있다. 그러할 때 치료사는 외부압력을 제거하는 것이 우선목표가 될 수 있으며 그가 느끼는 억울감의 타당성을 찾음으로서 실천 가능한 합의를 하도록 동의를 끌어내기도 한다. 이러한 접근은 치료대상인 그의 일차적인 욕구를 해소시켜주게 되고 그 과정에서 문제를 재구성할 수 있게 되어 목표설정을 가능하게 만든다. 최대한의 존중과 신뢰를 바탕으로 개입했을 때 치료로 향하는 길은 더욱 가까워질 수 있을 것이다.

◆ 목표측정을 위한 필요요소는 무엇인가?

치료계획에 있어서 명확한 목표설정은 분명하고 정확한 회복의 변화를 측정할 수 있게 한다.

미술치료임상에서 목표들은 여러 가지 추상적인 수준으로 표현될 수 있는데, 특히 청소년기에 있는 치료대상은 발달적 특성상 불명확한 결과를 받아들이는 것이 힘들므로 치료를 조기에 종결시키는 이유가 되기도 한다. 반면에 미술치료의 일반적인 목표는 광범하고 추상적인 목표와 명확한 목표를 구분하는 것을 도와주므로 보다 더 효과적이다.

◆ 비자발적인 참여자의 목표는 어떻게 설정할 것인가?

목표는 심각한 위기상황이 아니고서는 어떠한 경우에도 치료대상의 입장을 존중하는 선에서 설정되어야하고 지금상황에서 가장 쉽고 성취 가능한 것을 선택하되, 만약에 치료대상이 지나치게 높은 기대로 목표를 설정하려고한다면 존중과 공감적 태도로 재치 있게 적절한 범위에서 조절할 수 있도록 도와야 한다.

윤리적 법적 제한조건과 성취가능한 우선 목표 설정

특히 법적 제한성이 있는 비자발적인 참여자의 경우 기관과 법적영역에서의 제한조건이 따르게 되는데, 그러한 경우 제한항목에 초점을 두되 최소한의 가능욕구를 성취할 수 있도록 우선순위의 목표를 설정해야 한다. 이러한 목표들은 비자발적인 그의 능력을 개발하고 확인받을 수 있는 기회를 가질 수 있도록 돕게 된다.

이때 유의해야하는 것은 치료사자신이 감당할 수 있는 범위 내에서 목표가 설정되어야 한다. 치료사가 자신의 능력과 지식을 과대평가하여 개입하게 되는 경우, 이는 윤리적으로도 부당하며 오히려 치료대상을 위험에 빠트리거나 주변인을 곤란에 처하게 할 수 있다. 때로는 그들이 치료사의 능력을 초과하는 요구를 해올 수도 있어서 그러한 경우 치료사는, 자신의 가능범위를 인정하고 다른 전문가에게 의뢰함으로써 치료사의 책임성과 윤리적 자세를 잊지 않아야 한다.

치료는 연습이 아니며 전문적인 도움이 되어야한다는 것은 당연한 사실이다. 그러므로 목표설정에 있어서 치료사는 자신이 도움을 필요로 하는 이를 돕는 것이 도움을 받는 그와 다른 사람을 위험하게 하지 않는다는 확신이 있어야 한다. 뿐만 아니라 특정 사례의 경우는 다른 전문가로부터 자문을 받아야할 수도 있으며 필요시에는 그들로부터 교육 감독을 받을 필요성 또한 있음에 대해 명심해야할 것이다.

◆ 목표의 바람직한 용어사용은 무엇인가?

치료관계에서 우리가 잊지 않아야하는 것은 치료대상이 드러내는 문제를 무시해서도 안 되지만 기본조건은 강점을 중심으로 목표설정을 해야 한다는 점이다.

긍정적 용어로 목표 설정

부정적인 행동이나 상실감을 느끼게 하는 용어를 사용하게 되면 문제에 익숙해져서 절망감을 느끼게 된다. 치료목표란 개발하고 증진하는 수단으로서 동기를 강화하고 어려움을 완화시키고자하는데 있으며, 성장을 강조하는 목표는 보다 성취 욕구를 강화시켜준다는 차이점을 기억하기 바란다.

◆ 목표설정에서 치료사가 경험할 수 있는 윤리적 딜레마는 무엇인가?

치료 상황에서 우리는 간혹 치료사개인의 가치와 관련하여 윤리적 딜레마에 빠질 수 있으며 도덕적 그리고 종교적 믿음이나 성적가치와 관련하여 갈등을 겪는 경우가 있다.

예를 들어 청소년의 임신과 관련하여 낙태문제가 논의되었다고 가정해 보자. "독실한 기독교인인 부모가 자녀의 낙태를 절대 부인하고 있고 청소년은 자신의 미래에 대한 갈등으로 낙태를 거부함으로써 부모와 자녀 간에 심각한 갈등이 있을 수 있으며, 갈등해결을 위해 치료사의 지지나 결정을 요구할 수도 있다."이때 유의해야할 점은, 가치관이 다를 수 있으며 치료사의 개입이 청소년과 가족의 결정에 방해가 될 수 있다는 것에 대해 이해를 돕고 직접적인 관여는 배제하되, 다만 낙태를 하던지 하지 않던지 그 결정에 따르는 문제에 대해 논의할 수 있는 기회를 제공하는 것이 필요할 것이다.

치료사의 윤리적 딜레마에 대한 대처

이러한 문제에 대한 개입은 서로의 감정과 욕구를 표현할 수 있도록 중재하는 것이 일차적인 목표가 될 수 있으며, 결정은 본인과 가족만이 할 수 있음을 밝힐 수 있어야 한다.

다시 말해서 청소년의 자기결정의 가치를 설명할 수 있으며 결정에 대해 필요한 이차적인 서비스에 대해서는 정보제공과 필요한 자원을 연계할 수 있다는 것에 대해 설명할 수 있어야하며 필요한 전문가를 소개할 수도 있다. 치료사가 자신의 의지를 표현하기보다는 염려하고 있는 부분을 솔직하게 말하는 것이 오히려 도움 된다.

치료목표에 근거한 계획세우기

이 단계는 치료대상이 처한 모든 상황을 이해하는 것으로부터 성취하고자하는 변화에 대한 목적을 달성하기 위한 방법들을 체계적으로 순서를 정하는 것이다. 체계적인 순서라는 것은 목적과 명확하게 연결되어있는 전체과정의 처음부터 끝까지 일직선적인 흐름을 따라 이동해가는 것을 말한다.

치료의 체계적 순서

앞에서 이미 논의하였듯이 사례개념화란 치료대상이 가진 여러 다양한 문제들을 극복하도록 돕기 위해, 이론과 기술적인 자원을 동원하여 그의 정보를 모아 호소하는 문제에 대한 기대와 역동에 관한 잠재적 가설을 세우고(정보를 모으고 조직화하는 것), 예측되는 문제에 대해 설명하고, 치료를 안내하고 구체화하기 위한 초점을 맞추고, 치료과정에 있을 수 있는 장애를 예측하며, 성공적인 종결을 위한 방법과 전략을 세우는 일련의 임상적 계획을 말한다.

◆ 계획을 세운다는 것은 무엇인가?

목표에 근거한 계획은 치료가 진행되면서 이미 획득된 것을 지속하면서 새로운 계획이 추가되거나, 어떠한 이유에서였든 성취되지 못한 계획에 대해서는 사유에 대해 평가하고 다시 목표를 재설정함으로써 변화하고자 하는 목표를 향해가게 된다.

치료계획과 목표의 재설정

이때 집단의 경우는 시간제한적인 특성을 고려하여 집단 전에 또는 초기에 설정된 치료계획의 전체 틀을 최대한 흩트리지 않으면서 진행해가며, 구성원 개인의 상황이든 어떠한 이유로 인해서든 목표를 달성할 수 없었던 계획에 대해서는 2차 집단이나 개별개입으로 전환하는 것이 통상적인 방법이다.

다시 말하면 치료계획은, 치료계약의 초점을 구조화시켜주는 지표로서 치료대상의 요구와 목표에 적절하게 개별화되고 구체화됨으로써 치료과정을 명확하게 보여준다. 그러므로 현재 드러나고 있는 문제에 연결하여 명시된 계획은 치료결과에 대한 불안을 감소시켜줄 뿐 아니라 과정을 촉진시켜준다.

발달적 특성을 고려한 치료계획

특히 아동청소년의 경우는 성장이라는 특성적 목적을 배경으로 하므로 치료에서도 그들의 직접적인 또는 간접적인 환경을 치료의 변화요소로 접근하게 된다. 이들의 부모환경은 호소했던 자녀의 표면적인 문제가 해결되면 치료를 중단하는 경우가 많기 때문에 충분한 도움을 받지 못하고 떠나버리는 경우가 흔히 있다.

이러한 특성을 고려하여 치료계획의 구체화는 더욱 강조되며, 이를 위한 방편으로 처음부터 장기계획을 제시하기보다는 단기계획을 순차적으로 단계화하여 제시하는 것이 유용할 수 있다.

치료계획은 이들의 발달적 특성과 호소문제의 유형이나 수준에 따라 달라지겠지만, 시기적으로 경험했어야했던 것의 재 경험과 발달을 촉진하는 접근계획이 치료기간 전체과정의 흐름에 접목되어야한다는 점을 염두에 둘 필요가 있다.

◆ 치료계획은 임상에서 어떻게 활용되는가?

치료에서 완벽한 계획이란 없으나 목표를 명확하게 제시한 계획은 종결단계에서 변화의 성취여부와 획득하지 못하게 했던 전략의 대안을 쉽게 제시해 준다.

치료결과에 대해서 가늠할 수 없고 치료사자신이 치료대상과 지금 어디를 향해가고 있는지 모르겠다는 호소는 우리 주변에서 흔히 접할 수 있는 이야기들이다. 특히 임상가가 누군가를 돕는데 있어서 계획이 구체화되어 있지 않다는 것은 변화를 할 수 없게 하는 요인이 되거나 치료를 더디게 한다는 사실은 당연한 사실이다.

치료계획을 구체화해야하는 이유

그렇다면 치료계획을 구체화해야한다는 임상적 강조에 대한 답은 무엇인가? 에 대해 생각해 보자. 첫째는 우리가 그들의 문제를 극복하도록 돕고자하는 성취 가능한 결과에 대해 현실적으로 평가할 수 있는 능력과 경험을 가지고 있다는 것, 둘째는 긍정적인 결과를 획득할 수 있는 최선의 선택이 무엇인지 결정할 수 있는 지식과 방법을 알고 있다는 것, 셋째는 변화를 돕는데 최선을 다하는 임상가로서의 책임성과 전문성에 대한 자기 확신의 측면이 포함된다. 다음은 치료계획을 세우기 위해 확인되어야 할 요소들이다.

치료계획에서 반드시 확인해야하는 요소

- 여러 문제들 가운데 초점이 무엇인지 결정한다.
- 문제를 정의한다.
- 문제해결을 위해 필요한 자원이 무엇이며, 동원가능한 자원은 무엇인지 확인한다.
- 전체목적과 하위목표를 설정한다.
- 개입방법을 구체화한다.

사례개념화를 위해 정보를 수집하고 평가하는 과정에서 드러난 문제는 다양할 수 있다. 만약에 그러한 것들을 한꺼번에 모두를 다루게 된다면 치료의 핵심방향을 잃고 목적은 상실되고 말 것이다.

가장 중요하고 긴박한 문제 우선

치료계획단계에서는 초점을 두어야하는 "가장 중요한 문제"가 무엇인지 찾아야한다. 가장 긴박한 문제가 우선되어야하며 위험순위별로 2~3가지만 선택하고 위급하지 않은 다른 문제들은 제쳐두어야 한다. 이때 치료사의 직관으로 우선순위를 정해서는 안 되며 치료대상의 욕구를 중심으로 선별되어야 한다. 그렇지 못하면 그들의 기대에 부응하지 못하여 치료과정에 협조할 수 없게 되거나 중간에 종결하는 결과를 초래할 수 있다.

문제정의와 목적별 계획 설정

도움을 필요로 하는 개인이 갖고 있는 문제들은 동일한 문제라 해도 각자가 느끼는 정도는 다르고 미치는 영향 또한 개별화된 독특한 의미를 지닌다. 그러므로 "문제를 정의 내린다"는 것은 치료계획을 세우려는 문제가 그에게 어떠한 의미와 어느 정도의 어려움을 부여하는지 어디까지 접근 가능한지 정의 내려지고 진술되었을 때 치료계획이 보다 효과적으로 중재될 수 있다.

치유경험이 목적인지? 치료가 목적인지? 재활이 목적인지? 에 따라 접근방법은 달라질 것이다. 궁극적인 해결책을 위해 "목적"은 폭넓게 세워지는 것이며 목적을 위해 구체적인 계획을 설정하게 된다.

"목표"는 장기계획과 단기계획으로 나뉘어져서 구성되어야 한다. 본질적으로 장기목표가 달성되었을 때 목적이 달성되었다고 생각할 수 있다. 단기목표는 개인에 따라 문제 상황에 따라 다르지만 1일에서 1주 또는 1개월 및 3개월 단위로 또는 전체기간을 초기, 중기, 후기 등의 단위로 목표들이 재조정될 수 있다.

의료기관의 팀 접근

미술치료대상들은 흔히 의료적 치료와 함께 병행되는 경우가 많아서 다른 전문가 팀과의 합의하에 치료목표가 설정되고 재조정되어야하나 현실적으로 잘 이뤄지지 못하고 있는 미비한 점들이 많이 있다. 전문 의료기관에서의 미술치료계획은 사실상 팀 접근의 반복적인 사례회의를 통해 그 과정에서 목표가 재조정되기도 한다. 이 부분에 대해서는 "집단미술치료방법론 II, 2016년 개정판, 제 6장"의 정신건강 영역에서의 집단미술치료 또는 "이상심리 미술치료지침서, 2016"을 참조하기 바란다.

치료계획에서 "개입방법"을 구체화하는 것은 목적을 완수하기 위해 치료사가 구성한 행동들이다. 치료사의 역할이 무엇인지에 따라서 방법적 접근은 변화될 수 있으나 앞에서 제시한 치료계획 모두를 함축한 요소들이 조화를 이룰 수 있는지 확인해야 한다.

미술치료사가 다른 전문가팀과 공동 개입하는 경우 치료계획이 치료대상을 위한 총체적인 방향으로 계획되었는지, 예측되는 방해요소는 없는지, 평가하고 대안을 구체화한다.

치료대상에게 치료계획 설명

치료계획을 세우고 개입에 들어가기 전에 결정상황에 대해서는 반드시 치료대상에게 설명되어야 한다. 예를 들면 최초의 면담 후, 초기면담 후의 치료계획 결정시, 치료계획이 수정되어야할 때 등이다. 또한 종결계획에 대해서는 반드시 그동안 치료과정을 돌아보며 설명되고 합의점을 찾아 이 후의 계획에 포함될 수 있도록 안내해야 한다.

◆ 치료계획의 사전 재점검은 왜 필요한가?

사례개념화의 초기에 치료계획이 충분히 체계화되어도 그 과정은 예상하지 못했던 전문가 간에 또는 치료대상과의 견해 차이와 치료전체에 미치는 체계간의 영향들이 도움요소 뿐 아니라 방해요소로 작용하여 치료에 영향을 미친다. 그러므로 계획을 위한 재점검은 아무리 강조해도 심하지 않다고 본다. 예측하지 않게 일어날 수 있는 가능성을 짐작하고 총체적인 차원에서 관심을 가지고 차이점을 찾아내어 변화에 집중한다면 성공적인 결과를 기대할 수 있으리라 본다. 다음의 내용은 치료계획을 위해 점검되어야하는 내용들이다.

치료계획에서 점검되어야 할 내용

- 계획은 주치료대상이 제시한 문제와 욕구에 합당한가?
- 치료대상의 개별적인 특성, 장점, 가족환경, 주요체계가 고려된 방법인가?
- 계획된 방법이 치료사의 창의적인 사고를 촉진시키는데 도움이 되는가?
- 치료공간은 적절한가?
- 적절한 매체와 방법이 충분히 준비되었는가?
- 방해요소는 없는가?
- 치료에 대한 확신이 있는가?
- 임상 의료가 병행된다면 관련전문가와의 협력관계는 가능한가?
- 개별접근인가? 집단접근인가? 집단이라면 어떠한 이론과 방법론으로 할 것인가?
- 미술치료를 지원하는 기관의 부서나 책임자는 누구인가? 치료를 위해 그 책임자와 어떻게 사례를 공유할 것인가?

◆ 치료계획은 어떻게 구성되는가?

지금까지 치료사들은 나름의 치료계획을 세우고 최선을 다하여 임해왔으리라 본다. 그러나 아무리 최선을 다해왔다 해도 언제 어떻게 과정을 진행하고 목표성취를 해갈 것인지에 대해서 하나의 계획서로 만들어내지 못한다면 전문가로서 인정받기가 어려울 것이다. 자신의 전문성을 하나의 문서로 만들어내야 하는 일이 쉽지만은 않지만 이 일은 치료계약에 대한 치료사의 책임이며 전문적인 행위의 지표이므로 거스를 수 없는 일이다.

전문적 행위의 지표로서 치료 계획서 작성

치료계획서는 이 책의 첫 내용에서부터 열거한 방법론들에 의해 탄생될 수 있다. 계획서의 목적과 구체적인 목표는 치료과정의 진행에 따라 지속적으로 평가되고 새로운 정의와 목표가 수정되고 보완될 수 있으며 또한 매체와 방법적 적용이 치료의 발달단계를 따라서 새롭게 첨가되면서 제2, 제3의 계획서가 작성되어 갈 것이다.

치료계획서가 작성되기 위해 중요한 결정사항은 치료대상을 개별로 볼 것인가? 가족 안에서 또는 집단 안에서 볼 것인가?에 따라 달라질 것이다. 계획서작성에서 치료사는 새로운 계획서를 작성할 때마다 반드시 주치료대상인 개인과 그의 가족에게 이전계획의 결과에 대해 설명해야하며 함께 평가하고 다음 계획을 준비함으로써 치료에 대한 동기부여를 강화할 수 있다.

치료에 들어오는 이들은 정신건강의학과의 치료를 병행하고 있는 경우가 많아서 그럴 경우 해당 의료기관과의 의사소통체계를 연결하고 치료과정과 변화에 대해 서로 소통하는 것은 더욱 긍정적인 치료결과에 가까이 가게 하는 중요한 자원체계가 되어준다(그러나 안타깝게도 아직까지는 의료체계의 다수가 직접적인 내부의 연결체계가 아닌 기관 밖의 치료체계와 협조관계를 유지하는 것을 수용하지 못하고 있어서 치료의 중요한 요소임에도 우리의 노력과 기대가 받아들여지기까지는 한계가 있고, 직접 경험해본 치료사들의 좌절이 시도자체를 거부하게 만들곤 한다. 하물며 일부이기는 하나 어떤 담당의는 미술치료 또는 심리치료를 받는다는 환아의 부모에게 "굳이 심리치료가 필요가 있겠느냐"는 표현을 하여 병원이 아닌 외부치료에 대한 부정적인 의혹을 부추기고 그로 인해 혼란을 겪는 부모도 있어 안타까운 일이다. 그럼에도 최근에는 개업의들의 수용도가 점점 높아지고 임상미술치료체계가 의료기관 내에 투입되어 내부의 연결고리가 확장되고 있어서, 이러한 변화가 외부체계와도 연결될 수 있는 가능성의 시작이자 과정이라고 기대해 본다).

이러한 치료계획의 체계화는 치료시작에서 계획된 것이 과정을 거치면서 어떻게 변화되어 왔는지, 추가되어야하는 것이 무엇인지, 방해요소를 최소화하는 것 등에 관해 확인할 수 있도록 안내하므로 더욱 효과적인 개입을 가능하게 한다.

제 4 장

미술치료 체계화와 개입을 위한 방법

앞에서 다뤄진 내용을 근거로 치료계획을 마치고나면 치료사는 실제적이고 직접적인 문제해결을 위한 실천과정으로 들어가게 된다. 물론 제3장의 사례개념화 과정은 이미 중재를 위한 개입을 포함하고 있으면서 구체적인 개입을 위한 준비라고 보면 되고, 그 다음 단계로서 치료단계 및 중재단계 또는 개입단계라고도 부르는 이 과정은 직접적인 접근으로서 실천단계라고 보면 된다. 이 단계에서는 치료대상과 치료사가 선택한 목표를 성취하기 위해 다양한 치료방법을 진행하게 된다. 성취를 위한 초점은 문제에 직접적으로 연관되어있으면서 문제에 대해 치료대상과 합의된 목표에 개입하는 것을 원칙으로 한다.

치료를 위한 개입의 단위는 주치료대상인 개인과 그의 가족과 집단 그리고 지역사회가 하나의 치료단위로서 각각의 전문적이고 고유한 치료방법론을 발전시켜왔다. 이 장에서 소개되는 각 단위별 내용은 독자들의 이해를 돕기 위해 방법적 내용을 분리하였지만 나의 치료접근은 모든 치료단위의 통합접근을 원칙으로 적용한다는 것을 미리 밝힌다.

이러한 나의 체계적 통합접근의 근거는 30년 이상의 임상경험 속에서 만들어지고 확인되어진 결과이며 이에 대한 나의 믿음에서 근거한 것이나, 효과적인 치료를 위해서 하나의 정도란 없다는 것 또한 강조한다. 적절한 이론과 방법이 경험과 조화되고 자기만의 창의적인 치료방법을 대상에게 제공할 수 있다면 임상현장에서 치료사는 보다 더 만족감을 갖고 치료에 임할 수 있으리라 본다. 따라서 나는 이 장에서 치료사들이 가장 많이 접하게 되는 아동청소년기에 있는 대상으로부터 성인기에 있는 대상에까지 확장하여 치료의 안전한 틀을 제공하기 위해 우리가 생각해보고 논의해야하는 요소와 방법들을 다루고자 한다.

아동청소년 개입에서 고려해 보아야할 사항들

청소년을 만나는 치료사들이 가장 힘들어하는 점은 그들의 예측할 수 없는 태도변화이며 비협조적인 치료관계라고 볼 수 있다. 치료를 받는다는 그 자체를 불쾌하게 받아들이는 청소년에게 미술매체는 보다 적절하게 그들의 관심을 불러일으키고 빠른 협조체계를 형성하는데 중심적인 역할을 한다. 그러나 치료사의 생각이 앞선 표현과 강요, 섣부른 해석이 치료관계를 어렵게 만드는 경우가 흔히 있어서 미술치료에 대한 오해를 만들어내는 요인이 되므로 유의해야한다.

청소년의 행동을 일반화해서는 안 되며 매체와 방법적 접근이 성인심리학에 기초한 기술적 접근은 도움에 제한성이 있다는 점이다. 따라서 여기에서는 이들의 치료과정에서 유의해야할 몇 가지 요소를 중심으로 논하고자 한다.

청소년 개별접근의 방법

청소년 치료의 특성

예측할 수 없는 청소년의 태도변화와 치료관계의 여러 가지 유의해야할 사항가운데 우리가 예측해야하는 특징적인 고려사항은 청소년치료대상의 부모들이 주로 단기치료를 선호한다는 점이다. 일반적으로 단기치료라고하면 1년 이내에 끝나는 치료를 의미하며 최근의 청소년치료에서는 6개월 이내의 최 단기치료를 선호하는 추세이다. 그러나 단기치료는 주요치료대상이 정신장애가 아니고 발달적 단순문제로 상담이 필요한 경우에 해당될 수 있다는 점을 우선 생각하면서 선택되어져야할 것이다.

단기치료에서의 그림표현

청소년의 단기치료와 관련하여 우리가 가져야하는 강조점은 단기치료가 행동 지향적이라는 점에서 그림은 그들이 내보이는 진실이라는 점을 수용하고, 그들이 표현하는 그림의 의미는 존중되어야 한다는 점을 기억해야 할 것이다. 다시 말하면 청소년의 그림표현은 병리로 보아서는 안 되며 오히려 변화하고자하는 그들의 갈등으로 받아들여야한다. 그러므로 최 단기치료에서는 목표를 관계개선과 행동변화에 초점을 두며 치료라는 말을 좋아하지 않는다.

따라서 치료사는 미술표현에서 청소년의 강점과 잠재된 능력을 찾아 가능성을 강조한다. 단기간이란 시간제한성과 실용성과 간략화 그리고 유용성의 원리를 강조하므로 문제는 객관화되고 문제를 외부로 드러난 미술의 결과물로 초점화하는 경향이 있으며 현실적응에 강조점을 둔다.

즉 미술의 표현은 청소년행동의 예외가 언제 어디서 발생하는지, 문제발생의 패턴과 시간을 그림이라는 시각적 표현을 통해 자신의 행동을 관찰할 기회를 갖게 한다는 것이다. 뿐만 아니라 단기치료에서는 변화가 눈에 보이지 않아도 치료관계의 경험에 의해 종결 후에도 계속적인 변화가 있을 거라고 믿는다. 이러한 특성적 맥락과 청소년의 개별치료 접근에서 몇 가지 유의할 사항들에 대해 생각해보기로 하자.

청소년 개입에서 유의사항

- 비밀보장성에 대해 언급했는가?
- 청소년의 최대관심사가 무엇인지 이해했는가?
- 청소년의 외부스트레스 요인을 이해하고 있는가?
- 통과의례의 발달적 관점에서 청소년을 보고 있는가?
- 과정에서 드러나는 은유적인 표현을 구체화해보았는가?
- 물리적 심리적 거리두기를 잊지 않았는가?
- 충분히 홀딩하고 있는가?
- 간과된 메시지는 없었는가?
- 발달적 매체는 적절한가?

이러한 유의사항은 단기접근의 청소년치료에서 반드시 점검되고 간과해서는 안 되는 주요내용들이므로 치료사는 이에 대한 자기점검과 자세에 관심을 기울이고 보다 적절한 중재가 제공될 수 있도록 배려해야 한다. 다음에서는 이에 대한 구체적인 방법에 대해 제시하고 있다.

◆ 청소년의 최대관심사는 무엇인가?

청소년기의 주된 특성적 경험은 흔히 정체성문제와 관련이 된다. 자기의 개성을 찾기 위해 타인과는 다른 모습을 표현하려고 노력한다. 길을 가면서도 거울을 보고 표정관리를 한다든지, 특정브랜드의 상표를 선호한다던지, 그러면서도 특이한 것은 이러한 특별한 개성을 추구하면서도 그 추구하는 방향은 또래친구들에 대한 동일시현상으로서 또래들이 하는 머리스타일, 옷, 음악, 언어를 사용하고자한다.

청소년기 동일시 현상

이러한 측면들은 청소년기의 발달적 특성이 아직은 미숙하고 불완전하여 안도감을 찾기 위한 시도라고 볼 수 있다. 이러한 일차적인 청소년문화를 이해하지 않고서는 적절한 치료관계를 유지하기란 쉽지 않다. 청소년은 학교에서 제한하고 있는 어떤 소유물을 잃어버릴까봐 빼앗길까봐 두려워 가방 속에 담고 다니는 아이들이며 단지 소유하고 있다는 것 그 자체가 자신의 능력으로 위안을 삼는 아이들이다.

이들에 대한 치료기술은 치료사가 가진 믿음체계를 주입하는 것이 아니다. 그들의 관심사에 귀 기울이고 그들의 행동에 열린 사고로 생각과 느낌을 교환한다면 청소년들은 쉽게 관대해지고 대화할 준비를 하게 될 것이다.

◆ 외부의 스트레스를 어떻게 이해하고 다룰 것인가?

미술치료의 특성은, 작품에 청소년의 환경적 요소와 충격이 이미지화되어 표현되며 작품의 언어화에서는 그에 대한 정보를 보다 구체화해주게 된다는 점이다.

개별성에 따라 다른 표현 양식의 의미

그러나 유의해야할 점은 그림이 보여주는 표현은 동일한 발달단계에 있는 청소년이 유사한 표현양식의 메시지를 나타냈다하더라도 스트레스유형에 따라 그림언어가 갖고 있는 의미는 각기 다를 수 있다는 점이다. 그렇듯 그림이 보여주는 메시지는 아무리 흡사한 표현이라 해도 개인적 경험과 환경에 따라 전해주는 이야기도 다르고 이해와 접근도 다르게 다뤄질 수 있다.

어떤 청소년에게는 힘이 되는 것이 다른 청소년에게는 두려움이 될 수 있는 차이점을 무시하지 않아야 하며, 모든 표현의 이해는 그림을 창조한 그 개인의 내적세계와 현재 상황에 근거해서 평가되어야 한다. 또한 청소년이 말하지 않는 한 그림의 내용을 치료사의 느낌만으로 완전히 이해했다고 믿어서도 안 된다.

◆ 은유적인 의사소통은 무엇을 의미하는가?

청소년 치료에서 작품언어의 의미

청소년들은 성인들의 언어에 구속되는 것 보다는 그들만의 개인화된 창조적인 언어를 선호한다. 그러므로 미술치료에서 미적변화가 가능한 작품을 통한 은유적 의사소통을 편안해한다. 미술치료과정에서는 작품에 잠재해있는 은유적인 표현을 탐구하게 하므로 그림의 범주내로 문제를 접근하게 하는 특성이 있다. 이 과정은 그림의 숨은 의미를 추적해가기 보다는 그림자체내에 머무를 수 있게 하기 때문이다.

그러나 간과해서 안 되는 것은 임상상황에 노출된 그들은 이미 고통스럽고 실망스러운 성인과의 상호관계를 경험한 후일 경우가 대부분이므로, 그림내용의 느낌을 청소년이 솔직하게 밝힐 것이라는 기대는 우리로 하여금 왜곡된 해석을 하게할 수 있어서 자칫 치료관계를 파괴시킬 수도 있다는 점이다.

청소년의 초기저항은 예측하고 있을 뿐 직접적인 개인의 폭로를 피해가면서 의미 있는 대화를 끌어갈 수 있어야한다. 충분한 신뢰가 형성되기까지 청소년의 저항이 그들만의 고유하고 충분한 정당성으로 인정된다면 적절한 시기에 자연스럽게 마음을 열게 되리라 본다.

◆ 거리두기란 무엇이며 어떻게 가능한가?

거리두기의 핵심은 청소년이 우려하는 심리적 물리적 요소를 보호하고 편안한 마음으로 치료에 적응하게 하는데 있다. 미술작업과정을 통해 그림이 표현하고 있는 주제를 탐구하는 것 자체가 거리를 두고 안전감과 안정감을 갖게 해준다.

침범없는 거리두기 접근법으로 그림세계 탐구

치료자체를 거부하는 청소년에게 미술치료사는 직접적인 문제를 파헤치지 않고 일반적인 질문을 하고 그림을 그리게 하여 그림 속의 대상이 염려하고 있는 것을 이야기하게 한다. 그러므로 대화의 주제는 사적인 의미를 담지 않고 그림세계의 탐구과정으로 연결할 수 있으며 그 자체가 적절한 거리를 갖게 하므로 불편감을 해소할 수 있게 된다.

이러한 접근은 청소년기에 있는 치료대상 모두에게 적절한 것은 아니다. 그림그리기를 거부하고 무조건 "모르겠어요"로 일관하면서 대화를 피하는 아이들도 있으며 때로는 거짓증언으로 치료사를 조정하고 평가하려고 하는 청소년도 있다. 이러할 때 우리가 실수할 수 있는 것은 아직 신뢰가 형성되지 않은 상태에서 그의 문제를 이론에 근거하여 병리학적 구조를 설명하고 옳고 그름을 알려주려고 하거나 판단을 내리는 경우이다.

지식화의 방어 사용

지식화의 방어기제를 많이 사용하는 청소년에게 지식화의 방어를 통해 이야기할 기회를 줌으로써 안전감을 갖도록 돕는다면 그 자체 또한 침범하지 않고 거리를 두는 것이 될 것이다.

◆ 박탈에 대한 홀딩은 적절한가?

생의 과정에서 충분히 양육적인 품의 경험을 한 사람과 박탈을 경험한 사람의 차이는 매우 다르다.

초기애착관계에서 상처가 있는 청소년은 치료 상황에 대해서도 도움 받을 수 있는 기회라기보다는 처벌상황으로 받아들이게 되므로 방어적이고 저항적인 반응을 보일 수박에 없을 것이다. 이러한 경우 치료이전의 불안전한 상황이 치료과정에서도 연속적인 느낌으로 다가오기 때문에 치료사의 온정적인 자세가 더욱 더 중요한 치료요소가 된다.

치료대상의 특성에 따른 접근법의 융통성

따라서 박탈경험이 심각하여 노출의 두려움이 강한 경우에는, 단기치료가 예측된다 해도 구조화된 치료계획은 도움이 되지못할 수 있다. 예를 들면 이들에게는 치유미술교육측면에서 또는 창작예술의 측면에서 작품을 만들어가는 것에 초점을 두는 작업과정자체에 의미를 둘 필요가 있으며, 치료사의 역할 또한 협력자로서의 관심과 지지가 더욱 요구된다.

다시 말해서 청소년의 활동을 담아내는 그릇역할로서 홀딩을 제공하는 그 자체가 치료적경험이 될 수 있다는 것이다. 다만 지나치게 밀착된 경험은, 또 다른 상실과 박탈경험으로 종결이 작용될 수 있으므로 단기치료에서는 배제되어야한다는 것도 반드시 기억해야 한다.

그러한 맥락에서 앞의 박탈경험이 있는 대상에게 제공할 필요가 있는 비구조성은 밀착된 대상경험의 제공이 아니라는 것과 치료사의 융통성 있는 대처의 중요성을 강조하고 있다는 것 또한 이해했을 것이다. 이와 관련한 다른 문제는 이미 준비한 것의 계획된 과정에서 벗어나는 것 자체를 힘들어하는 치료사는 보이지 않는 치료효과와 과정을 견뎌내기 힘들어하므로 협조하지 않는 청소년을 공격하거나 치료사스스로가 딜레마에 빠져들 수 있다.

앞에서도 이미 이야기했듯이 치료계획은 청소년과 함께 계획되었을 때만이 해답을 찾을 수 있다는 것에 대해 우리는 반복 숙지하고 기억해야할 것이다.

◆ 치료관계에서 간과된 메시지는 없었는가?

미술작품에 담긴 메시지는 청소년이 말하고 있는 부분에 초점을 두고 이야기되어야하며 너무 빠른 해석은 유의해야한다고 나는 늘 강조해왔다. 그러나 치료 상황에서 청소년들은 종종 자신의 그림이 공개되는 것을 거부하는 한편, 치료사가 자신의 표현을 알아듣기 원하며 그 뜻을 이해해주기를 기대한다. 적절한 시기에 조심스러운 해석이 이뤄지게 되면 청소년의 마음은 열리게 되지만 간과되었을 때 그들은 마음의 문을 닫게 된다.

치료작업 결과물에 대한 청소년의 이중적 욕구

청소년이 표현한 미술작품의 형태와 색채 그리고 언어화는 종종 매우 중요한 메시지를 전해주지만 때로는 순수한 느낌과 의미가 존재하지 않을 수도 있다. 작품이 전해주고 있는 특별한 가치는 그들이 치료사인 성인으로부터 그리고 치료사의 언어에 내포된 추측과 왜곡을 피할 수 있는 보호막으로 사용하기에 충분하기 때문이다.

보호막으로서의 작품

작품 뒤에 숨어드는 그의 메시지에 대해 우리는, 청소년자신의 시각적인 느낌에 초점을 두면서 그들 개인이 외부세계를 바라보는 방향은 어떠한지, 누가 이야기 속에 포함되고 상호작용에 동반되는지, 이야기 속에서 그들 자신의 움직임은 어떠한 역할로 작용하는지에 대해 관심을 가진다.

반면에 우리는 그들의 어떠한 것도 판단하거나 비난하지 않으면서 청소년이 보여주는 그대로를 허용하고 공감적 자세로 함께하고자 한다. 그러할 때 청소년은 위장을 내려놓고 작품에 몰두할 수 있게 되기 때문이다.

◆ 적절한 매체가 사용되었는가?

안전성과 만족감을 주는 재료

청소년의 치료과정에서 우리가 염두에 두어야하는 또 다른 요소는 무엇보다 안전성이다. 값비싸고 귀한 재료나 수시로 변화를 주는 것 보다는 기본적인 동일매체를 기준으로 일반적인 재료를 제공하여 완성된 작품에서 느끼는 만족감이 더 중요하다. 다양한 찰흙은 움직임과 재구성이 가능하고 다양한 감정의 흐름을 반영해주기 때문에 가장 흔히 사용하는 매체이다.

청소년의 발달 단계별 선호매체

발달단계로 보면 청소년초기에는 평면그림보다는 삼차원적인 매체를 선호하므로 색 판지, 나무토막, 철사 등의 재료가 더 적절하다. 중기청소년기는 독립에 대한 욕구가 강하므로 매사에 저항적일 수 있으며, 무엇이든 아는 체하지만 경험이 불충분하므로 그들의 약점을 보호하면서 감정을 쏟아낼 수 있는 매체와 작업이 적절하다. 후기청소년의 경우는 판단능력이 있으며 사회적 정치적 문제까지 변화시키고자하는 욕구가 강하므로 작품과정에서도 시각적으로 표현된 작품 속에서 문제해결방식을 찾는 것이 가능해진다. 그러므로 치료사는 청소년이 스스로 할 수 있도록 기다려주는 자세를 유지하면서, 매체는 사진콜라주와 같은 현실인식과 새로운 미래를 준비할 수 있는 주제와 방법을 제공할 필요가 있다.

청소년들은 자신의 성역할을 통해 정체성을 찾으려하며 존중받고자한다. 예를 들어 여아들은 여성모델을 동일시하여 비교하면서 남성으로부터 존중받기를 원하고 어머니와의 관련성을 유지하면서 개별화하는 반면에, 남아는 아버지상과 동일시하고 여성성을 거부하면서 어머니로부터 분리하는 과정을 거친다. 그 과정에서 청소년은 성역할의 혼란을 느낄 수 있다.

다양한 성역할 주제로 적절한 사진콜라주

그러한 청소년에게 미술치료는 이미지화를 통해 다양한 상상력의 표현을 가능하게 한다. 이때 그림은 다양한 역할주제를 모두 나타내기가 쉽지 않으므로 사진매체를 사용한 콜라주기법이 적절하게 사용될 수 있다. 사진 속의 인물이 느끼고, 말하고, 기대하는 것 등을 기록하고 이야기한다는 것은 부담감 없이 대상을 통한 자신의 사고를 확장시킬 수 있게 한다. 만약에 청소년이 그림 속의 인물이 말하는 것조차 거부한다면 그것 자체를 중요한 메시지로 이해하고 그의 참여를 기다려야 한다.

청소년 집단접근의 방법

집단은 청소년에게 불만족한 외부환경에서의 경험과 영향을 또래집단으로 대체하고자하는 욕구를 반영하기 때문에 종종 선호된다.

이 발달시기의 아이들은 부모의 간섭을 벗어나기 원하고 자신의 비밀을 만들며 그것을 부모와 나누는 대신에 친구와 나누고 위로받기 원한다. 반면에 부모는 자녀가 또래집단에서 좋지 못한 영향을 받을 것에 대한 두려움을 갖고, 특히 행동문제를 가진 자신의 자녀가 집단에서 노출되는 것을 두려워한다. 그러나 부모의 두려움과는 다르게, 집단은 오히려 청소년에게 자신의 행동에 대한 대안을 찾게 하고, 그들 자신의 무한한 에너지와 욕구를 인정받고 보다 긍정적인 자기를 확인할 수 있는 기회를 만나게 한다. 특히 미술치료집단(집단미술치료방법론 I;이론과 기법, II;임상적 실제, 2016, 개정판 참조)에서 청소년은 자신이 말하고 싶은 것을 통제된 작품 안에서 안전하게 시각적 언어로 표현하게 된다.

청소년 집단 미술치료의 장점

미술매체의 은유적 상징을 이용한 표현들은 어른들이 끼어들어 함부로 해석할 수 없을 것이라는 믿음을 갖게 하므로, 자기도취적으로 마음껏 창조력을 발산할 수 있게 하고 편안한 마음으로 즐거움을 누릴 수 있게 된다. 또한 치료사는 권위적이지 않고 양육적인 태도로 청소년이 마음껏 표현할 기회를 제공하므로, 그들은 주변에 신경 쓸 필요 없이 가족으로부터의 분리와 유대감을 동시에 누리면서 또래집단에 의지하고 지지받고 권유받으면서 정체감을 확립해가게 된다.

청소년 집단에서 고려해야 할 치료사 역할

- 이 청소년에게 특별히 집단을 제공하려는 이유가 분명한가?
- 비밀보장성의 규칙을 반복적으로 설명하고 있는가?
- 너무 빠른 기대를 하고 있지는 않은가?
- 주제는 청소년기의 특정관심사에 초점을 맞추어 선택했는가?
- 작업 후 토의방법은 어디에 초점을 두었는가?
- 해석은 적절한가?
- 각 회기는 일상으로 돌아가기 위해 준비가 된 상태에서 종료 되었는가?

청소년 집단의 어려움과 치료사의 자세

집단이 가진 장점에도 불구하고 어떤 상황에서는 청소년의 집단경험을 제공하는 데에는 어려움이 따를 수 있다.

예를 들면, 폭력집단에 가입되었거나 또 다른 행동문제와 관련되어있다면 청소년들이 집단에서 자기문제를 개방하기란 쉬운 일이 아니다. 집단에서 나눈 이야기가 부모에게나 주변에 알려질 수도 있을 거라는 불안을 갖게 하므로, 집단에서 자기에 대한 개방을 거부하거나 자기도 모르게 표현한 것들에 대해 불안해하기도 한다. 뿐만 아니라 치료사를 가르치려고 한다든지 시험해보려는 태도 또한 집단에서 두드러지므로 청소년을 만나는 것을 두려워하는 치료사들도 있다.

이러한 여러 가지 어려움들은 청소년기의 특성상 투사와 함입의 불안정한 심리상태와 관련이 있으며 불안에 대한 저항의 수단으로 선택되어지므로, 집단초기에 청소년이 자신을 드러낼 거라는 기대를 갖고 깊은 문제를 다루게 되면 마음을 닫아버릴 가능성이 높다. 그러므로 치료사는 청소년의 비난과 투사마저도 비난하지 않고 수용하는 자세로 받아들이고 그들이 치료사와 미술작업에 대해 신뢰와 확신을 가질 때 까지 기다리는 태도가 필요하다.

집단에서 다루어져야 하는 일반적인 문제

- 외적인 요소들
- 보조치료사 문제
- 구성원들 간의 감정
- 집단 내 감정
- 미숙한 치료사
- 결석하는 구성원
- 구성원의 집단이탈문제
- 독점하거나 침묵하는 구성원
- 지나치게 합리적이거나 감정적인 구성원

청소년과의 미술작업은 구체화되지 않은 방법으로 시작하여 좋아하는 것 또는 기대하는 것으로 바꿔갈 수 있는 방법은 혼란기의 청소년에게 불확실성에서 길을 발견하는 것으로 연결해준다. 그러한 미술이 가진 장점과 청소년집단이 갖는 독특성이 이들에게 도움 되기 위해서는 집단에서 일어날 수 있는 문제들이 사전에 예측되고 다루어져야 한다.

청소년 집단에서 지켜져야 할 기본사항

집단에서 지켜져야 할 가장 기본사항은 신뢰감이며 비밀보장으로서 첫 회기부터 이에 대한 집단에서의 규칙이 설명되어야한다. 즉 특정집단의 구성원들에 대해서는 집단외의 사교적인 만남을 제한할 필요가 있으며, 기본적인 사항은 출석과 시간엄수 및 규칙에 대한 설명과 함께 그것에 대해 청소년 스스로가 지켜야할 조건을 결정하도록 지지해야 한다. 그럼으로써 보다 의미 있는 책임감과 신뢰관계를 유지할 수 있게 된다.

집단의 인원은 충분한 나눔을 위해 최대 6~8명 이내로 구성하는 것이 적절하다. 연령은 청소년 초기, 중기, 후기로 나누어 구성할 수 있으나 염두에 두어야할 것은 나이보다는 심리상태, 사회적 행동, 성역할 등 성숙도가 비슷한 대상으로 구분하는 것이 문제를 공유하는데 도움 된다(집단에서 일어날 수 있는 문제들은 "집단미술치료 방법론 Ⅰ"을 참조하기 바람).

집단응집력을 파악할 수 있는 기준

- 출석률
- 치료실에서의 편안한 자세
- 구성원간의 상호작용
- 미술매체와 도구에 대한 관심
- 치료사가 있는 상황에서도 적극적인 대화
- 집단과정에 적절한 참여

청소년치료에서 집단경험은 개인치료에서보다 더 적절하게 문제의 보편성을 경험하게 하므로 불안에 대한 염려를 줄여주고, 참여욕구를 조성해줄 뿐 아니라, 가족관계 및 주요체계와의 경험을 재 경험하게 하는 장점이 있어서 더 많이 선호된다.

보다 효과적인 집단과정을 유지하기 위해서는, 위에서 제시한 집단에서 있을 수 있는 문제들에 대해 사전에 이해하고 과정에서 등장하는 문제에 치료사의 적절한 역할을 제공할 수 있어야하는 반면에, 집단응집성에 관심을 가지고 필요요소를 제공해야 한다.

청소년 가족접근의 방법

청소년이 가진 적응문제에 대한 유발요인은 대개 생물학적 요인, 가족요인, 학교요인을 생각해볼 수 있다.

청소년기에 미치는 가족의 영향

인간은 세상의 모든 내·외적 체계영역에서 영향을 받게 되지만 그중에서도 특히 가족은 청소년에게 가장 크게 영향을 미치는 체계이다. 가족은 청소년이 가장 최초에 만나는 대상이며 인간의 초기 인격형성의 중심이기 때문이다. 나는 수년간 아동청소년을 만나오면서 치료에서 가족을 제외하고는 온전한 치료를 기대할 수 없다는 확신이 시간이 지나면서 더욱 확고해짐을 느낀다. 그러기에 가족은 보충적 차원이 아니라 전체로서의 가족개념이라는 차원에서 치료의 중심요소로 수용하고 지금도 치료에 임하고 있다.

가족은 청소년이 성인기로의 이행을 촉진하는 유일한 환경

청소년기는 부모로부터 독립해야하는 시기가 아니라 오히려 안정된 애착관계를 가지면서 초기애착관계의 회복을 경험해야하며 부족한 부분에서는 연속적으로 도움이 필요한 시기이다. 즉 이전에는 부모에게 소속되어있던 청소년의 정신세계가 이제는 자기가 자신의 주인이 되고자하는 시기로서 그 과정에서 부모의 도움이 필요하기 때문이다. 다시 말해서 자기가 중심이 되어야 하는 청소년기 아이들에게 애착관계는 부모대상과 가족이라는 안전하고 안정된 환경이 없이는 불가능하기 때문이다.

인생의 두 번째 탄생의 기회를 맞는 청소년기에 가족이라는 울타리는 청소년이 성인기로 이행하는 과정을 촉진시켜주는 유일한 떼어놓을 수 없는 환경이다. 가족에 대한 구체적인 이해와 도움내용은 사례집을 별도로 출간할 계획이므로 그때 보완하기로 하고, 여기에서는 청소년임상에서 가족개입을 어떻게 할 것인가에 대한 기본적인 이해를 돕는데 초점을 두었다(집단미술치료방법론, 2016 개정판, 제8장 참조).

청소년임상에서 가족에 대한 일차적인 개입은, 모든 치료에서와 마찬가지로 의료모델에서와 같은 진단을 중요시하지는 않지만 치료계획을 세우기 위한 과정에서 평가적 의미로 필요하다. 이 과정에서 염두에 두어야할 것은 가족의 문제점을 직면시켜 교육하려하거나 비난하는 것은 절대금물

이며 최대한 인정과 존중의 자세로서 협조자로 요청하는 태도가 필요하다. 가족 한사람에 초점을 두거나 가족전체문제로 판단하거나 무시해서도 안 되며 편을 나누는 태도 또한 해서는 안 된다는 점을 기억해야 한다.

그러한 치료사의 개입태도는 가족으로부터 문제가족이라는 낙인으로 받아들이지 않고 협력자로서 자연스러운 각자의 치유경험을 가능케 할 것이다. 다음은 가족평가(집단미술치료 방법론 Ⅱ참조)시 유의해야할 사항들이다.

가족평가에서 유의할 사항

- 가족항상성을 위해 가족 내 희생양이 존재하는가? 그는 누구인가?
- 누가 누구와 삼각관계를 형성하고 있는가?
- 가족 내에 지나치게 경직된 규칙이 있는가?
- 가족만이 가지고 있는 비합리적인 의식이 있는가?
- 가족 내에 문제를 해결하고자하는 의식이 있는가?
- 가족경계선이 명확한가?
- 가족역할을 대신하고 있는 사람이 있는가? 그는 누구인가?

◆ 가족항상성문제를 어떻게 이해하고 중재해야 하는가?

모든 체계들은 일정한 상태나 바람직한 균형을 유지하려고 노력하는 경향이 있으며 잘 기능해야한다고 생각하는 그 가족만의 목표가 있다.

가족관계와 가족 항상성

바람직한 목표를 가진 가족은 서로의 성장을 향하게 하는 상호관계를 맺으면서 균형을 유지하고 적절하고 융통성 있는 경계를 가지면서 서로를 존중하고 지지해준다. 그러나 어떤 가족은 이러한 융통성 있는 관계를 갖지 못하고 기존의 관계유형을 유지하기 위해 가족 중 한 구성원에게 해가되는 역할을 하게하기도 한다. 문제를 보이는 구성원이 생겨야 현재 일어나고 있는 가족의 문제가 중단되고 가족체계에 원치 않는 변화를 막을 수 있기 때문이다.

예를 들어, 부모가 서로 갈등을 일으키게 되면 자녀가 문제행동을 일으키거나 정신적 또는 신체증상을 나타내어 가족의 관심을 자기에게 집중하게 한다. 그렇게 되면 자녀를 치료하는 동안은 부모가 치료에 전념하게 되어 가족이 조화를 이루는 것처럼 긍정적인 상호작용이 자연적으로 발생하게 된다. 이렇듯 자녀들은 부모의 스트레스를 감소시키기 위해 행동화의 방법으로 자기를 희생양으로 만드는 상호교류를 반복하게 되는데, 이러한 현상은 청소년의 치료 상황에서 흔히 접할 수 있는 문제들이다.

가족항상성 문제의 치료목표

이처럼 가족항상성문제는 가족관계를 유지하기 위해 증상을 가진 누군가를 필요로 할 때 나타나는 현상이다. 그러므로 치료사는 가족중 희생양의 역할을 하는 대상과 문제의 관련성을 찾고 무엇이 그 역할을 떠맡게 만드는지에 대한 가족이해를 도와, 부적절한 대처행동을 수정하거나 감소시켜서 긍정적인 정서의 균형을 이루도록 하는데 목표를 설정할 필요가 있다.

◆ 삼각관계가 가족관계에게 미치는 영향은 무엇인가?

가장 보편적인 삼각관계는 부모와 자녀사이에 일어나는 삼자관계 패턴을 들 수 있다. 서로 대립하고 있는 부부는 자녀에게 각기 자신의 편이 되기를 요구한다. 이때 자녀는 부모 중 어느 편에 있든지 간에 결국은 다른 한 부모로부터 공격받게 된다고 생각하게 된다. 그러므로 자녀는 부모 중 어느 쪽도 선택할 수 없게 되어 중립의 갈등과 경직성을 나타내기도 하고 다른 한쪽부모에 밀착되어 불안을 완화시키기도 하는데, 이러한 관계는 그 어느 것도 문제해결책이 되지 못한다.

이처럼 삼각관계의 개념은 세 사람의 인간관계를 설명하는데 사용되고 있지만 둘 이상의 자녀가 하나가 되어 부모의 2인 체계와 삼각관계를 이루기도 한다. 삼각관계유형의 가족관계는 가족이 자신들의 관계유형을 부정하거나 또는 정형화하여 병리적인 상황으로 치우치게 되고, 이는 청소년문제를 초래하게 하는 요인이 되기도 한다.

가족 내의 삼각관계문제는 반드시 대상이 개입되는 것만은 아니다. 많은 경우가 갈등하고 있는 관계의 대안책으로 선택되기 때문에 삼각관계가 항상 가족병리의 지표가 되는 것은 아니며, 때로는 긴장감을 주는 어떤 에너지의 방향을 긍정적인 외부활동으로 변화시켜 보다 더 정상적이고 자유롭게 표현되면서 가족기능을 유지하기도 한다. 청소년의 치료 상황에서는 치료사가 이러한 삼각관계를 의도적으로 만들어 치료적으로 사용하는 경우도 있을 수 있다.

미술작업에서의 삼각관계 형태

미술작업과정에서 관찰될 수 있는 삼각관계의 형태는 보다 표면화될 수 있다. 예를 들면 가족이 공동 작업을 할 때 두 사람이 한 쌍이 되어 그림을 그리기 시작하는 것으로 나타나며 이 두 사람이 대부분 공간을 차지하고 있거나 다른 한 사람이 무시되거나 배척되어지는 것으로 나타난다. 이것은 미술작업과정에서 두 사람이 자신들의 불만을 제 삼자인 다른 가족구성원에게 쏟을 때 표출되는 것으로서 치료사는 이를 통해 가족 삼각관계를 예측할 수 있다.

◆ **가족규칙에서 무엇을 확인할 수 있는가?**

일정한 가족기능의 반복을 통해서 만들어진 규범이나 가치로서 가족 내에는 다양한 규칙들이 존재할 수 있다.

역기능적 가족

역기능적인 가족일수록 가족이 지켜야하는 규칙이 한정되어있으며 제한된 규칙에 의해 가족역할이 주어진다. 예를 들면 "아버지가 외출중이면 식사시간에 반드시 전화로 식사인사를 해야 한다거나, 9시 이전에 귀가하지 않으면 집에 들어올 수 없다"는 등의 규칙이 가족 내 불문율로 내재해 있다. 따라서 이러한 가정은 "아버지의 말씀에 다른 의견을 제시하면 집안이 시끄러워지니 그냥 따르자"는 암암리에 터득되어진 행동들이 가족

간의 행동을 유형화시키는 틀이 된다.

이러한 가정의 청소년을 치료할 때 부딪히는 어려움은, 치료사가 가족원자신들의 가족에 대해 언급할 때 다양한 방법으로 규칙을 강화하여 치료를 방해하려는 가족들의 노력이 자연발생적으로 나타나는 경우이다. 예를 들면, 면담과정에서 가족 중 누군가가 관련이 없는 어떤 이야기로 끼어들기를 하거나 부모상담 중에 자녀가 방해되는 어떤 행동을 한다거나 하여 치료사의 관심을 다른 곳으로 유도하는 것이다.

이러한 행동패턴을 통해 우리는 가족 내 비밀을 유지하려는 가족의 노력을 추론해볼 수 있다. 우리가 청소년 치료에서 자칫 간과될 수 있는 가족규칙을 평가하고 치료에 활용한다면 현재 문제의 요인을 더욱 빠르게 이해하고 치료적으로 접근할 수 있을 것이다.

◆ 가족신화의 의미와 기능은 무엇인가?

가족신화는 가족규칙과 유사한 기능을 가지지만 보다 더 무의식적인 기능으로서, 가족구성원들에게 받아들여지고 지지되고 있는 가족의 정신적인 기제이자 특정한 스테레오타입화된 관계방식이다. 이러한 관계방식을 가진 가족은 그들만이 갖는 독특한 테마와 규칙이 공유되는 비현실적이고 비합리적인 현실로 가족관계가 구성된다.

가족신화와 가족항상성

가족신화는 가족구성원 개인들에게 불합리하게 작용하는 것이 분명함에도 가족은 자신들에게 없어서는 안 될 정서적으로 필요한 부분으로 여기고 있다는 점이 중요하다. 가족신화는 가족의 행동이나 관계를 나타내주기도하고 가족항상성을 유지시키기도 하며 긴장감을 유발시키면서 가족 내에서 습관적으로 기능하며 긍정적인 관계를 폐쇄시키기도 한다.

그러므로 청소년치료의 가족개입에서 가족신화에 대한 평가는, 청소년이 초래하게 된 문제의 요인과 가족의 행동들이 어떠한 결과를 위해 나타내는 것인지를 파악할 수 있게 해 줄 뿐만 아니라 치료를 유지할 수 있게

도 해 준다. 이게 안 되면 치료 상황에서 가족의 저항을 왜곡시켜 치료를 중단하게 만들 수 있는 오류를 범할 수 있게 된다. 가족은 자신들만의 신화를 유지하고 싶은 욕구가 존중될 때 치료에 협조하게 되며, 시간이 지나면서 자연스럽게 가족신화 없이도 자신들이 가족으로서 기능할 수 있음을 알아차리게 된다는 사실에 대해 우리는 기억해야 할 것이다.

◆ 가족경계선의 개념은 무엇이며 경계수준은 무엇을 알려주는가?

가족경계선의 개념은 가족 간의 상호관여정도를 측정하는데 도움이 된다. 치료 상황에 노출된 청소년의 대부분이 가족경계의 부조화에 노출되어있다는 사실은 대부분의 임상가들이 공감하는 부분일 것이다. 미누친(Minuchin, 1974)은 가족의 기능을 평가하기 위해 가족하위체계의 상호관계 속성을 설명하는데 명확한 경계선, 경직된 경계선, 모호한 경계선으로 구분하여 개념을 발전시켰다.

명확한 가족경계

명확한 경계선(clear boundary)은 하위체계들 사이에서 가장 이상적인 경계로서 가족경계가 분명하여 안정되면서 융통성 있는 관계를 의미한다. 이러한 가족은 서로 지지하고 양육적으로 서로에게 잘 적응되어있어서 안정적으로 상호간에 자율성을 존중하는 가족관계를 유지하고 있다. 그러므로 체계 간에 적절하게 분리되어있고 독립적이면서도 전체가족체계 내에 소속되어있다는 특성이 강조된다.

모호한 가족경계

반면에 모호한 경계선(diffused boundary)은 지나치게 서로가 밀착되어 있어서 미분화되고 침투가 쉽고 유동적이다. 이러한 가족들은 서로의 역할에 구분이 없고 거리감도 없고 지나친 소속감 때문에 자율성을 방해받으며 문제 상황에서 자발적인 해결이 어렵게 될 뿐 아니라, 한 개인의 긴장이 극도로 빨리 전파되어 혼란스럽고 필요이상으로 관여하게 된다. 이때 부모는 지나치게 헌신적이므로 자녀들은 매우 의존적이고 자신감이 없어 독립적인 자기생활이 어렵게 된다.

경직된 가족경계

경직된 경계선(rigid boundary)은 가족경계가 지나치게 분리되어있고 분명해서 가족 간에 거리가 있고 서로 소외감을 느끼며 사회적으로도 고립되어 있다. 가족구성원들이 스스로의 개인적인 기능은 하지만 소속감이 부족하고 지나치게 독립적이고 긴장되어있기 때문에 필요할 때 서로 원조를 구하거나 돕지 못하고 각자에 대한 다양성 또한 인정하지 못하므로 개별화가 어렵다.

청소년치료에서 가족의 경계수준에 대한 평가는 문제가 단순히 청소년 개인의 병리라기보다는 가족 내에서 사용하고 있는 가족구조상의 문제라는 양 측면을 볼 수 있게 한다. 구조주의적 접근의 청소년가족개입에서는 평가를 위한 면담을 별도로 하기 보다는 평가는 가설로서 설정하게 되며 그 가설에 의해 치료목표가 설정되면 개입을 시작하게 된다. 이때 다시 문제와 관련된 정보 수집을 재구조화하고 재편성하는 반복과정을 거치면서 가족이 호소하는 증상에 초점을 두고 끊임없이 가족구조의 변화를 시도하게 된다.

구조주의적 접근

◆ 가계도작성에서 필요한 기본적인 도식과 기호는 무엇인가?

보웬(Bowen)의 가족구조 탐색

보웬의 접근은 현재 청소년을 괴롭히고 있는 과거의 기원을 가진 유형을 찾아내어 어려움에서 벗어나게 하는 것을 목표로 하므로 청소년임상에서 보웬의 가게도 활용은 매우 유익하다. 가계도는 3세대 이상의 가족력을 도식화하여 가족관계 유형을 한눈에 볼 수 있게 해주므로 임상상황에서 흔히 활용되고 있다.

보웬의 접근방법은 치료 상황에서 가계도작성을 반복적으로 확장시켜가는 과정을 거치면서 가족구조를 탐색해가는 과정을 안내하지만 여기에서는 구체적인 접근방법을 안내하기보다는 가계도작성에 필요한 도식기법을 제시하는데 한정하였다.

가계도 작성 도식기호

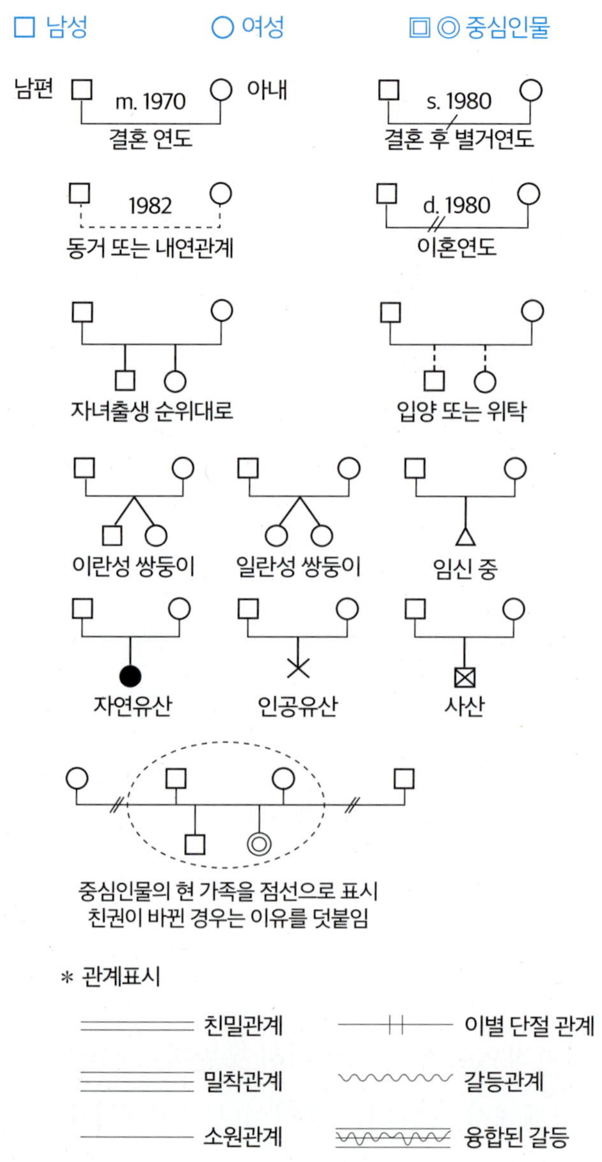

◆ 가족개입에서 질문의 범위는 어디까지인가?

문제의 배경을 중심으로 동거가족에서부터 시작하여 확대가족과 주변의 주요체계로 확장해 간다. 특징적인 가족사건을 연대기까지 질문하며 대답하기 쉬운 것에서부터 불안하거나 대답하기 힘들어할 수 있는 것까지

가족관계와 역할 및 반응평가

지지적인 태도로 질문한다. 다음은 문제에 대한 동거가족의 반응평가를 위한 질문내용이다.

- 최근에 가족의 변화나 특정사건이 있는가? 있다면 그것은 무엇인가?
- 가족생활에 가장 중요한 사람은 누구이며, 그의 역할은 무엇인가?
- 핵가족과 동거가족의 객관적인 정보(출생, 결혼, 이혼, 사망, 출생순위, 학력, 직업, 현주소 등)는 무엇인가?
- 출생 또는 상실문제와 관련하여 가족의 반응정도는 어떠한가?
- 가족 내 갈등관계 및 친밀관계는 어떠한가?
- 가족 내에서 누가 양육적 역할을 하는가?
- 문제아 취급을 받는 가족원이 있는가? 있다면 그는 누구인가?
- 성공자, 실패자, 복종자, 지배자 등의 역할을 하는 가족원은 누구인가?

가족개입에서 필요한 질문범위와 관련하여 더욱 구체적인 내용은 부록에 제시된 면담기록지의 내용을 참조하기 바란다.

청소년 위기상황에서의 접근 방법

위기개입이란 일반적으로 삶의 과정에서 우발적으로 발생하거나 개인이나 가족의 발달단계에서 유발되는 혼란이나 불균형상태로서, 고통을 겪고 있는 개인 또는 가족에게 적용하는 개입을 의미한다.

청소년 위기 개입 유형

임상에서 흔히 다루게 되는 청소년의 위기개입은 자살, 가출, 학대, 급성 정신문제, 약물문제 등 긴박한 상황에 노출되었을 때 이뤄지게 된다(집단미술치료방법론II, 2016 개정판, 2장-6장 참조; 위기의 아동청소년을 위한 학교미술치료지침서, 2014년 2판 참조). 이 과정은 청소년이 위기를 극복하고 문제가 발생하기 이전의 적응수준으로 기능회복을 할 수 있도록 돕게 되는데 필요한 경우 입원을 통한 위기개입을 하게 된다.

위기개입 목표

위기개입의 목표는 청소년의 근심, 공포감, 심리적 또는 신체적 증상의 위기로부터 벗어나게 하는데 있으며, 신속하게 "지금-여기"의 청소년행동에 초점을 두고 최소한의 가능한 제한목표를 설정하여 희망과 기대를 갖게 하는 것이다.

청소년 위기개입에서 치료사의 역할

치료사는 청소년이 생각하는 문제가 무엇인지, 청소년이 가지고 있는 문제의 촉진적 요인이 무엇인지, 위기문제의 배경이 되는 요인들이 있는지, 현재 보이고 있는 행동, 감정, 심리적 및 신체적 증상, 인지기능, 관계수준 등의 평가를 통해 문제를 파악하고 구체적인 방법을 모색해야 한다. 위기상황에 노출된 청소년들은 많은 경우 부정적인 자기상을 가지고 있기 마련이다. 그러므로 치료사는 청소년스스로가 위기로부터 벗어나기 위해 나름의 극복방법으로 선택했을 수 있는 그의 문제가 자기상에 미치는 영향을 고려한다.

그러한 과정에서 치료사가 염두에 두어야할 것은, 청소년을 적극적으로 참여시켜 지지적이고 신속하게 관계를 맺되 의존을 불러일으켜서는 안되며 스스로 할 수 있도록 자극함으로써 자립성을 촉진시켜야한다. 이 과정들은 실망감을 주지 않으며 성공 지향적이고 보상적이어야 한다.

위기개입으로서 미술치료의 효과

미술치료는 청소년이 경험하게 되는 다양한 차원의 위기경험의 평가와 치료적 경험을 제공하며 만성적인 이차적 징후를 일으킬 수 있는 것까지를 예방하여 도울 수 있게 한다. 그러나 모든 미술치료접근방법이 그러한 긍정적인 효과를 일으키는 것은 아니며, 간혹 선택된 위기개입이 현재 청소년이 경험하고 있는 스트레스에 부가적인 스트레스를 주는 부작용 또한 유발시킬 수 있다는 점을 기억하고, 보다 전문적인 개입이 요구될 수 있다는 점에 대해서도 유의해야한다.

아래에서는 위기개입방법으로서 치료사의 평가 및 기술적인 부분을 제시하였으므로 미술치료 위기개입에 적용할 수 있기를 바라며, 위기개입에 관심 있는 치료사는 별도로 위기개입훈련을 받아야한다는 점 또한 강조한다. 아래의 내용은 일반적인 위기개입기술에서 적용되는 필요요소이므로 참조하기 바란다.

위기개입 기술의 필요 요소

- 신뢰관계 형성
- 위기평가

  잠정적인 문제가 있는가?

  문제의 변수는 무엇인가?

  문제가 발생하게 된 원인이 있는가?

  청소년의 강점과 약점 및 이전의 대처기술은 무엇인가?
- 목표설정
- 지지적, 지시적, 탐색-서술-환기적 기술

청소년의 많은 경우가 학교교사나 부모에 의해 최근에 행동이 갑자기 달라졌다거나 응급처치가 필요하다는 평가에 의해 의뢰되는 경우가 보편적이다. 이때 들 수 있는 응급상태의 예로는 심각한 우울, 폭력행동, 공황상태, 조증상태, 식욕문제, 분열성사고, 불면증, 신체증상 등을 나타낸다. 다음에서는 이러한 증상을 가지고 청소년이 치료실을 찾게 되었을 경우 위기중재에서 치료사가 고려해보아야 할 사항에 대해 제시하고 있다.

위기 중재에서 고려되어야 할 사항

- 드러난 문제가 발달단계와 관련된 일시적인 변화인지, 만성적인 문제인지 확인한다.
- 청소년을 직접 만나기 전에 심리적, 신체적, 법적문제 등 가능한 정보를 수집한다.

- 물리적인 치료실환경의 안전도를 확인한다.
- 난폭행동의 위험도를 평가하고, 폭력은 묵인되지 않는다는 점에 대해 청소년에게 전달한다.
- 무리하게 입원결정을 하지 않는다.
- 가족면담이 필요한 경우 청소년과 먼저 면담을 한 후에 하는 것을 원칙으로 하고 양해를 구하며, 시간은 5분-10분 이내로 짧게 하되 가능한 다른 날로 가족면담 시간을 약속한다.
- 부모면담 시 청소년을 혼자두지 않고 소일거리를 제공한다.
- 청소년과의 사적공간을 존중하고 유지한다.
- 일방적으로 청소년을 끌어내지 않는다.
- 함부로 평가하고 비난하지 않는다.
- 최대한 비 위협적인 태도로 현실검증을 돕고 안심시킨다.
- 치료사는 필요할 때 언제든지 청소년 뿐 아니라 가족과 접촉할 준비와 자세를 가져야 한다.

위기중재에서 고려해야하는 이러한 사항 외에 개입과정에서 치료사가 염두에 두고 확인하고 반응해야하는 요소들이 있다. 예를 들면 다음과 같다.

치료사의 반응과 자세

- 청소년이 말하고 있는 내용이 정확한지 확인한다.
- 청소년자신이 말하고 있는 내용과 감정을 알아차릴 수 있도록 적절한 시기에 개입한다.
- 자유롭게 표현하도록 격려한다.
- 말하고 있는 내용의 주제가 무엇인지 확인한다.
- 청소년이 말한 내용을 요약하고 필요시 반복함으로써 구조화해 준다.

- 암시하거나 애매하고 긴 문장으로 질문하지 않는다.
- 침묵을 깨지 않도록 유의한다.
- 청소년의 표현이 제한적이어도 무시하지 않는다.
- 감정 없이 기계적이고 의식적인 말을 하지 않도록 유의한다.

위기상황에 있는 대상이 보이는 어려움과 특정반응에 대한 치료사의 반응정도는 위기유형과 위기수준에 따라 다르지만, 기본적으로는 인지, 정서, 행동반응을 포함한다는 사실을 기억해야 한다. 아래의 위기개입연습은 청소년과 청소년자녀의 위기상황에 당면한 어머니개입에서 치료사가 어떻게 대처하고 반응하는지에 대한 연습을 돕기 위해 제공된다.

어머니(부모)개입 연습하기

심각한 무력감과 두통을 호소하며 정신과치료가 필요하다고 진단받은 중2학년 남학생자녀를 둔 어머니의 사례이다. 초기면담에서 확인된 것은, 어머니가 사회운동가로서의 역할은 인정받고 있지만 밖으로만 돌고 집안일은 신경 쓰지 않는다고 생각하는 아내에 대한 아버지의 갈등이 겹쳐있고, 어머니는 아들에게 내려진 진단을 받아들이기 힘든 상황이다. 아들의 치료유지를 위해 어머니개입이 시작되었지만 지나치게 불안정하고 위험스러워 보이는 어머니의 정서가 더욱 시급한 문제로 평가되어 어머니 위기개입에 초점의 방향이 전환된 사례이다.

1) 알아차리기: 초기 3단계까지의 개입과정에 특히 도움 된다.

위기에 적절하게 반응하지 못하고 회피, 부인, 억압하고 있는 감정과 생각

및 행동을 의식적으로 인식하도록 돕는 것이 초점이 된다.

참고: 알아차리기 전략이 특히 도움 되는 대상의 유형은 충격에 무감각하거나, 로봇처럼 단순히 움직이고, 개입효과가 적은사람, 아무 일 없었던 것처럼 위기로부터 분리되어 있거나, 정서반응이 없는 사람이며, 정서반응이 없는 극단적인 경우는 기억상실 상태로 들어가 전혀 다른 새로운 정체성을 만들기도 한다. 2009년에 방송된 드라마 '밥줘'에서 주인공 남자의 연인으로 등장한 여성이 한 예가 될 수 있다.

어머니 (안절부절 극도의 불안을 보이면서) 이곳이 왜 이리 어둡지요? 어둡고 답답해서 견딜 수가 없어요(다른 방으로 장소를 바꾸었지만 여전히 어둡고 싫다며 흥분하고 화난 태도). 이대로 무너지고 싶지 않아요. 있을 수 없는 일이에요. 내 아이가 정신과치료를 받아야한대요. 영화에서나 있을법한 일이 우리 가정에 정말 일어난 건지 믿을 수가 없어요. 난 어떻게 해야 할지 모르겠어요….

치료사 지금 어머니는 자신이 현재 상황을 어떻게 느끼고 있는지 모르겠다는 것으로 들리는군요. 많이 두렵고…

어머니 난 느낌 같은 거 없어요. 그래요. 어쩌면 이 사실이 두려울지 모르지요. 누군들 이 상황을 편안하게 받아들일 수 있겠어요? 왜 하필이면 지금 중요한 이 시점에서 이런 일들이 생기는지 모르겠어요. 해야 할 일도 많은데 남편이 도와줄 것도 아니고 내 일을 그만두라 할 텐데….

치료사 지금 어머니는 화가 난 것 같군요. 무엇이 화나게 하는지 말해 주실 수 있나요?

어머니 (당황스러운 듯) 내가 화를 내고 있다고요? 난 화나지 않았어요.

치료사 네… 잠시 멈추어 그 부분에 대해 생각해 보기로 해요. 아들이 정신과 진단을 받기 전에는 어머니의 삶이 순탄했던 것으로 생각됩니다.

어머니 그래요. 아들문제가 있기 전에는 그랬지요. 아이가 갑자기 모든 것을 중단해버리니… 그 애에게만 매달릴 수도 없고 남편도 그렇고 난 현재의 내 일을 중단할 수가 없어요.

치료사 지금 중요한 말씀을 하셨어요. 계속해서 말씀해 보세요.

어머니 중요하다고요? 무엇이요? 나는 지금 일어난 일에 대해 내가 무엇을 느끼고 있는지 말할 수가 없어요. 나는 내 아들을 사랑하고 잘 키워왔다고 생각하는데 왜 그 애가 정신과 치료를 받아야하지요? 불공평해요(눈물).

치료사 그래요. 이건 불공평해요. 어머니가 화나는 것도 당연하고요.

치료사의 역할

치료사는 어머니가 현재 상황에 대한 심각한 두려움과 분노의 정서적 반응에 압도되어 있음을 알아차렸다. 압도된 이러한 반응은 심한 염려와 자기비하와 좌절에 따르는 인지적 반응으로 온다. 이러한 정서와 인지반응은 불균형으로 변화되고, 아들문제에 대한 의미를 자신의 삶으로 받아들이면서 결과적으로 현재의 상황에 대한 인식을 거부하고 자신의 행동에 구속감과 통제를 가하게 된다.

치료사가 이 회기에서 어머니의 경험을 어떻게 느끼고 있는지, 이것이 어머니에게 어떻게 위협적이 되는지 인식하도록 돕기 위해 접근하고 있는 방법을 주의 깊게 탐색해볼 필요가 있다. 또한 어머니가 자신의 느낌과 생각을 경험하기 위해 강요받지 않고 인식하도록 어떻게 권유하는지도 주의 깊게 바라보기 바란다.

이 회기의 마지막에서 치료사는 어머니가 자신의 억제된 감정을 인식할 수 있는 능력을 확인하고 강화하도록 하였다.

2) 카타르시스 촉진하기: 개입 1단계의 위협적인 정서와 인지가 발생하는 문제정의 단계와 3단계의 지지제공 단계에서 특히 중요하다.

참고: 카타르시스(정화)를 촉진하는 이유; 표현하지 않고 남아있는 반응은 신체적 심리적 질병을 일으키고, 에너지를 소모시키며, 개인의 감정과 행동 및 생각을 지배하여 심리내적으로 뿐 아니라 대인관계에도 부정적인 영향을 미치기 때문이다. 그러나 카타르시스 경험은 반드시 촉진되어야하는 것만은 아니다. 때로는 역효과를 나타낼 수도 있으므로 더 이상 자기를 통제할 수 없는 사람에게는 주의가 필요하며, 위기분류평가에서 정서반응이 심각한 수준에 있다면 감정을 표현하도록 촉진하는 것은 오히려 통제할 수 없는 분노상태를 유발시킬 수 도 있다. 이러한 경우는 감정표현을 제한하는 기법을 사용할 필요가 있다.

극단적인 감정표현의 통제 및 조절 기법: 심호흡, 자리에 앉고, 천천히 목소리를 낮추어 대화, 신체활동을 사용한 방법, 애도의 기념물 만들기, 슬픔의 기록, 그림그리기, 조각 등의 예술매체를 사용한 감정표현작업 등.

위의 사례에서 어머니의 감정표현이 통제되어야 한다는 것은 아니다. 이 사례의 첫 만남에서는 지나친 불안이 있었기 때문에 통제가 필요했지만 진행과정에서는 오히려 감정표현의 방해요인이 될 수 있다. 아래의 상황을 지켜보기로 하자.

치료사 지금 느끼고 있는 것을 말해줄 수 있나요?

어머니 못하겠어요. 지금 이야기하게 되면 제 감정을 어떻게 추수 릴 수가 없을 것 같아요.

치료사 이해가 잘 안되네요.

어머니 내가 무너지면 안 되니까요. 남편도… (얼버무리듯)

치료사 잠깐만요. 지금 남편이라고 말씀하셨나요?

어머니 네… 제가 강하게 버티지 않으면 일을 그만 두어야 해요. 집안일과 다른 모든 것을 잘 해내지 못하면 남편은 일을 그만두라고 할

거에요. 난 강해야하니까 내 감정 같은 것을 느낄 겨를이 없어요. 아이를 위해서도 난 강하게 버텨내야 해요.

치료사 가족에 대해 많은 부담을 가지고 있는 것 같군요. 지금 이 곳에는 어머니와 저만 있어요. 지금은 자신에 대해서만 생각하세요.

어머니 (침묵 후) 말하고 싶어요. 그렇지만 너무 두려워요.

치료사 두려움에 대해서 이야기해 주실 수 있겠어요?

어머니 (눈물...)난 지금 하고 있는 일을 잃고 싶지 않아요. 내 아들을 어떻게 하지요? 아들마저 잃고 싶지 않아요. 너무 두렵고 정말 무서워요(죄책감문제).

치료사 (조심스럽게 그녀의 어깨에 손을 얹으며)무엇이 그렇게 어머니를 두렵게 하나요?

어머니 (계속 울며 침묵상태) 지금 제가 아무것도 할 수 없다는 건 있을 수 없는 일이에요. 아이를 돌봐야하고 아이마저 잃는다면...

치료사 무엇이 그렇게 느끼게 하나요?

어머니 내가 어떻게 해야 할지 모르겠어요.

치료사 모든 것을 설명하기가 매우 힘드신 것 같아요. 두렵고 화나신 것 같고요. 앞으로 일어나는 일에 대해 제가 함께 할 것이고 최선을 다해 도울게요. 우리는 이 상황을 잘 극복해 갈 수 있으리라 믿어요.

어머니 고마워요.

이러한 변화에 대해 어머니는 자신의 감정을 통제하기 위해 자신의 욕구를 표현했다. 치료사가 몇 번의 개방형질문과 재확인, 자신의 것을 표현하는 말을 통해 어머니는 자신의 문제를 말하기 시작하면서 여러 반응이 나타났다.

처음에는 남편에 대한 분노를 나타내었고, 치료사가 그녀의 느낌을 반영해 줌으로써 수용하기 힘든 느낌을 드러내기 시작했다. 어머니는 자신이 그러한 느낌을 가진 것을 거부하고 두려워했지만, 치료사는 그녀를 그대로 내버려두거나 판단하지 않고 개방적인 태도로 자신의 느낌을 표현하도록 어머니를 지지했다.

어머니에게 혼자 남는 두려움은 매우 중요한 문제로 남편에 대해 기대할 수 없는 상태에서 일을 그만둔다는 것은 홀로 남게 되는 느낌과도 맞물리며, 그것은 그녀에게 매우 위협적인 일이다.

그와 관련하여 자녀의 정신건강문제는 자기 때문일 거라는 죄책감으로 연결되어 두려워하고 있다. 이 부분은 아직 다루지 않고 있지만 그녀의 숨겨진 개인문제가 현재의 문제에 투사되고 죄책감에 시달리면서 오는 혼돈으로서 그녀는 두려움으로 스스로의 감정을 통제하고 있다.

정화과정을 촉진하기 위해 치료사는 그녀가 정서반응을 부인하는 상태에서 인내심을 갖고 마음을 움직이도록 하였는데, 구체화되지는 못했지만 혼돈에 대해 그녀의 말로 진술하면서 자신의 딜레마에 대한 정서적 반응으로 방향을 바꿀 수 있었다.

치료사가 그녀의 어깨에 손을 얹는 가벼운 접촉을 통해 지지하고 함께할 거라는 말을 해 주었는데, 이러한 신체접촉은 치료에서 유의해야할 부분이나 그녀에게 이러한 치료사의 지지는 의미 있는 관계를 시작하게 했고 위로가 되었다.

3) 정당화 사용하기: 1단계와 3단계(문제정의, 안전, 지지)에서 특히 유용하다. 위에서도 다뤄졌듯이 위기개입치료사는 치료대상의 혼돈스러운 반응이 자신에게나 타인에게 위험한 문제가 아니라는 것을 정당화해 주었다. 이것은 정서적 반응을 정당화하기 위해 적용되었지만 어떤 경우에는 행동적 인지적 반응을 위해서도 사용된다.

이 단계에서 치료대상은 자신의 반응에 대한 신뢰가 없고 의문을 가지며, 자신이 경험한 상실이 압도적이어서 치료에서 다루려고 하는 정보들에 공격적이 되거나 상상할 수도 없고 그래서 자신의 마음도 잃어버렸다고 생각할 수 있다.

정당화의 개입기술은 위기감에 대한 느낌이 아무리 강하다 해도 그들의 반응은 위기에 처한 대부분의 사람들이 공통적으로 경험할 수 있는 범위 내에 있고, 위기감에 대한 보편성이라는 것을 확인 시켜줌으로서 저항을 극복하도록 도울 수 있다. 정당화의 경험은 4단계의 대안탐색과 이후의 계획수립과 참여단계인 5~6단계의 문제를 다루기 위해 필요하다.

그러나 정당화와 관련하여 흔히 드러날 수 있는 문제는 의존이다. 이 의존은 위기개입에서 문제가 되는 부작용이지만 대상이 자신의 일상에 대처할 수 있는 힘을 가질 때까지 허용되어야한다. 그러나 경우에 따라서는 치료사가 대상에 사로잡혀 대리부모역할을 하고 있다면 치료사는 좌절되고 분노가 올라올 수 있다. 그러한 상황으로 발전하기 전에 치료사는 가능한 빠른 속도로 대상을 의존에서 벗어나게 해야 하는데, 쉬운 문제는 아니어서 치료사들이 흔히 겪는 딜레마인 것 같다.

치료에서 정당화를 통해 지지하는 것과 지속적인 의존을 만들어내는 것에는 차이가 있나. 의존문제를 극복하기 위해서는 지속적이고 정기적인 감독이 필요하며, 위 사례의 어머니처럼 강하고 자기 일에 대한 욕구를 가진 대상에게서도 이러한 문제는 일어날 수 있다.

어머니 선생님은 나의 모든 것이 좋아질 것이라는 기대를 주셨어요. 나는 그렇게 될 거라고 믿어요. 걱정 안 해요. 다 제 자리로 돌아갈거에요.

치료사 네… 어머니는 자신의 모든 것이라고 하셨는데 제가 말씀드린 것은 이 상황을 극복해가는데 있어 함께 할 것이고 어머니가 그럴 수 있는 능력이 있다는 것을 말씀드린 것입니다. 자신의 일을 다른 사람이 대신할 수는 없는 거지요.

어머니 선생님은 나를 이해할 수 없지요. 내가 아니고 내 아이의 엄마가 아니니까요.

치료사 제가 엄마가 아니고 당신이 아니듯, 모든 사람은 자신이 처한 상황에서 두려워할 수 있는 권리가 있다고 믿어요.

어머니 내가 어딘가에 파묻혀 숨이 막히는 것 같아요. 내 아이는 병원에서 도와 줄테고… 그렇지만 나는… (계속 눈물)

치료사 아들을 그렇게 사랑하면서 자신에 대해서는 왜 그렇게 느끼지 않으신가요?

어머니 나는 나에 대한 어떤 느낌을 갖기가 어려워요. 내가 멍청이가 되었나 봐요.

치료사 어머니는 멍청이가 아니에요. 자신의 어떤 경험이 그러한 반응을 하게 하는 거라고 느껴져요. 아마도 비슷한 경험을 한 모든 사람이 유사한 반응을 할 거에요. 그러나 그들이 멍청이는 아니지요. 힘든 상황에서 나타나는 정상적인 태도일거에요.

이 기술에서는 별 어려움이 없다. 치료사는 대상에게 그러한 반응이 정상적이고 괜찮다며 정당화하고 지지하고 강화하는 자세면 된다. 어떻게 행동을 취해야하는지 행동방법을 계획하는데도 같은 모습으로 적용된다.

어머니 나는 늘 혼자인 것 같고 나에게 무슨 일이 일어날 지 불안한 생각을 멈출 수가 없어요.

치료사 자신의 불안을 말할 수 있는 누가 있나요?

어머니 지금까지 누구에게도 말 한 적이 없지만 교회 사모님께 말해볼까도 생각했어요. 그 분은 늘 잘 들어주고 남편도 신뢰하는 분이니까… 잘 모르겠어요. 제 상황을 들으면 그분은 저에 대해서 어떻게 생각할까요? 제 일을 할 수 있도록 남편을 이해시켜줄 수 있을까요?

치료사 저도 잘 모르겠어요. 그 분이 어떻게 생각하실지

어머니 아마도 그분은 좀 더 빨리 이야기하고 자유로워져야했다고 말할 것 같아요. 그렇지만….

치료사 그래서 그분은 아마도 어머니의 좋은 지지자가 되어줄 거예요.

어머니 네….

치료사 어머니가 생각하는 것을 그 분께 이야기해 보는 것은 좋은 계획이에요. 언제 쯤 전화하실 건가요? 잘 될 거라 기대해요.

위기상황에서 치료대상은 늘 처음에 말한 것을 잘 듣지 못한다. 치료사는 그가 들을 수 있을 때까지 반복하여 말할 필요가 있다. 그 과정에서 자신의 반응이 보편성이라는 것을 지적하게 되는데 이것은 다른 사람과 자기상황을 비교하지 않도록 하기 위함이다. 이러한 접근은 사례의 어머니가 자신의 반응이 당연한 것이라는 것을 이해하도록 도왔고 결과적으로 안도감을 경험하고 다음 개입과정에 진입할 수 있게 한다.

4) **확장하기**: 이 기술은 1단계의 문제정의와 위기에 대한 정서적 인지적 반응을 확장하도록 돕고, 4단계인 대안탐색과 5단계의 계획수립단계에서 인지적, 행동적 반응을 확장하도록 돕는데 적용된다.

위기에 처한 사람들의 대부분은 위기로 인해서 인지, 정서, 행동반응이 긴장되어 위기에 적응할 수 있는 자신의 능력을 제한하게 된다. 인지능력의 제한이 정서와 행동반응에 영향을 미치게 되는데, 예를 들면, 사례의 어머니는 아들의 정신 병력이 노출된 사건에 대한 비합리적인 신념 때문에 문제를 더욱 확대해석하고, 자신을 더욱 불행한 상황으로 몰고 가고 있다(문제에 대한 반응을 자기 내면의 숨겨진 문제에 투사하여 자기 탓이라는 죄책감으로 인지왜곡이 일어남).

위기에 처한 사람들은 과거의 유사한 행동에서 취했던 효과적인 대처를 잊어버리고, 자신의 능력을 잘못 해석함으로써 통제되고 상황에 대해 더욱 비합리적인 진술을 하게 된다. 그러므로 그에 대한 반응은 더욱 더 부적응적인 행동반응과 정서적 태도로 반응하게 되어 치료관계가 쉽지 않다.

어머니 나는 선택의 여지가 없어요. 일을 해야 하거든요.

치료사 어머니의 말이 맞지만 이해가 잘 안돼요. 일을 해야 한다는 것이 자신을 위한 유일한 방법이라는 것에 대해 다시 한 번만 설명해줄 수 있겠어요?

어머니 이 일을 통해 가정에 도움도 되지만 이제야 단체로부터 인정을 받기 시작했어요.

치료사 그들의 인정이 자신의 삶을 움직이고 통제하나요?

어머니 그렇진 않아요. 내가 하고 싶은 대로 해요.

치료사 아직 이해가 잘 안됩니다. 자신의 관점에서 보세요.

어머니 무슨 뜻인지?

치료사 제 느낌은 지금 어머니는 자신의 요구가 아닌 그들에 의해 통제되고 반응하고 있는 것 같아요. 그들이 무언가 인정하니 거기에 맞추기 위해 하는 것이지 자신의 선택이라고 생각되지 않아요. 자신의 삶을 누가 통제하는거죠?

청소년개입 연습하기

학교폭력과 관련하여 출석정지를 당한 고1학년 남학생으로 학교를 지속하기 위한 조건으로 교사에 의해 의뢰되었으나. 차후 집단폭력, 본드흡입, 가출 등의 문제와 연루되었음이 확인되어 이에 대한 개입계획이 포함되었다.

1단계: 문제정의하기

1) **돌보고 문제정의하기**: 핵심적인 촉진기술은 감정이입, 진실, 수용, 구체적, 긍정적관심이며, 학생은 저항적인 자세 속에서도 최선을 다하려는 노력을 한다는 것을 이해한다.

학 생 분노에 찬 표정으로 얼굴이 일그러져있고 치료사를 외면하며, 선생님이 여길 가라해서 왔지만 나에게서 아무것도 기대하지마세요. 난 아무런 할 말도 없어요.

치료사 나는 너에 대해서 아는 것이 없어. 다만 네가 이 자리에 와 있고 너의 발로 걸어서 이 방에 왔다는 사실을 알고 있어. 그것은 선생님이 억지로 보냈기 때문만은 아니고 너 자신을 위해 무엇인가가 필요하다는 것을 의미하고 있다고 생각되는구나. 나와의 만남이 너를 위해 필요한 것을 발견하는 기회가 되길 바래.

2) **접촉하기**: 위기개입에서의 시작은 관계를 발전시키려는 노력이 핵심초점이 아니며. 학생의 반응에 대담하게 대처하는 것이다.

학 생 아무런 이야기도 하고 싶지 않으니까 그냥 내버려두세요.

치료사 지금 당장은 마음이 편치 않고 내가 너를 도울 수 있는 것이 아무것도 없다고 느끼겠지만, 난 너와 유사한 상황에 있는 많은 사람들을 만나왔고 또한 도울 수 있었단다. 너에 대해서 나와 이야기한다면 그것을 어떻게 해결해가야 할지 너의 잠재능력을 찾고 발휘할 수 있도록 도울 수 있어.

3) **위기의 의미 탐색하기:** 학생입장에서 학생이 알고 있는 형태로 개입한다.

치료사 무엇이 너로 하여금 화나게 하고 의자를 창에 던지게 했는지 말해줄 수 있겠니?

학 생 모르겠어요. 그냥 막 화가 나고… 잘못한 사람은 따로 있는데 늘 내가 나쁜 놈이 되니, 아무리 잘해 보려고 해도 역시 난 안 되는 놈이에요. 엄마가 나만 야단치고 나쁜 놈 취급 하는 것 말고도 늘…

치료사 그랬구나… 마음이 많이 상했겠다. 엄마가 널 이해해주지 못하는 것이 가장 힘들다고 말하는 것 같구나.

학 생 그래요. 제일 속상한 것은 엄마가 날 인정해주지 않는 거예요. 선생님이 뭐라 말하면 엄마가 떠올라요. 누군가 나에게 충고의 말을 하면 엄마가 떠올라서 그냥 화가 나고 순간 폭발해요.

치료사 그렇게 느껴지는구나… 지금 너의 말은 엄마의 인정을 받고 싶다는 것으로 들리는구나.

2단계: 안전 확보; 위기상황에서 안전에 대한 고려는 절대적으로 중요하다.

1) **자신이나 타인에 대한 치명성에 대해 직접적으로 질문하기;** 폐쇄질문을 사용한다.

학 생 나 같은 건 살아갈 의미가 없어요. 아무도 내게 관심도 없지만 나도 너무 귀찮아요.

치료사 너무 귀찮다는 것은 무슨 의미지? (학생이 위험한 생각을 하고 있는 것을 그냥 넘어가지 않는다는 것에 대해 학생이 알게 할 필요가 있음)

2) 치명성 정도 평가하기: 평가척도사용은 도움은 되지만 정확한 것은 아니라는 사실을 인식하고 있어야한다.

치료사 죽고 싶은 생각을 자주 한다고 했는데, 자살을 한다면 어떻게 할 생각이었니?

학 생 방법이야 여러 가지가 있지요. 차를 타고 달리다가 핸들에서 손을 떼거나…

치료사 언제 그렇게 하려고 생각했니?

학 생 정확하지 않아요. 지금 당장은 아니지만 다만 언젠가 그럴 거예요. 다음 주 엄마를 한번은 보고 다시 집을 나갈 수 있어요… 아마도 친구들은 지금 경찰조사를 받고 있을 거예요. 결국은 나도… 그렇게 되면 난 죽음을 선택할거에요.

3) 학생과 중요한 사람을 위해 즉각 행동 취하기

치료사 지금 네가 상당히 심각한 상태에 있다는 것을 이야기하고 있는 것 같구나. 네가 자살을 하거나 잘못 되는 것을 엄마는 물론 선생님과 친구들 그 누구도 원치 않을 것 같아. 나는 네가 이러한 위험한 생각에서 벗어나 당분간 쉴 수 있는 안전한 곳에서 지내기를 바래.

4) 행동취하기: 치료사는 학생을 돕기 위해 관련기관과 연계망을 유지(위

험상황에 대처)한다.

치료사 난 네가 지금 이곳에서 나와 이야기하고 있다는 사실이 네가 너 자신의 문제를 다루기 원한다고 생각하는데 어떠니? 나는 우선 네가 잠시 쉴 수 있는 곳에서 안정을 취하면서 너 자신에 대해 계획을 세울 수 있었으면 좋겠구나.

5) 치료사 자신의 책임에 대해 학생에게 말하기

치료사 네가 나와 만나는 동안 난 네가 너 자신을 위험에 빠뜨리게 하는 어떤 것도 무시하지 않을 것이야. 너에게 위험가능한 일들에서 너를 보호하기 위해 난 무엇이든 할 거란다.

6) 분류평가에 의해 개입방법 선택하기

3단계: 지지제공하기

위기상황에 있는 학생 대부분은 자존감과 자아개념이 낮은 상태에 있다.

1) 학생의 가치를 인정하고 분명히 말하기

치료사 너는 가족과 친구들이 너를 믿지 않을 거라고 생각할지 모르지만 넌 한 개인으로서 당연히 중요하고 소중한 사람이야. 네가 나와 대화하기를 원치 않는다고 말하지만 약속시간을 어기지 않고 이곳에 와 주었다는 것은 네가 너 자신의 성장과 현재의 문제를 극복하기 원하는 마음이 있다고 생각해. 나를 만나는 것을 선택해 주었고 치료를 지속할 것을 약속해주어서 매우 기뻐.

2) 긍정적 태도 강화하기: 최소한의 변화에도 적극적으로 지지한다.

치료사 지난주에 비해 표정이 많이 편안해 보이는 구나. 너 자신을 비하하는 말도 오늘은 한번도 사용하지 않았어. 다른 사람을 욕하는 것도 없고 오늘은 주로 너 자신의 이야기를 했는데 너도 그걸 느끼고 있니?

3) 지지체계 연결하기: 필요시 치료사가 외부 지지체계로서의 직접적인 역할을 한다.

치료사 네가 괜찮다면 병원에 갈 때 내가 동행할거야. 그곳에 도착하여 네 마음이 안정될 때까지 그곳에 너와 함께 있을 것이고, 너를 도와주실 담당선생님을 만나러 다음날 다시 갈 거니까 그때 너를 다시 볼 거야.

4단계: 대안 탐색하기

위기개입 접근에서는 현재에 초점을 두지만, 과거의 긍정적인 경험이나 관계, 행동, 자원을 찾는 것은 현재를 극복하기 위한 참여와 성장을 위해 중요하다.

1) 상황에 맞는 지지체계 연결하고 새로운 지지체계 찾기

학 생 (가장 힘들었던 기억 그림 후)학교친구들은 나를 이해하지 못해요. 내가 얼마나 외롭고 그 외로움이 얼마나 힘든 건지… 아무도 알아주지 않은데 내가 할 수 있는 것은 아무것도 없어요. 같이 가출했던 친구들과 하는 본드는 우리를 쉬게 해줘요. 본드는 특별한 게 아니에요.

치료사 지금의 친구들과 다니는 것 외에 그전에는 어떻게 지냈었니?

학 생 (좋았던 기억 그림 후; 대개는 좋았던 기억을 찾지 못하는 경우가 많지만 이전의 긍정적 경험과 환경을 끌어 내어 현재의 심리적 곤경에서 빠져나오도록 돕기 위함)착한 아들이 되려고 엄마가 가라는 교회에도 다녔고… 처음엔 억지로 다녔지만 청소년프로그램이 위로를 주었고… 참 말하다보니 지금 친구들과는 다른 친구가 있긴 있었네요. 교회에서 만났는데 그 애만은 나를 좋은 아이라고 말해 줬어요. 그런데 우리 집이 이사한 후 언제부터였는지 그 아이와 어색해졌어요. 그 애도 지금은 다른 곳으로 이사해서 어디 사는지도 몰라요.

치료사 지금 집 근처에는 교회가 없니?

학 생 있긴 하지만 내가 갈 곳이 못 된다는 생각이 들어요. 그리고 그 애와 같은 좋은 친구를 만날 수 있을 것 같지도 않고요.

치료사 교회의 좋은 기억이 있으니 또 다른 좋은 경험을 할 수도 있을 텐데 한번 가보는 건 어떠니

2) 이전의 성공적이었던 대처기제 사용하기: 학생이 잊고 있었거나 욕구를 접을 수밖에 없었던 어떤 경험들에 대해 질문하여 대처활동으로 적용하도록 안내한다.

학 생 중학교 때도 난 늘 혼자 있었는데 다행히 나에게는 자전거가 있어서 자전거를 타고 집과 멀리 떨어진 곳까지 달리고 그 곳에서 쉬는 시간이 좋았어요. 자전거 타기는 내가 곧 잘 하거든요. 자전거로 전국 여행을 하고 싶었는데 결국 못했어요. 지금 친구들과는 거리가 멀거든요.

치료사 자전거 타고 여행했던 기억이 참 좋았구나. 자전거 동호회라는 모임도 있는데 한번 참여해 보지 않겠니? 내가 잘 아는 선생님이 청

소년동호회를 운영하면서 모임도 갖고 자전거여행도 하고 하는데 모두들 정말 신나 보였어.

3) **환경의 자원 활용하기**: 치료사는 학생관련 다양한 자원체계 지식과 리스트를 가지고 있음으로써 연계 또는 접근이 가능해진다.

치료사 교회가 아니더라도 청소년 자전거동호회에서 네가 하고 싶었던 여행도 하고 좋은 친구들도 만날 수 있을 것 같구나

4) **긍정적인 사고패턴 강화하기**: 부정적인 사고의 인지왜곡은 위기를 더욱 강화시키므로, 왜곡된 인지에 의해 형성된 부정적 자기지각을 긍정적인 사고로 바꾸어 현재 사용하고 있는 대처보다 훨씬 가능한 것이 있다는 것을 믿게 하는 것이 중요하다.

5) **행동 강화하기**: 치료 상황에서 계획된 내용이 실천되고 있는지 확인해야 한다.

학 생 난 내가 왜 이러는지 모르겠어요. 선생님과 이야기할 때는 무언가 가능할 것 같은데 일상에서는 행동이 따라주지 않아요. 만사 귀찮게 느껴지고…

치료사 지금 우리는 자전거동호회에 대해 이야기 하고 있어. 만사 귀찮은 감정에 대해서가 아니라(미루고 지연시키고 의존하는 치료대상의 조정태도에 휘말리지 않기 위한 대처)…. 이번 주말에는 함께 가보자.

5단계: 계획세우기

치료에서 인식하게 된 것을 실제행동에 옮길 수 있도록 계획하고, 통제와

자율성을 회복하도록 치료사는 지지자역할을 하되 의존하지 않게 해야 한다. 일반적인 치료와는 다르게 분, 시, 날짜단위로 계획되고 지시적인 치료사의 역할이 적용된다.

1) **단기목표 강조하기**: 즉각적인 위기해결에 초점을 둔다.

치료사 그동안 네가 본드와 같은 것으로 위안을 삼았던 것을 갑자기 바꾸는 것이 어렵다는 것을 이해해. 물론 자전거동호회에 참여하는 것이 너의 삶 전체를 바꾸고 보상할 수 있어서가 아니야. 본드나 가출이 아닌 다른 방법으로 네가 원하는 위안을 찾기 위해서야. 동호회를 선택하는 것은 너에게 달려있어. 이러한 것이 지금 할 수 있는 최선이야.

2) **구체적인 계획세우기**: 무엇을(취할 행동) 언제(행동을 취할 시간) 어떻게(계획을 달성하기 위한 방법)할 것인지 고려해야한다.

학 생 내일이라도 전화해 볼게요.
치료사 네가 나와 약속해줘서 고마워. 도울 수 있어서 기쁘고. 그런데 내일 몇 시에 전화할거니?
학 생 글쎄요. 기회 되는대로 할게요.
치료사 전화하기에 특별히 나은 시간이 있니?
학 생 점심시간 지나서 2시에 전화할게요.
치료사 전화하면 처음에 무슨 말을 할 거니?

6단계: 참여 유도하기

공감적 협력적으로 학생의 자율성과 통제이슈를 강화한다.

1) 계획 재검토하기: 계획은 학생이 자기언어로 말하고, 치료사는 계획을 해석하고 수정 보완하게 된다.

치료사 본드가 생각날 때, 집을 나가고 싶을 때, 반드시 나에게 전화하기로 하자. 그것은 반드시 지켜야 해. 만약에 내가 전화를 바로 받지 못하더라도 계속 연락하고 대안을 찾아야 해. 이것은 이번 주 동안의 약속이야. 내가 무어라 했니?

학 생 본드하고 싶거나 죽고 싶을 때 선생님께 전화해요. 그런데 밤늦은 시간에는 어쩌지요?

치료사 밤에도 괜찮아 반드시 나와 통화해야해. 만약 내가 전화를 받지 않으면 문자를 남겨야하고 반드시 나와 통화를 해야 해.

2) 약속과 책임감에 대해 확고히 하기: 약속에 대해 확인한다.

치료사 전화하기로 한 것 우리가 기록으로 동의하고 싸인 했지?(우리가 분명히 약속했지? 기억하지?)

보호시설에서의 접근방법

청소년치료에서 보호시설이라고 하면 일반적으로 학대경험이 있는 청소년의 아동보호시설과 가출, 임신 등의 문제와 관련된 쉼터의 의미를 떠올릴 수 있다. 따라서 여기에서는 이들의 대부분이 폭력가정에서 자란 아이들이라는 특성에 초점을 두고 미술치료임상에서 어떻게 개입해야 하는지 제시하고자 한다.

보호시설에서의 미술치료 목적

아동청소년보호시설에서 행하는 미술치료의 주된 목적은 다양한 유형의 위기개입(집단미술치료방법론-임상적 실제, 2016, 개정판 제4장; 발달적 접근과 특성별 지침서-미술치료사의 아동청소년 정신건강중재를 위한, 2014, 전반적 내용 참조)이 초점이 된다. 보호시설의 치료개입은 치료기관에서 이뤄지는 치료 상황이나 앞에서 제시한 일반적인 위기개입과는 다른 특성을 가진다.

보호시설 치료개입의 제한성

그 이유는 미술치료사가 보호시설의 청소년을 만나는 기간은 주로 며칠에서 길게는 몇 개월에 한정되어있기 때문에 구체적인 치료개념으로 접근하기가 어렵다는 사실이다.

그러한 제한성에도 불구하고 미술치료의 경험은 표현하기 힘든 정신적 충격과 내적혼란을 표현하는 의사소통수단이 되며 불안정한 심리를 안정된 상태로 안내하는 역할을 하고 퇴소 후에도 내적인 자기존중의 근거를 강화시키는 역할을 하게 된다. 그러한 미술치료의 가능성을 위해서는 치료사가 미술치료에 대해 분명한 확신이 있을 때 더욱 가능해지리라 본다.

보호시설 미술치료사가 고려해야 할 사항

쉼터나 보호시설에서 일하는 치료사들이 특히 고려해야할 몇 가지 사항이 있다. 예를 들면 미술치료를 구성할 때 "청소년이 필요로 하는 것이 무엇인가?"가 확인되어야 하는데, 이것은 보호시설에서 뿐만이 아니라 청소년치료의 모든 영역에서도 마찬가지일 것이나 특히 더 염두에 두어야할 부분이다.

치료과정은 미술작업을 통해 억압된 감정을 상처받지 않고 토해내고 이야기할 수 있도록 안내되어야 한다. 그러기위해서는 치료사자신이 유사한 상처를 안고 있을 때 자기감정을 조절하지 못하고 투사하는 경우가 있을 수 있으므로 치료사자신의 능력을 스스로 평가하여 개입을 할 것인지 결정하는 부분도 간과해서는 안 된다.

미술작업자체가 의사소통의 통로로 활용되므로 미술치료 상황에서 청소년들은 가족관계에서 경험하지 못한 것을 향해 퇴행하고 상황에 맞지 않는 미숙한 행동을 보일 수 있다. 이때 청소년의 그러한 미숙함이 치료과정에서 충분히 허용되어야 하며 치료공간과 작품은 스트레스를 담아내는 그릇이 되어야 한다. 이 과정에서 청소년은 긍정적인 사고의 현실감을 갖게 되고 그로인해 자기이미지를 형성할 수 있게 된다.

보호시설 미술치료의 특성

보호시설에서의 미술치료는 시간제한성이 따르는 문제가 있음에도 분명한 것은 예술만이 가지는 표현의 제한성이 없다는 특성이 있다. 원하는 것은 무엇이든 은유적으로 표현하고 중화시키고 제거할 수 있게 도와준다는 점이며 미술작업 그 자체가 해독제역할이자 피난처가 된다는 점이다. 물론 예술작업자체가 문제의 원인을 제거하고 직접적으로 필요한 것을 바꿀 수는 없지만 자아기능으로서의 모델로서 보조되고 대처할 수 있는 방법을 들여다볼 수 있는 통찰력을 제공한다.

이러한 미술치료의 장점을 최대한 활용하기 위해서 치료개입 전에 다뤄져야할 사항은 시간적 환경으로, 어느 기간 동안 유지될 수 있는지 평가되어야 한다는 것이다. 만약 치료과정에서 다뤄지게 되는 정신적 고통이 대책 없이 열려진 채 수습이 안 되고 끝나게 된다면 더욱 혼란만 줄 수 있기 때문이다. 그러므로 단기보호시설의 청소년개입에서 치료사가 반드시 기억해야할 것은 위기중재(위기의 아동청소년을 위한 학교미술치료지침서, 2014, 2판 참조)가 첫째라는 점이다.

치료의 단계는 일반적으로 초기, 중기, 후기라는 과정들로 나뉘고 순차적인 과정을 따르지만, 보호시설에서의 개입은 이 단계들의 내용이 중복되고 계속적인 평가와 치료가 서로 보완적으로 이뤄진다는 점이 특성이기도 하다.

보호시설에서의 치료목표

치료목표의 첫째는 평가에 의한 행동계획이며 장·단기 목표가 설정될 수 있지만 장기목표는 청소년이 필요에 의해 타 기관으로 전환되는 경우에도 계속될 수 있는 내용을 함축하고 있다. 둘째는 한정된 목표와 안정된 상태의 회복이 초점이 되며, 셋째는 청소년이 자신의 감정을 구별하고 경험된 고통을 인지함으로써 새로운 환경을 탐색도록 안내하는 것이다. 마지막 목표는 자존감을 강화하고 퇴행과 의존에서 독립할 수 있도록 돕는 것이다.

보호시설에서의 집단치료 효과성

방법적으로는 환경적인 측면에서 다수의 청소년을 개별적으로 접근하기는 어려우므로 집단개입을 필요로 할 것이다. 집단은 전반적으로 서로가 유사한 문제와 가족력을 가지고 있어서 서로에 대해 편안함을 갖고 죄의식이나 불만을 줄여줄 수 있다는 것이 장점이다.

집단구성과 규칙

집단을 구성할 때는 또래집단, 형제집단, 어머니와 자녀가 함께하는 모자집단으로 나뉠 수 있다. 보호시설에서의 집단규칙은 보다 더 강조되어야하는 부분으로서 비밀유지, 개인공간유지, 각자의 경계에 대한 규칙을 통해 개인적인 영역에 대한 침범으로 자칫 불안정해질 수 있는 가능성을 예방해야 한다.

결론적으로 보호시설의 청소년개입에서는 보호시설을 떠나서도 두려움 없이 도움을 청할 수 있는 방법을 제공해야 한다. 미술작품의 과정은 그 준비과정의 상징으로서 제공되며 치료의 첫 번째 목표인 시설을 떠난 이후의 장기목표를 함축하는 평가가 될 것이며 그것은 긍정적인 새로운 목표의 재구성을 가능하게 한다.

성공적인 작품의 결과는 용기와 성취한 것에 대한 상징으로서 실제상황에서도 유사한 것으로 발전시킬 수 있는 독립된 감정을 갖게 한다. 보호시설에 단기 입소되는 청소년들의 일반적인 문제는 세대 간의 문제와 다양하게 얽혀있으므로 미술치료는 이들에게 삶의 은유로서, 카타르시스의 도구로서, 제 2의 상처로의 예방으로서, 치유의 깊이를 더해주고 무한한 가능성으로 마음이 아픈 청소년들을 만나게 한다.

미술치료가 보호시설 대상에게 미치는 영향

이렇듯 미술치료가 가진 보호시설개입의 효과성에도 불구하고 단기쉼터와 같은 위기시설은 환경적 시간제한성과, 정신적 고통의 어떤 부분들이 작업과정에서 열리게 되면 수습이 어렵고, 수술대에서 치료범위를 열어둔 채 끝내는 것과 유사하게, 매체와 작업적 특성이 위험요인이 될 수 있다. 그러므로 단기 보호시설의 위기개입 기술과 방법적 특성이 더욱 강조되며, 치료사는 이에 대한 이해를 근거로 치료계획을 세우고 개입해야 한다는 점을 염두에 두어야할 것이다.

임상기록에서 고려되어야할 사항들

치료계획과 평가는 좋은 관찰기록을 통해 가능해진다고 보아도 과언이 아니다.

임상기록의 기능

도움을 필요로 하는 한 사람을 치료하기 위해 다양한 영역의 전문가들이 팀으로 개입하는 치료기관을 예로 들어보자. 질적인 치료를 위해 한 개인에게 제공해야할 다음단계를 계획한다면 그때 사용되는 핵심자료는 각 전문가들이 작성한 치료기록지의 내용일 것이다. 각 팀원들이 관찰한 치료 상황의 기록을 토대로 평가하고 종합하여 계획하는 이 과정은, 치료시작에서부터 종결까지 끊임없이 반복되고 진행되어 가야하므로 임상기록이 담고 있는 기능은 치료과정의 근거자료로서의 기능이상의 중요성을 함축하고 있다고 볼 수 있다.

좋은 기록은 미술치료의 전문적이고 효과적인 과정을 가능하게하며, 치료기관의 행정적인 요구에 부응하고, 치료사의 책임성을 증명해줄 뿐만 아니라, 전문가간의 의사소통수단이 되어주며, 임상사례를 지속하게하고, 연구 자료로서의 기능과 교육감독 자료로서의 기능을 제공한다.

기록 유형

미술치료과정에서의 기록은 치료초기에 정보 수집을 위한 면접기록과 치료과정기록 및 평가기록 등 세 유형으로 나뉠 수 있다. 면접기록은 치료계획을 세우는데 핵심내용이 되며 과정기록과 평가기록은 치료를 보다 효과적으로 수행하기 위한 필수조건이자 그 효과성을 확인할 수 있는 근거자료가 된다. 이러한 기록이 갖는 기능은 무엇보다 치료사의 전문적인 훈련이 선행될 때 가능한 결과일 것이다. 흔한 일은 아니지만 잘못된 치료기록으로 인해 치료 상황에 혼란을 주거나 법적문제까지 일으키게 된 사례의 소식을 듣기도 한다. 그러한 실수를 할 수 밖에 없었던 이유는 아마도 치료사로서 지켜야할 윤리를 망각했거나 기록과 방법에 대한 윤리교육이 충분하지 못해서 생긴 결과일 것이다.

기록방법

미술치료과정을 기록하는 방법은 다양하다. 예를 들면 미술치료의 과정을 비디오로 녹화하거나 녹음하는 방법이 있고 치료사가 직접 관찰한 내용을 기록하는 방법도 있다. 가장 사실적인 방법은 녹화방법이겠으나 이때 유의해야할 점은, 청소년과 가족에게 충분히 이유를 밝히고 동의를 받은 후에 시행해야 한다. 기록의 유형은 초기면접기록과 과정기록 및 종결을 위한 평가기록이 있으며 기록내용은 각각의 특성적인 차이가 있다.

초기 면접기록

초기면접기록에 포함되어야하는 내용은 치료대상의 기초정보와 현재 치료 상황에 오게 된 경로와 동기, 개인의 발달적 특성과 심리사회력, 가족력, 호소문제의 평가와 치료계획이 포함된다. 구체적인 내용은 이 책 부록의 초기면담기록지와 앞의 제3장 내용을 참조하기 바란다.

과정기록과 종결기록

과정기록은 치료과정에서 나타나는 상호작용과 각 회기마다의 평가와 기록으로 구성된다. 종결기록에는 진단명, 치료사의 이름, 첫 면접일과 종결일자, 문제영역별 치료시작과 과정에서 확인된 평가내용, 치료방법, 종결사유, 사후관리 여부 등에 대한 종합적인 평가로 구성된다.

이러한 다양한 측면에서 기록은 치료사가 철학과 윤리적 책임성을 가지고 기록에 임하게 된다. 문서화된 과정기록의 최근경향은 수기기록이 점점 감소하고 기계화되고 있으나 그에 따른 부작용도 무시할 수 없으므로 이 또한 치료사의 가치관에 따라 고려해보아야 할 부분인거 같다. 다음에서는 좋은 기록을 위해 치료사가 유의해야할 사항을 제시하고 있다.

좋은 기록을 위한 유의사항

- 간결하고, 정확하고, 명료하고, 논리적으로, 목적에 맞게 기록한다.
- 검정 펜을 사용하는 것을 기본으로 하되 내용을 수정할 때는 빨간색 펜으로 두 줄을 긋고 error라고 쓴 후 날짜와 담당자 이름을 쓴 후 기록하는 것을 원칙으로 한다(최근 몇 년 전부터 일반화되고 있는 메일로 전달받는 기록지는 편의상 유행처럼 확대되어 있지만, 비밀보장과 관리차원에서 위험성이 크므로 워드작성의 기록은 기관의 특정 장소에서만 사용되고 메일로 보내는 방법은 배제해야한다).
- 기본적으로는 기록자가 치료사일 경우가 대부분이므로 치료사의 이름을 기록자 난에 기록하면 되나, 임상수련 상황에서는 수련생인 치료사가 훈련의 과정으로 기록할 수 있으므로 이때는 반드시 수련감독자의 서명을 함께 사용해야 한다.
- 반드시 기록일자를 기록한다.
- 기관에서 공통으로 통용되는 용어외의 전문용어사용이나 외래어를 피하고 단정한 필체를 사용한다.
- 관찰된 상황과 실재 사용된 언어를 사실대로 기록하되, 치료사의 견해를 기록할 때는 치료 대상의 관점을 중심으로 ( )속에 넣어 기록한다.
- 적절한 이론에 기초한다.

기록에 대한 윤리적 책임

기록에 대한 치료사의 윤리적 책임은, 치료대상의 사생활을 보호하기 위해 기록에 포함되어야할 정보가 어디까지인지 내용과 유형을 정하고 보관과 공개의 윤리적 규준에 대한 책임을 가진다. 기록에 포함될 수 있는 내용은 치료과정과 목표에 근거한 평가를 기록하고 사적인 비밀은 일반적인 용어로 기술하되 정확한 정보만 기록하고 불확실한 내용은 비밀보장을 원칙으로 한다.

비밀보장에 대한 원칙은 치료대상의 사적권리를 존중하는 것이며 효과적인 치료를 위한 목적과 주요체계의 보호를 목적으로 한 경우를 제외하고는 비밀보장의 원칙을 지켜야한다. 기록이 사례연구로 공개될 경우에는 본인의 허락이 있어야하며 익명성을 원칙으로 한다. 노출의 가능성이 있는 지명과 익명에 대해서는 수정이 요구되기도 한다.

미술치료의 기록은 이러한 일반적인 유의사항과 관련하여 언어적 접근의 치료 상황과는 차별화되는 작업과 표현내용, 작업과정의 반응과 행동, 감정표현, 지속적으로 반복되었던 그림형식의 변화 등을 기록에 포함시켜야 한다. 매체사용에 대한 과민반응이 있었는지, 중간대상으로 사용된 것들에 대한 반응 등은 기록에 포함시킬 수 있는 기본적인 사항이다.

미술치료 결과물의 보관

뿐만 아니라 그림자체가 기록이기도 하므로 결과물에 대한 보관에 유의해야한다. 예를 들면 사람들이 자주 드나드는 장소에 전시를 하는 경우 익명성이 보장되어야하며 가능한 결과물은 자물쇠가 있는 방에 보관하는 것을 원칙으로 하되 최소한 보관함을 사용하여 소중히 다뤄져야 한다. 다음은 치료과정기록과 작품 활용에 대한 동의서와 평가기록이다(다음의 치료과정 기록동의서와 미술작품 활용동의서는 "청소년임상미술치료방법론, 2005"에서 옮겨온 내용임).

치료과정 기록 동의서

보다 효과적인 치료를 위해 나는 치료사 ___________에게
나의 치료과정을 녹음하거나 녹화하도록 허락합니다.

또한 치료과정의 기록은 나의 치료목적과
수퍼비전을 위해서만 사용될 것이며,
절대 비밀보장이라는 약속 하에 동의합니다.

날짜 _______ 서명 _______

옥금자 정신건강연구소

효과적인 치료를 위해 미술치료에서는 기록동의서외에도 치료과정의 결과물인 작품을 사용하는 것에 대한 윤리적 책임성이 따른다. 이와 관련하여 치료사는 치료계약 초기에 기록동의서와 함께 치료대상으로부터 작품 활용에 대한 동의를 서면으로 받아야 한다(다음의 예시 동의서는 "청소년 임상미술치료방법론, 2005"에서 옮겨온 내용임).

미술작품 활용 동의서

치료사인 나 _______는 _______의 미술작품을 소중히 간직하고,
작품을 공개해야할 경우 동의한 내용 외에 작품을
사용하지 않을 것을 약속하며, 절대비밀을 보장할 것입니다.
만약에 이 후에 작품 활용에 대한 동의를 철회하기
원하는 경우 언제라도 철회할 것을 약속합니다.

치료사 ___________

나 _______는 치료사 _______ 가
다음의 목적으로 작업과정의 결과물인 작품을
사용하는 것을 동의합니다.

치료를 위한 전문가 회의에서 발표( )
치료전문가들을 위한 교육용으로 사용( )
정신건강 전람회에 전시( )
연구를 위한 전문 학술지에 기재( )

날짜 ________ 서명 ________

옥금자 정신건강연구소

다음은 개별 또는 집단치료 상황에서 보이는 관찰평가기록지로서 치료 대상이 치료사를 대하는 태도, 집단이라면 구성원과의 관계에서 어떤 특성적인 태도, 회기에서 나타나는 자기 자신에 대한 반응적 태도, 작업상황의 행동패턴과 언어표현, 시지각운동 특성, 표정 등의 변화를 평가하기 위한 기록지이다. 각 항목에 포함할 수 있는 내용은 이 외에도 치료대상 개인의 특성과 치료목표에 따라 수정되고 포함하거나 제외할 수 있을 것이다(아래의 예시 기록지는 "청소년임상미술치료방법론, 2005"에서 옮겨온 내용임).

치료 상황 관찰 평가 기록지

치료사에 대한 태도	협조적인	1	2	3	4	5	4	3	2	1	비협조적
	순응적인										공격적인
	긴장하는										느긋한
	자율적인										쉽게 포기하는
	시선맞춤										눈을 피함
구성원에 대한 태도	주도적인										수동적인
	수용적인										비난적인
	타인에 관심 갖는										무관심한
	상호적인										비상호적인
자신에 대한 태도	확신 있는										확신 없는
	수용적인										비판적인
행동	편안한										긴장하는
	조용한										산만한
	자율적인										타율적인
칭찬에 대해	기쁘게 받아들이는										부정하는
언어표현	풍부한										빈약한
	명료한										불분명한
	적극적인										수동적인
	자유로운										경직된

시지각운동	반응이 빠른									반응이 늦은
	계획적인									잦은 실수
	능숙한									어색한
표정	편안한									우울, 굳어있는

다음은 작업 반응에 대한 평가이다. 이에 포함되는 항목은 재료선택시의 반응과 작품에 대한 태도 및 작품에 사용된 형식에 대한 태도를 관찰하고 각 항목에 대한 구체적인 하위항목을 내용에 포함할 수 있다. 하위항목의 내용은 모든 치료대상에게 동일하게 사용할 필요는 없으며 개인의 특성에 따라 선택되고 선별적으로 구성하면 된다(아래의 예시 평가지는 "청소년임상미술치료방법론, 2005"에서 옮겨온 내용임).

작업 반응 평가 기록지

재료선택과 반응	소중히 다루는	1	2	3	4	5	4	3	2	1	파괴적인
	만족하는										불만족한
	물감재료										드로잉재료
	자연물 재료										일반미술재료
	다양한 재료사용										선택적으로 사용
	조화로운 선택										무분별한 선택
	몰입하는										불안정한
	바로 선택하는										망설이는
작품에 대한 태도	구체화										난화
	자발적인										비자발적인
	완성										미완성
	내면반영										저항적인
	만족하는										불만족한
	주제사용										주제무시

작품의 형식	동적										정적
	풍경중심										인물중심
	대형										소형
	원형										각형
	약하고 가는 선										무르고 굵은 선
	고착된 선										끊어진 선
	상위공간사용										하위공간사용
	우위공간사용										좌위공간사용
	충만한 면적사용										공백

상징과 메시지 및 행동과의 관계평가를 위해서는 정체성, 현실감각, 대인관계, 자기인식, 자기주장, 자기애, 의존성, 퇴행행동, 자기수용, 창조성, 안정성, 표현력, 문제해결능력, 방어기제, 자기실현욕구, 왜곡성, 반복성 등 17개 항목을 사용할 수 있다. 이러한 평가내용들은 고정된 항목이 아니라 치료대상의 특성과 주요문제와 변화시키고자하는 요소에 초점을 두고 구성될 수 있다(아래의 예시 평가지는 "청소년임상미술치료방법론, 2005"에서 옮겨온 내용임).

작품 속의 메시지와 상징 및 행동 간의 관계평가지

주제	작품	행동	메시지
정체성			
현실감각			
대인관계			
존재의식			
자기주장			
자기애적 성향			
지나친 의존성			
퇴행행동			
자기수용이상			

창조성			
안정성			
표현력			
문제해결능력			
방어기제			
자기실현욕구			
왜곡			
반복사용			
전체평가			

임상평가에서 고려되어야할 사항들

미술치료임상에서 치료사와 치료대상 그리고 그들의 가족은 치료과정이 얼마나 성공적으로 이루어져왔는지 초기에 세웠던 치료목표가 달성되었는지 그 결과에 대해 알고 싶어 한다.

평가에서 치료사의 주관성 배제

미술치료사는 나름대로의 치료과정을 기록하고 단계별 계획을 세우지만, 일부에서 전문성과 체계성이 배제된 주관적인 견해로 피상적인 결과의 평가를 도출해내고 의미부여를 하는 사례가 있다 보니, 다른 전문영역으로부터 미술치료의 전문성이 약화되어 평가되는 경우가 종종 있다. 평가의 기초가 되는 치료과정의 무엇을 관찰해야하는지에 대한 전문교육의 제한성이 그러한 결과를 초래하는 것 같다.

치료시작에서 마지막까지 평가의 연속선상

임상에서의 평가는 다음 단계로의 치료계획을 세우게 하고, 학문적 기능을 바탕으로 치료적 기능을 강화하며, 바람직한 치료과정이었는지 확인하게하며, 치료사의 책임성을 강화시켜주는 중요한 의미를 함축하고 있다.

따라서 평가는 치료마지막에 이뤄지는 것이 아니라 모든 치료의 시작에서부터 마지막 과정까지 전체로서의 치료과정과 함께 가는 순환과정이다.

평가는 앞의 사례개념화에서 말했듯이 초기면접 및 면담의 정보수집과정에서부터 치료대상과 가족의 반응, 치료사에 대한 반응, 치료과정의 반응, 작품결과에 대한 반응 등을 구체화할 수 있다. 이러한 접근은 임상상황 매 회기마다 이루어지므로 이를 근거로 다음 회기를 계획하고 재수정하며, 종결단계에서는 전체적인 평가에 대해 치료대상과 가족과 치료사가 공동으로 함께 결과를 평가하고 종결 후에 예측되는 문제까지 재조정하여 성취한 것을 유지하고 계속 성장해가도록 돕게 된다.

문제와 현재 상황 모두를 반영한 평가

치료대상의 그림을 이해하고 평가하는 과정에서 강조되어야할 부분은 그림의 상징적인 표현들이 창작자인 치료대상의 느낌과 현실상황을 뒷받침하지 않는다면 큰 의미가 없다. 그림을 그리는 상황에서의 표정과 행동, 언어, 느낌, 일상의 상황 그 모두가 관찰되고 확인되지 않고서는 그의 그림은 검사자의 편견으로 왜곡될 수밖에 없을 것이다.

"세찬 파도와 절벽 위에 서있는~~"라고 표현한 청년의 사례를 예로 들어 생각해 보자. 그림만 보고 평가한다면 현재 그는 매우 위험한 상황에 처해있다고 예측될 것이며 위기개입이 필요하다고 평가될 것이다. 그러나 이 그림에 대한 설명에서 그는 "이곳은 나만이 아는 유일한 안식처이다. 속상하고 답답함을 느낄 때 나는 이곳에 가서 쉼을 갖는다. 그러고 나면 다시 일상으로 놀아와 현재의 역할에 열중할 수 있게 된다(미술치료 평가방법의 이론과 실제, 2007 참조)"라고 말한다면, 현상적으로는 위험해 보이는 그 곳이 그에게는 유일하게 쉴 수 있는 장소일 수 있다. 반면에 이 쉼은 퇴행의 마지막 단계라고 볼 수 있는 요소까지도 고려하지 않으면 안 된다는 사실 또한 기억해야할 것이다.

최선을 다해 열심히 사는 사람들의 그림에서도 알 수 없는 병리적인 표현들은 종종 발견될 수 있다. 그림의 이미지들은 과거에 상처로 경험했던 부분들이 작업에서 자신만의 표현으로 투사된 것이라고 볼 수 있다. 그 상처적인 경험은 쉽게 사라질 수 없는 아픔이기에 어떠한 방법으로든 표출되어 나오지만, 지금 그 사람은 삶의 과정에서 지속적인 자기발견을 향해 가고 있고 현실을 통찰하고 있으며 승화시키고 있는 사람이라고 이해할 수 있다.

안정적인 치료사가 객관적 통합적 그림평가 가능

우리가 그림을 평가할 때 병리적으로 보이는 그 흔적들을 병리자체로만 본다면 문제를 더욱 확대시키게 되고 치료를 위한 강점들은 간과될 수 있다는 점에 대해서도 기억해야 한다. 통합된 평가를 위해서는, 치료사가 안정적인 상태여야하며 자기치유에 대한 욕구와 과정이 있어야 그림에 대한 통찰 또한 가능해지며 선입견이나 왜곡이 아닌 객관적인 시각으로 이해할 수 있게 된다.

치료사는 임상평가에서 치료대상의 작품과 태도에 대한 평가 뿐 아니라 자신에 대한 평가를 게을리 하지 않음으로서 보다 더 효과적인 치료와 전문가로서의 책임성을 다할 수 있으리라 본다. 다음은 개별치료 상황에서의 치료사 자신에 대한 평가척도이다. 이 평가는 치료 후 매 회기마다 치료사자신이 적절한 반응과 안내를 했는지 스스로 평가하고 무엇이 잘못되었는지 확인함으로써 부족한 부분을 채워갈 수 있도록 안내하는데 도움을 준다(아래의 예시 평가지는 "청소년임상미술치료방법론, 2005"에서 옮겨 온 내용임).

개별치료에서의 치료사 자기평가

치료사의 개입태도와 반응	그렇다	아니다
치료를 위한 준비가 되었는가(매체, 감정)?		
심리적 및 물리적 거리두기를 하는가?		
개입과정은 치료대상의 관심에 초점을 두었는가?		
치료대상의 욕구를 존중했는가?		

치료대상을 교육하려고 했는가?		
치료사자신의 개방을 너무 자주했는가?		
치료대상의 관심을 끌기 위해 비위를 맞추었는가?		
돌발적인 행동이나 질문에 당황했는가?		
재료사용을 간섭했는가?		
치료대상의 침묵에 반응하여 기다렸는가?		
칭찬을 많이 했는가?		
치료대상의 감정에 반응하고 다루었는가?		
분석적인 태도로 치료대상을 안내했는가?		
적절한 상황에 개입했는가?		
치료사자신의 이야기를 자주 사용했는가?		
임상가로서 부족했다고 느끼는 부분에 대해 어떻게 대처할 것인가?		

집단임상에서 치료사자신의 평가는 개별상황과는 다른 개입기술을 사용하게 된다. 개별접근은 대상관세경험의 이자관계로 접근되는 반면에, 집단에서는 이자관계에서 삼자관계로의 확장된 구성원간의 역동을 사용하고 상호작용적 맥락의 기술적 대처를 필요로 한다.

다음은 효과적인 집단안내를 위해 치료사가 적절한 대처를 했는지 스스로 평가하고 부족한 대처를 위해 어떠한 준비가 더 필요한지 계획하고 책임성을 다 하기 위한 평가내용이다(아래의 예시 평가지는 "청소년임상미술치료방법론, 2005"; "집단미술치료방법론I, 2016 개정판"에서 옮겨온 내용임).

집단임상에서
치료사 자신의 평가

집단치료사의 개입태도와 반응	그렇다	아니다
집단을 위한 준비가 되었는가(매체, 대상, 자기감정)?		
사용된 매체와 주제는 적절했는가?		
물리적환경은 준비되었는가?		
공동치료사 또는 보조치료사와의 사전준비는 충분한가?		
새로운 구성원과 중도 탈락한 구성원에 대한 워밍업과 관리는 되었는가?		
회기시작의 워밍업은 적절한가?		
공유과정에서 구성원간의 시선접촉은 유지되었는가?		
자발적인 상호작용과 감정표현을 위해 격려했는가?		
돌발적인 상황에 대한 느낌을 표현할 기회를 제공했는가?		
공통관심사에 대한 공유과정에서 적절한 시기에 개입했는가?		
작품의 공유는 공통관심사에 몰입하도록 도왔는가?		
구성원 모두에게 적절한 관심을 주었는가?		
구성원간의 상호작용과 감정은 무비판적으로 충분히 지지했는가?		
감정과 공유내용들은 충분히 다뤄졌는가?		
종료는 구성원의 성장을 촉진하고 보상적이었는가?		
종료를 위한 이완경험과 담아내기를 제공했는가?		
과정의 시간비율은 적절했는가?		
집단치료사로서 부족했다고 느끼는 부분에 대한 대안은 무엇인가?		

종결시점에서 고려되어야할 사항

미술치료에서 종결이 갖는 의미에는 한 회기의 종료와 치료전체과정의 종결이라는 두 가지 의미를 포함한다.

종결 의미

회기의 종결준비는 치료대상이 효과적이고 만족한 경험을 가지고 떠날 수 있도록 돕는 것이며 치료경험이 일상생활에 부정적인 영향으로서 이차적인 문제를 발생시키지 않도록 돕는 것을 포함한다. 치료전체과정의 종결이란 치료의 최종단계로서 치료계약과 치료관계를 완전히 종료하는 것을 말하며 여기에서는 치료전체과정의 종결에 초점을 두겠다.

종결 이유

미술치료임상에서의 모든 노력과정은 언젠가는 종결에 이르게 되는데 대체로 종결의 이유는 치료계획에서 이미 사전에 동의되어진 약속기간이 되었거나 치료가 충분히 목표 달성된 경우, 치료계약조건에 대한 의견불일치 또는 치료과정의 불만족 등의 이유로 한쪽이 종결을 결정한 경우, 또는 이사 등에 의해 다른 곳으로 옮겨가야하는 경우, 치료사의 한계성 등에 의해 치료를 종결하게 된다.

종결준비하기

분리개별화 단계로서 종결 감정

종결의 이유가 무엇이었든 간에 종결과 관련된 치료대상의 심리적상황은 독특한 감정으로 반응할 수 있다. 정신 역동적 측면에서 보면 치료의 시작은 출생과 같은 불안의 심리적 의미를 함축하고 있어서 편안하고 안정된 치료환경으로 치료대상을 담아내야하지만, 종결은 분리개별화의 단계와 같은 분리감정을 불러일으켜 불안, 부정, 저항, 애도의 반응을 불러일으킨다.

치료환경에서 떠나 보내야하는 대상에게서 수없이 느끼는 경험들 가운데 20년 전 정신건강의학과 폐쇄병동에서 만났던 한 청소년의 사례를 예로 들어보기로 하자. "그 청소년은 부모에 의해 원치 않는 퇴원을 결정하고 입원실을 나서는 순간 신체의 경직증상을 나타내었기에 퇴원을 포기할 수밖에 없었는데, 부모가 퇴원을 포기하고 돌아서자 1시간도 채 안되어 다시 원상으로 회복된 경우가 있었다." 물론 그러한 현상은 약물부작용의 반응결과로 간혹 나타날 수 있는 현상이지만 그 청소년의 경우는 약물을 사용하지 않았다는 점에서 그의 신체변형은 심리적 반응이라는 추론의 근거가 된다.

종결에 대한 양가감정

이 외에도 종결과 관련된 당혹스러운 상황들은 종종 있다. 치료결과에 대해 만족하면 만족한대로 불만족하면 불만족한대로 종결에 대한 양가감정은 누구에게나 이차적인 문제로 등장할 수 있다. 이에 대한 치료사의 준비가 소홀해서는 안 되며 이 과정은 치료대상 본인과 그의 가족이 포함되고 충분한 시간을 가지고 준비되어야 한다. 다음은 종결준비에 대해 치료사가 스스로 평가해보아야 할 내용이다("청소년임상미술치료방법론, 2005"에서 옮겨온 내용임).

종결준비에 대한 평가

- 종결의 목적과 이유가 분명하고 타당성이 있는가?
- 종결을 위한 준비 시기는 언제부터인가?
- 종결준비에 치료대상과 가족을 포함시켰는가?
- 치료결과에 대한 불만족을 호소했다면 그에 대한 적절한 개입은 있었는가?
- 사후관리(의뢰, 사후개입)에 대한 언급은 있었는가?

종결에서 나타날 수 있는 심리적 반응

종결단계에서 경험하게 되는 심리적 반응은 불안, 부정, 분노, 애도, 고별증후군의 다섯 단계이다. "15년 전 머리 뽑는 특정행동을 보였던 한 소녀가 나와 미술치료를 시작한지 18개월 만에 치료를 종결하는 과정에서, 어머니에게 치료를 계속하겠다고 고집을 부리며 치료를 그만두면 아마도 다시 머리를 뽑게 될 거라며 종결 불안을 호소해왔다. 그 아이는 나에게 요즘 엄마의 잔소리가 다시 심해졌고 앞으로 자신은 분명히 엄마 때문에 힘들어질 거라며 종결을 미루도록 엄마를 설득해줄 것을 요구하기도 했다."

이러한 종결단계에서 보이는 감정의 주제는 상실과 분리에 대한 불안이다. 상실에 대한 반응은 행동에서뿐만이 아니라 그림 표현에서 보다 구체적으로 드러나 보인다. 치료사가 유의해야할 사항은, 치료대상이 치료사에 대한 분리불안과 관련된 문제이외에 가족과 다른 사람들과의 상실경험을 동시에 경험하고 있는지에 대해서도 민감하게 살펴야한다. 간혹 그림 표현에서 종결에 대한 상실의 보상욕구로 퇴행의 형태를 드러내기도 한다.

다음에서는 반사회적 행동문제를 보였던 청소년임상에서 내가 사용했던 종결준비 평가와 사후계획을 위한 질문지를 제시하였다(다음의 예시 평가지는 "청소년임상미술치료방법론, 2005"에서 옮겨온 내용임).

종결 준비와 사후계획을 위한 평가지

- 치료과정에서 가장 힘들었던 점은 무엇입니까?
- 치료 후의 변화는 무엇입니까?

  청소년 본인의 변화 :

  가족의 변화 :

- 종결 후 염려되는 문제가 있다면 무엇입니까?

염려되는 문제	이전의 대처방법	종결 후 필요한 대처방법	청소년	가족
			가족이 도울 수 있는 방법	청소년이 도울 수 있는 방법

• 사후계획

첫째 :

둘째 :

셋째 :

넷째 :

종결준비 평가지 사용방법

위의 내용은 종결준비과정에서 치료대상인 청소년과 가족에게 질문지를 따로 제시하여 각각 기록해 오도록 과제로 제공되며, 종결을 위한 가족개입에서 이를 토대로 종결준비를 하게 된다. 이때 청소년과 가족의 의견차이로 통합적 소통이 어려울 수 있는 내용에 대해서는 치료사가 사전에 양쪽을 중재하여 조율한 후, 청소년과 가족이 함께 한 치료 상황에서 내용을 통합하는 방식으로 이뤄지고, 약속한 통합내용을 복사하여 가족과 청소년이 소유하도록 제공되어 진다.

이것은 종결이후에 사후개입에서 확인되고 재조정하는 과정으로 관리되면서 치료경험이 지속적으로 유지되고 성장을 향해갈 수 있도록 돕게 된다.

다른 기관에 의뢰하기

전환과 의뢰

종결단계에서 치료사의 의무는 치료대상의 지속적인 도움 또는 재발을 예방하기 위해 사용가능한 전문자원이나 도움체계를 안내하는 것이다. 치료대상이 가진 문제의 정도가 기관의 환경이나 치료사자신의 전문적 수준을 넘어서는 경우라면 치료중이라도 적절한 다른 도움기관을 소개해야하는데 이러한 과정을 의뢰 또는 전환이라고 한다.

의뢰는 종결과정에서 치료사가 반드시 고려해야할 책임성과 관련된다. 또는 종결상황이 아니거나 이미 치료가 진행 중이라 하더라도 어떠한 사유로 인해 치료의 지속이 부적절하고 치료사전환이 필요하다고 평가되었거나 치료대상의 필요와 요구가 현재의 치료환경에서는 부적절하다고 평가되었다면, 동일기관 내에서 또는 다른 기관에 보내어지는 치료사전환 또는 타 기관으로의 전환(또는 의뢰)을 결정할 수 있다.

의뢰사유에 대한 동의를 근거로 감정 다루고 실제 정보 제공

의뢰 시 치료사가 해야 할 일은, 치료대상 본인과 가족이 거절감을 느끼지 않도록 의뢰사유에 대해 설득력 있게 전달되어야 하고 치료사나 기관전환으로 인한 감정을 다루어야 한다. 치료대상 개인에 따라서는 정보를 제공해주는 것만으로 충분하지 않고 보다 더 구체적인 도움이 필요할 수도 있다. 예를 들면 주소나 전화번호 및 치료사의 성함과 특성 외에 도움가능의 범위와 경계까지도 그리고 어떻게 연락하고 무엇을 요청할 수 있는지에 대한 방법까지도 알려줄 필요가 있다.

흔하지는 않지만 치료사는 자신의 전문성이 그를 충분히 도울 수 없는 상황인데도 불구하고 비현실적인 희망을 주거나 기관의 기능과 맞지 않고 자신의 전문성을 넘어서는 약속을 하는 오류를 범하는 경우가 있을 수 있다. 우리가 해야 할 일은, 좋은 치료를 제공하는 직접적인 역할 외에 다른 기관이나 다른 전문가를 통해 더 적절한 치료를 받을 수 있도록 안내하고 필요자원을 충분히 활용할 수 있도록 돕는 일까지도 포함한다는 사실을 잊지 않아야할 것이다. 다음에서는 의뢰상황에서 반드시 확인해야하

는 치료사의 자세와 역할을 요약하고 있다.

의뢰에서 치료사의 자세와 역할

- 치료대상의 욕구는 무엇인가?
- 의뢰 시 치료대상의 감정을 충분히 수용하고 다루었는가?
- 도움 가능한 한계를 분명히 설명했는가?
- 의뢰시기와 과정은 적절했는가?
- 의뢰의 사유가 치료사자신의 책임회피는 아니었는가?
- 치료대상의 자기결정을 존중했는가?

사후개입 또는 사후관리 약속하기

치료종결 후 치료대상이 치료사의 지속적인 개입이 없이도 잘 기능하고 있는지 더 이상의 다른 문제가 발생하지는 않는지 평가하고, 치료결과를 유지하고 계속 성장해갈 수 있도록 지지하는 종결이후의 부가적인 도움을 사후관리라고 한다.

사후관리 의미와 방법

나의 임상에서는 늘 종결 시에 사후개입 또는 사후관리를 기본적인 도움과정으로 받아들이는데 그 이유는, 재발의 요소를 예방하고 변화를 지속하고 견고한 회복으로 안내하기 위함이다. 치료대상과 그의 가족은 종결이후의 관계를 불편해하는 경우가 흔히 있기 때문에, 종결준비과정에서 사후 일정기간동안 진행될 개입일정을 약속하거나 또는 사후관리차원의 일정이 포함된 종결계획서를 준비하고, 동의서를 받는 것도 적극적인 사후관리방법의 하나이다.

사후관리와 사후개입의 유사성과 차별성

사후개입과 사후관리는 종결 이후의 도움체계라는 점에서 유사하나 이 둘의 접근방법은 서로 다른 특성이 있다. 사후개입은 기존의 방법과는 다른 일정과 방법을 적용하나 치료적 접근이 함축되는 반면에, 사후관리는 직접적인 도움체계라기보다는 간접적이고 비공식적인 전화나 메일로 시

아동청소년 치료의 과정

작하기도 하며 치료대상의 필요와 요구에 의해 필요할 때 만남을 약속할 수도 있다.

옥금자 정신건강 연구소(Keapa 광주 연구소)의 치료과정

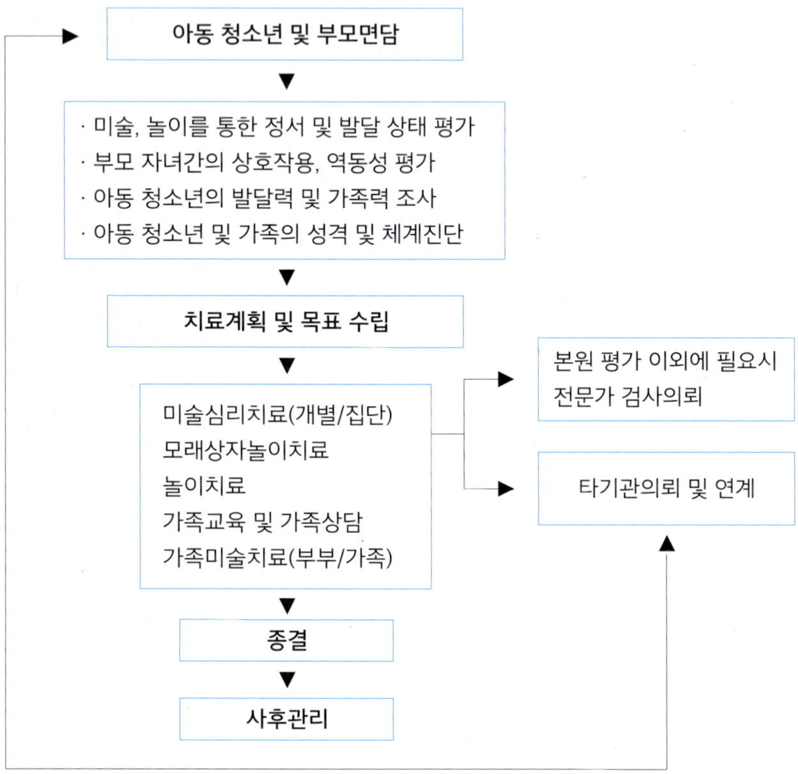

따라서 사후개입이라고 명명한다면 사후관리보다는 더 구체적이고 정한 일정내에서 치료과정과 유사하게 진행되며, 치료경험이 지속적으로 유지되도록 연습과 더 보완이 필요한 도움요소에 초점을 둔 방법적 의미를 함축하는 접근이다. 그러므로 본인과 가족의 필요와 욕구에 의해 선별적으로 선택되고 기간이나 일정의 간격 또한 개인의 필요에 따라 선택적으로 적용된다.

반면에 사후관리는 일정을 정하는 것은 유사하나 선별적이 아닌 종결대상 모두에 해당하며, 재발예방을 위해 정신건강의료기관에서는 사후관리

팀이 구성되어 있어서 종결대상을 관리하기도 한다. 그러나 모든 의료기관이 사후관리팀을 운영하는 것은 아니며 특히 개원치료사들의 경우 이 사후관리의 중요성을 인식하지 못하고 있는 경우가 대부분이어서 많이 아쉬운 부분이다.

십대 청소년기부터 의료와 장애영역에 관심 갖기 시작하여 40년이 넘는 세월을 오로지 상담과 치료체계를 맴돌며 지금에 있는 나로서는, 치료사들의 사후관리 필요성에 대한 의식과 실천적 접근의 중요성을 수없이 강조해왔고 지금도 강조하고 있는 부분이 이 사후관리이기도 하다.

앞 페이지의 표는 2001년 2월 KEAPA광주호남지부 & 광주표현예술심리치료연구소(2014년에 운영체계가 제자 두 분에 의해 운영되면서 혜윰심리상담연구소로 명칭변경과 장소이전이 있었음)가 개원하면서부터 지금까지 나의 임상에서 유지해온 치료계약부터 종결 및 사후관리까지의 과정(청소년 임상미술치료방법론 p.149 표 8-4)이다. 앞 페이지의 표는 독자의 이해를 돕기 위해 아동청소년의 치료과정을 보여주고 있으며, 성인 치료에서도 동일한 체계와 순서를 따른다.

참고문헌

박원명외 역(2014). 정신의학적 진단의 핵심. 시그마프레스

옥금자(2016). 이상심리 미술치료 지침서. 하나의학사.

옥금자(2016). 집단미술치료방법론 I(이론과 기법) 개정판. 하나의학사.

옥금자(2016). 집단미술치료방법론 II(임상적 실제) 개정판. 하나의학사.

옥금자(2015). 미술치료프로그램 매뉴얼-아동청소년의 부적응예방을 위한. 시그마프레스.

옥금자(2014). 발달적 특성과 특성별 지침서-미술치료사의 아동청소년 정신건강중재 를 위한. 시그마프레스

옥금자(2013). 학교미술치료 지침서-아동청소년 치료의 평가기법과 임상준비를 위한. 시그마프레스.

옥금자(2013). 미술치료의 발달적 심리학적 매체선택과 적용. 하나의학사

옥금자(2010). 아동청소년이상심리와 학교미술치료. 옥금자정신건강연구소 & 한국 학교미술 심리상담연구소 교육자료.

옥금자(2009). 표현예술치료로 만나는 정신건강 이야기. 시그마프레스.

옥금자(2007). 미술치료 평가기법의 이론과 실제. 하나의학사.

옥금자(2005, 2007). 청소년임상미술치료방법론. 하나의학사.

이윤주(2007). 상담사례개념화의 영역과 요소. 한국학술정보.

이정균(1981). 정신의학. 일조각.

이정태, 채영래 역(1996). 역동정신의학. 하나의학사.

이재훈 역(2004). 대상관계이론과 정신병리학. 한국심리치료연구소.

정남윤 & 이기련 역(2008). 정신분석적 진단. 학지사.

조수철 외(2014). 생물소아정신의학. 시그마프레스.

홍강의 외(2014). 소아정신의학. 학지사.

Balint, M. (1968). The Basic Fault: Therapeutic Aspects of Regression. London: Tavistock.

Balint, M. (1965). Primary Love and Psychoanalytic Technique. London: Tavistock.

Balint, M. (1957). The Doctor, His Patient, and the Illners. London: Tavistock.

Berman, P. (1997). Case conceptualization and treatment planning: exercises for integrating theory with clinical practice Newbery Park, CA; Sage.

Berman, P. (1997). Therapeutic exercises for victimized and neglected girls: Applications for individual, family, and group psychotherapy. Sarasota, FL: professional Resource Press.

Bion, W. (1970). Attention and Interpretation. London: Tavistock.

Bion, W. (1967). Second Thoughts. London: Heinemann.

Bion, W. (1962). Learning from Experience. New York: Basic Books.

Bion, W. (1959). Experience in Groups. New York: Basic Books.

Bond, M. P., Gardner, S. T., Christian, J., & Sigal, J. J. (1983년). Empirical Study of Self-Rated Defense Styles. Archives of General Psychiatry, 40, 333-338.

Bowen, M. (1978). Family Therapy in clinucal practice. New York: Jason Aronson

Erikson, E, H. (1973). Dimensions of a New Identity: Jefferson Lectures. New York: Norton.

Erikson, E, H. (1968). Identity: Youth and Crisis. New York: Norton.

Erikson, E, H. (1963). Childhood and Society. New York: Norton.

Erikson, E, H. (1959). Identity and the Life cycle: Vol. 1. Selected papers, psychological issues. New York: International Universities Press.

Fairbairn, R. (1952). An object-relations theory or the personality. New York: Basic Books.

Foulkes, S. H. (1986). Group Analytic Psychotherapy. London: Karnac Books.

Foulkes, S. H. & Anthony, E. J. (1984). Group Psychotherapy: The Psychoanalytical Approach. London: H. Kamac Books.

Foulkes, S. H. and Anthory, E. J. (1968). Group Psychotherapy, the Psycho-Analytic approach, London: Penguin.

Foulkes, S. H. (1964). Therapeutic Group Analysis, reprinted 1984, London: Karnac Books.

Freud, A. (1965). Normality and Pathology in Childhood: Assessments of Development. New York: International Universities Press.

Freud, A. (1936). The ego and Mechanism of Defense In: The Writing of Anna Freud. New York: International Universities Press.

Freud, S. (1924). The dissolution of the Oedipal complex. London: Hogarth Press.

Freud, S. (1923). The Ego and Id. London: Hogarth Press.

Freud, S. (1921). Group psychological and the analysis of the ego. London: Hogarth Press.

Freud, S. (1918). From the history of an infantile neurosis. London: Hogarth Press.

Freud, S. (1917년). Introduction to Psychoanalysis. New York: Boni and Liveright.

Freud, S. (1911). Formulations on the two principles of mental functioning. London: Hogarth Press.

Freud, S. (1894). The neuro-psychoses of defence. In J. Strachey(Ed. And Trans.), The Standard Edition of the Complete Psychological Works of Sigmund Freud (Vol. 3, pp. 41-61). London: Hogarth Press.

Hartmann, H. (1939). Ego Psychology and the Problem of Adaptation. new York: international Universities press.

Jacobs, T. (1991). The Use of the Self. Madison, CT: international Universities press.

Jacobson, E. (1967). Psycotic Conflict and Reality. new York: international Universities press.

Jacobson, E. (1964). The Self and Object World. new York: international Universities press.

Jacobson, E. (1954). The Self and Object World. Psychoanalytic Study of the Child. new York: international Universities press.

Kernberg, O. F. (1996). A psychoanalytic theory of personality disorders. In major theories of personality disorder. New York: & London: The Guilford Press.

Kernberg, O. F. (1995). Love relations. New Haven, CT: Yale University Press.

Kernberg, O. F. (1984). Severe personality disorders. New Haven, CT: Yale University Press.

Kernberg, O. F. (1976). Object-Relations theory and clinical psychoanalysis. New York: Jason Aronson.

Klein, M. (1955). New Direction in Psycho-Analysis. London: Tavistock.

Klein, M. (1935). A contribution to the psychogenesis of manic-depressive states. In Love, Guilt and Reparation. New York: Free Press.

Klein, M. (1926). The psychological principles of early analysis. In: Love, Guilt and Reparation. New York: Free Press.

Kohut, H. (1977). The Restoration of the Self. New York: International Universities Press.

Kohut, H. (1974). The analysis of the self : A systemic approach to the psychoanalytic of narcissistic personality disorders. new York: international Universities press.

Kohut, H. (1971). The Analysis of the Self. New York: International Universities Press.

Mahler, M. (1975). On the current status of the infantile neurosis. J. Amer. Psychoanal. Assn, 23, pp. 327-333.

Mahler, M. (1968). On Human Symbiosis and the Vicissitudes of Individuation New York: International Universities Press.

Mann, J. (1973). Time-Limited Psychotherapy. Cambridge, MA: Harvard University Press.

Mcdougall, J. (1995). The Many Faces of Eros. New York: Norton.

Mcdougall, J. (1989). Theaters oh the Body. New York: Norton.

Mcdougall, J. (1985). Theaters of the Mind. New York: Basic Books.

Mcdougall, J. (1978). Plea for a Measure of Abnormality. New York: International Universities Press.

Schsrff, D. E. (1996). Object Relations Theory and Practice. Northvale, NJ: Jason Aronson.

Schsrff, D. E. (1992). Refinding the Object Reclaiming the Self. Northvale, NJ: Jason Aronson.

Schsrff, D. E. & Schsrff, J. S. (1987). Object Relations Family Theory. Northvale, NJ: Jason Aronson.

Segal, H. (1991). Dream, Phantasy and Art. The New Library of Psychoanalysis, vol. 12., ed. E. B. Spillius. London: Tavistock/Routledge.

Segal, H. (1981). The Work of Hanna Segal: A Kleinian Approch to Clinical Practice. New York: Jason Aronson.

Segal, H. (1979). Klein. Glasgow: Fontana.

Segal, H. (1964). Introduction to The Work Melanie Klein. London: Heinemann.

Sperry, L., Backwell, B., Gudeman, J. & Faulkner, L. (1992). Psychiatric case formulations. Washington, DC: American Psychiatric Press.

Sperry, L. (2010). Core competencies in counseling and psychotherapy: Becoming a highly competent and effective therapist. New York, NY: Routledge.

Sullivan, H. (1964). The Fusion of Psychiatry and Social Process. New York: Norton.

Sullivan, H. (1962). Schizophrenia as a Human Process. New York: Norton.

Sullivan, H. (1953). Interpersonal Theory of Psychiatry. New York: Norton.

Sullivan, H. (1940). Conceptions of Modern Psychiatry. New York: Norton.

Vaillant, G. E. (1992년). Ego Mechanisms of Defense: A Guide for Clinicians and Researchers. Washington, DC: American Psychiatric Press.

Vaillant, G. E. (1975년). Natural history of male psychological health, III: Empirical dimensions of mental health. Archives of General Psychiatry, 32, 420-426.

Vaillant, G. E. (1971년). Theoretical hierarchy of adaptive ego mechanisms. Archives of General Psychiatry, 24, 107-118.

Winnicott, D. W. (1987). Human nature. London: Free Association Books.

Winnicott, D. W. (1986). Holding and interpretation: Fragment of an analysis. London: Hogarth and Institute of Psychanalysis.

Winnicott, D. W. (1971). Playing and reality. New York: Tavistock Publications.

Winnicott, D. W. (1965). The Maturational Processes and the Facilitating Environment. New York: International Universities Press.

Winnicott, D. W. (1963). psychotherapy of character disorders. In: The Maturational Processes and the Facilitating Environment. New York: International Universities Press.

Winnicott, D. W. (1962). A Personal view of the Kleinians contribution. In the Maturational process and the Facilitating Environment. New York: International Universities Press.

Winnicott, D. W. (1960). The theory of the parent-infant relationship. In: The Maturational Processes and the Facilitating Environment. New York: International Universities Press.

Winnicott, D. W. (1958). The capacity to be alone. In: The Maturational Processes and the Facilitating Environment. New York: International Universities Press.

Winnicott, D. W. (1951). Transitional Objects and transitional phenomena. In: Through Paediatrics to Psychoanalysis. New York: Basic Books.

부록1

초기 청소년용 면담 기록지[부모가 직접 기록]

치료계약 시 과제로 제공하고 첫 치료 시간 이전에 부모면담에서 보완하되,
반드시 청소년과 함께 하지 않은 별도의 일정을 약속하여 진행함.

접수번호 :

접 수 일 :

일반적인 사항

<table>
<tr><td>이 름</td><td></td><td>성 별</td><td></td><td>생년월일</td><td></td></tr>
<tr><td rowspan="2">종 교</td><td rowspan="2"></td><td rowspan="2">학교,학년,
유치원</td><td rowspan="2"></td><td>다니는 기관</td><td></td></tr>
<tr><td>TEL</td><td></td></tr>
<tr><td>주 소</td><td colspan="5"></td></tr>
<tr><td>TEL</td><td colspan="5"></td></tr>
</table>

접수 전 상담 및 치료 상황

나 이	기 관 명	진 단	교육 및 치료	여부기간

방문 당시의 상황

1. 어떻게 오게 되었습니까?

   1) 스스로　2) 아는 사람을 통해서　3) 타 기관에서 의뢰

2. 특별히 지금 데리고 온 이유는 무엇입니까?

   1)

   2)

   3)

   4)

   5)

3. 방문하게 된 주된 문제는 무엇입니까? (어려움의 순서대로)

   1)

   2)

   3)

   4)

생육사

1. 결혼시

   1) 언제 결혼하셨습니까? (　　년 / 연령 부:　　세 모:　　세)

   2) 어떻게 결혼하게 되었습니까? (① 중매 ② 연애 / 교제기간:　　년)

   3) 결혼 결심을 하게 된 동기는 무엇이었습니까? (　　　　　　　　)

   4) 현재 부부관계는 어떠합니까? (　　　　　　　　)

2. 임신시

   1) 복용한 약이 있습니까? (① 무 ② 유(　개월)/ 내용:　　　　　　)

2) 임신 중에 질환이 있었습니까? (① 무 ② 유(　개월)/ 내용:　　　　　)

3) 입덧은 어떠했습니까? (① 무 ② 유(　개월)/ 내용:　　　　　)

4) 심리상태 및 주변환경

계획된 임신이었습니까? (① 예 ② 아니오)

임신에 대한 반응(부모의 느낌)은 어떠했습니까?

부 :

모 :

3. 출생시

1) 산모의 연령은 몇 살이었습니까? (　　세)

2) 분만상태는 어떠했습니까? (① 순산 ② 난산 ③ 제왕절개)

3) 산소호흡기를 사용했습니까? (① 무 ② 유 / 기간:　　)

4) 출생시 체중은 몇 kg이었습니까? (　　kg)

5) 황달이 있었습니까? (① 무 ② 유 /치료기간 및 방법:　　　　　)

4. 수유 및 식사

1) 수유방법은 무엇이었습니까? (① 모유(　개월) ② 우유(　개월)
③ 모유+우유(　개월) ④젖을 뗀 시기(　개월))

2) 3세이전의 식습관은 어떠했습니까? (편식:　/ 식사태도:　)

3) 3세이후의 식습관은 어떠했습니까? (편식:　/ 식사태도:　)

5. 대소변 훈련

1) 배변 훈련의 시작시기는 언제였습니까? (　개월)

배변을 가린 시기는 언제입니까? (　　　)

현재 배변 상태는 어떠합니까? (① 정상 ② 변비 ③ 유분)

훈련은 어떻게 하였습니까? (　　　　　　　　　　)

아이반응은 어떠했습니까? (   )

2) 소변 훈련 시작시기는 언제였습니까? (   )

현재 소변 상태는 어떠합니까? (① 정상 ② 유뇨)

소변을 가린 시기는 언제였습니까? (   )

훈련은 어떻게 하였습니까? (   )

아이반응은 어떠했습니까? (   )

6. 수면 및 활동

1) 보챘음 (① 무 ② 유 (언제까지:)

2) 잠버릇은 어떠합니까? (   )

3) 현재 누구와 잠자리에 듭니까? (   )

4) 3세 이후의 활동량 (① 과소 ② 보통 ③ 과다)

7. 병력

1) 고열이 있었습니까? (① 무 ② 유 /시기: 최고 온도:)

2) 경기를 한 적이 있었습니까? (① 무 ② 유 /시기: 최고 온도:)

3) 현재 건강상태는 어떠합니까? (   )

4) 현재 체중은 몇 kg입니까? (   )

발달과정

1. 신체발달(괄호 안은 정상 개월임)

1) 언제부터 목가누기(2)가 가능했습니까? (개월)

2) 언제부터 기기(6) 시작했습니까? (개월)

3) 언제부터 걷기(12~13) 시작했습니까? (개월)

4) 숟가락질(24)는 언제부터 가능했습니까? (개월)

5) 옷 벗기(24)는 언제부터 가능했습니까? (　　개월)

6) 옷 입기(36)는 언제부터 가능했습니까? (　　개월)

2. 언어 및 인지발달

1) 옹알이(2~3)는 언제부터 시작되었습니까? (　　개월 / 양:　　)

2) 첫 단어(8~14)는 언제부터 시작되었습니까?

(　　개월 / 내용:　　　　　　　　　　　　)

3) 현재 언어 표현은 어떠합니까? (　　　　　/이해력:　　　　　　　)

4) 인지상태는 어떠합니까? (빠름　보통　느림　기타:　　　　　　　)

3. 사회 및 정서발달

1) 눈 맞춤이 있었습니까? (① 무　② 유)

2) 낯가림은 어느 정도였습니까? (① 없음　② 적음　③ 보통　④ 많음)

3) 엄마를 언제 알아보았습니까? (　　개월)

4) 엄마 없이도 잘 놀았습니까? (① 예　② 아니오)

5) 좋아하는 놀이는 있습니까? 어떤 놀이입니까? (　　　　　　　　　)

6) 좋아하는 장난감이 있습니까? 어떤 장남감입니까? (　　　　　　　)

7) 성격은 어떠하다고 생각합니까? (　　　　　　　　　　　　)

8) 부모와의 관계는 어떠합니까? (　　　　　　　　　　　　)

9) 형제와의 관계는 어떠합니까? (　　　　　　　　　　　　)

10) 또래와의 관계는 어떠합니까? (　　　　　　　　　　　　)

11) 이 외에 하고 싶은 말씀이 있습니까? (　　　　　　　　　　　　)

가족이 생각하는 유발요인 및 양육상의 특기사항(양육자, 양육자의 성격이나 태도, 동생분만시의 상황, 이사, 충격적인 사건, 집착하는 물건 등에 대해 아이 연령과 반응)

0~1세:

1~3세:

3세~학령 전:

학령기:

성장과정에서 발견된 특성적인 아동의 성격변화와 장점을 기억나는 대로 구체적으로 기록해 주세요.

학교 상황

	연령	적응정도 및 반응	교우 관계	성적 / 잘하는 과목 및 잘못하는 과목	과외활동 (시기, 내용, 아이반응)	교사의 의견	특성이나 기타 문제점
유치원							
초등학교 입학 1년							
초등학교 2년							

가족력

1. 가계도 (이 부분은 기록하지 않아도 됩니다.)

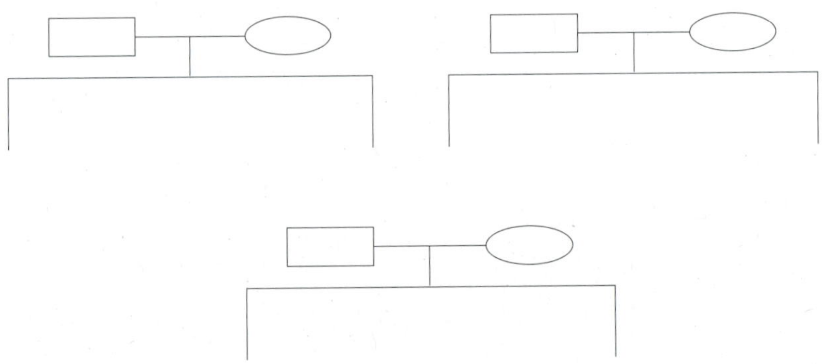

※ 관계 표시

좋은 관계 ――――　　　전혀 관계가 안됨 ―┼┼―

그저 그런 관계 ------　　　갈등관계 ∿∿∿

2. 가족상황

	아버지	어머니	아동의 형제 및 그 외 동거가족			
이름						
나이						
학력(학교, 전공)						
직업(회사명, 직책)						
월수입						
종교						
성격						
병 력						
아동에 대한 태도						
기타						

3. 현재 부모 관계는 어떠합니까?

치료에 대한 가족의 기대

1. 가족이 느끼고 있는 문제의 요인은 무엇이라고 생각하십니까?

   1)

   2)

   3)

   4)

   5)

2. 이곳에서 어떠한 도움을 받기 원합니까? (중요한 것부터 순서대로 기록하세요)

   1)

   2)

   3)

   4)

   5)

3. 가족이 생각하는 앞으로의 계획 및 희망사항에 대해 기록해 주세요.

   1)

   2)

   3)

   4)

   5)

치료자의 전체적인 요약

초기 계획

면담 일시:

면담 기록자:

부록2

중·후기 청소년용 초기 면담 기록지[부모가 직접 기록]

치료계약 시 과제로 제공하고 첫 치료 시간 이전에 부모면담에서 보완하되,
반드시 청소년과 함께 하지 않은 별도의 일정을 약속하여 진행함.

접수번호 :

접 수 일 :

일반적인 사항

이 름		성 별		생년월일	
종 교		학교,학년, 유치원		다니는 기관	
				TEL	
주 소					
TEL					

접수 전 상담 및 치료 상황

나 이	기 관 명	진 단	교육 및 치료	여부기간

방문 당시의 상황

1. 어떻게 오게 되었습니까?
   1) 스스로　2) 아는 사람을 통해서　3) 타 기관에서 의뢰

2. 특별히 지금 데리고 온 이유는 무엇입니까?
   1)
   2)
   3)
   4)
   5)

3. 방문하게 된 주된 문제는 무엇입니까? (어려움의 순서대로)
   1)
   2)
   3)
   4)

가족력

1. 가계도 (이 부분은 기록하지 않아도 됩니다.)

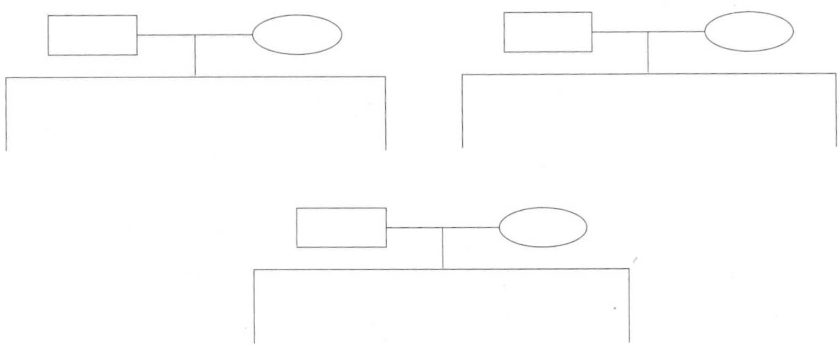

※ 관계 표시

좋은 관계 ———　　전혀 관계가 안됨 —++—

그저 그런 관계 - - - - -　　갈등관계 〰〰

2. 가족상황

	아버지	어머니	아동의 형제 및 그 외 동거가족			
이름						
나이						
학력(학교, 전공)						
직 업(회사명, 직책)						
월수입						
종교						
성격						
병 력						
(　　)에 대한 가족의 태도						
기타						

3. 부모관계

결혼배경

1) 언제 결혼하셨습니까? (　　년 / 연령 부:　　세 모:　　세)

2) 어떻게 결혼하시게 되었습니까? (① 중매 ② 연애 / 교제기간:　　년)

3) 결혼을 결심하게 된 동기는 무엇이었습니까? (　　　　　　　　)

4) 현재 부모관계는 어떠합니까? (　　　　　　　　)

4. 부모의 성장 배경

	아버지	어머니
대인 관계		
어린 시절 부모와의 관계		
어린 시절 형제와 관계		
직장 관계		
결혼 후 원가족과의 관계		
친정/처가와의 관계		

개인력

(건강상태, 성격적 특성, 적응상태, 양육자, 양육자의 성격이나 태도, 동생분만 시의 반응, 이사는 몇 살 때 몇 번했는가, 충격적인 사건, 집착하는 물건, 집착물건에 대한 특성적 반응, 친구관계, 부모와의 관계, 장점 등을 기록)

1. 출생 전후:

2. 유아기:

3. 유치원 시기:

4. 초등학교 시기:

5. 중학교 시기:

6. 고등학교 시기:

7. 고졸 이후/대학교:

학교 상황

	연령	적응 및 반응	교우 관계	성적 / 잘하는 과목 및 잘못하는 과목	과외활동 (시기, 내용, 아이반응)	교사의 의견	특성이나 기타 문제점
유치원							
초등 학교							

중학교							
고등 학교							
대학교							

치료에 대한 가족의 기대

1. 가족이 느끼고 있는 문제의 요인은 무엇이라고 생각하십니까?

   1)

   2)

   3)

   4)

   5)

2. 이곳에서 어떠한 도움을 받기 원합니까? (중요한 것부터 순서대로 기록하세요)

   1)

   2)

   3)

   4)

5)

3. 가족이 생각하는 앞으로의 계획 및 희망사항에 대해 기록해 주세요.

1)

2)

3)

4)

5)

치료자의 전체적인 요약

치료자의 초기계획

면담 일시:

면담 기록자:

부록3

성인용 초기 면담 기록지[직접면담에서 사용]

접수번호 :

접 수 일 :

일반적인 사항

이 름		성 별	남 / 여	나 이	
결혼상태		종 교		학 력	
직 업					
주 소				전 화	

접수 전 상담 및 치료 상황

나 이	기 관 명	진 단	교육 및 치료	기간

가족력

1. 가계도 (이 부분은 기록하지 않아도 됩니다.)

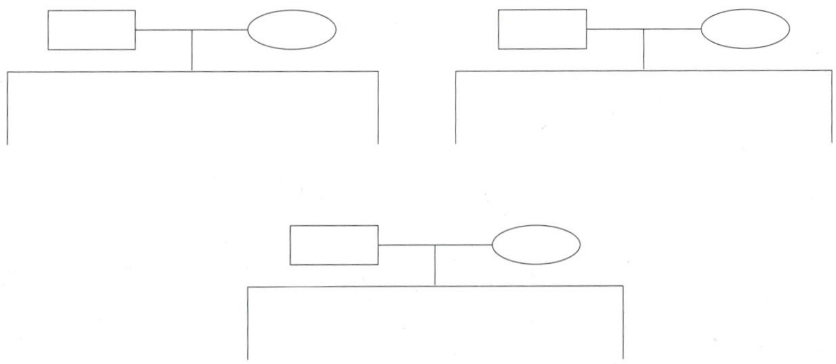

※ 관계 표시

좋은 관계

전혀 관계가 안됨

그저 그런 관계

갈등관계

2. 가족상황

	아버지	어머니	형제 자매, 동거가족			
이름						
나이						
학력(학교,전공)						
직 업/월수입						
종교						
병력						
대인관계						
성격						
기타						

가족내 염려되는 문제

주 호소 문제

개인력

1. 유아기:

2. 유치원 시기 전·후:

3. 초등학교 시기:

4. 중학교 시기:

5. 대학교 시기:

6. 성인기:

병전 성격 및 강점

평가 및 문제

치료자의 초기 계획

면담 일시:

면담 기록자:

부록4

개별 미술치료 과정 기록지

이 름		나이/성		일시/회기	
목 표					
주제 및 방법					
치료 전 특성					
과정					
부모개입					
평가 및 계획					

미술심리치료사: ______________

부록5

집단 미술치료 과정 기록지

집단명		일시/회기	
대 상			
목 표			
주제 및 방법			
준 비 물			
집단 전 분위기			
집단과정			
평가 및 계획			

미술심리치료사: ______________

부록6

가족 미술치료 과정 기록지

참여가족		일시/회기	
목 표			
주제 및 방법			
준 비 물			
작업 전 가족역동 및 특성			
과정			
평가 및 계획			

미술심리치료사: ______________

부록7

치료를 위한 가족 개입 [1]

이름: ________________

※ 자녀의 어려움이 시작된 과정에 대한 내용입니다.

1. __________와의 생활에서 힘들었거나 기억나는 특징적인 사건들을 기록해 보세요.
(의 어린 시절부터 현재까지의 과정들을 구체적이고, 가능한 6하 원칙에 의해 기록하세요).

> 1) 시기와 장소: 상황 및 아이의 반응에 대하여
> 2) 그 상황에서의 가족의 반응 및 태도는 어떠했는지
> 3) 그 결과 어떠한 일이 일어났는지에 대하여 기록해 보세요.

2. 현재 __________의 어려움이 일어날 수 밖에 없었던 예측되는 요인들에 대하여 생각해보세요.
   1)
   2)
   3)
   4)

3. ____________의 어려움을 해결하기 위해 가족은 어떠한 노력을 해 오셨습니까?
   1)
   2)
   3)
   4)
   5)

날짜 / 회기: ____________________

미술심리치료사: ________________

부록8

치료를 위한 가족 개입 [2]

이름: ____________

※ 이 기록은 가족 모두 각자가 ________의 장점을 20개 이상 기록합니다.

1. ________의 장점을 최대한 많이 기록해 보세요.

2. 장점을 기록하면서 느낀점을 표현해 보세요

날짜 / 회기: ____________

미술심리치료사: ____________

부록9

치료를 위한 가족 개입 [3]

이름: ________________

※ 자녀에 대해 염려하고 있는 것에 관한 내용입니다.

1. __________에 대한 나의 걱정과 짜증나는 점에 대하여 생각해 보세요.

걱정되거나 화나는점	이유

2. 나의 개인적인 어려움이나 스트레스가 미치는 영향에 대하여 생각해 보세요.

나의 어려움	( )에게 미치는 영향

3. __________의 치료를 위해 우리 가족의 행복을 위해 내가 할 수 있는 역할은 무엇이라고 생각하십니까?

날짜 / 회기: ____________________

미술심리치료사: ________________

부록10

치료를 위한 가족 개입 [4]

이름: ______________

※ 1~5 내용은 부모 자신의 원가족과 관련된 내용이며, 6~9 내용은 현재 자신의 자녀와 관련된 내용입니다.

1. ________를 꾸중할 때 가장 많이 사용하는 말은 무엇입니까?

2. 나의 어린 시절에 부모로부터 들었던 기억을 떠올려 보세요.
   1) 외모에 대해서:
   2) 언행에 대해서:
   3) 능력에 대해서:
   4) 생활태도에 대해서:
   5) 대인관계에 대해서:

3. 자신과 공통된 점은 무엇입니까?

	성 격	외모	생활태도	대인관계	기타
부모					
나					
자녀					

4. 성장과정에서 부모로부터 받은 체벌은 무엇입니까?

5. 어린 시절을 회상해 보면서 부모의 잘못을 지적한다면 어떠한 말을 할 수 있을까요?

◆ 아버지에게:

◆ 어머니에게:

6. 현재 나의 자녀가 나의 잘못을 지적한다면 어떠한 말을 할 것 같습니까?

◆ 나에게:

◆ 아내(남편)에게:

7. 나는 자녀들 앞에서 배우자를 비난한 적이 있습니까? 있다면 주로 사용한 언어는 무엇입니까?

8. 나의 가치관은 자녀에게 어떠한 영향을 미쳤을 것 같습니까?

9. 나의 가정을 위해 ________을 위해 자신이 할 수 있는 역할은 무엇이라고 생각하십니까?

날짜 / 회기: ____________________

미술심리치료사: ________________

부록11

치료를 위한 가족 개입 [5] - 종결준비

이름: ______________

※ 치료종료를 위한 준비와 지속적인 성장을 위한 내용입니다.

1. 치료과정에서 느낀점은 무엇입니까?

2. 치료 후의 변화는 무엇입니까?

◆ 자녀의 변화

치료전:

치료후:

◆ 가족의 변화

치료전:

치료후:

3. 아직 해결되어야 할 문제가 있습니까? 있다면 어떻게 하면 도움이 될 수 있겠습니까?

(청소년임상미술치료 방법론 p.145참조)

4. 사후 만남에 동의 하시겠습니까? 원하시는 방법이 있습니까?

(청소년임상미술치료 방법론 p.147참조)

날짜 / 회기: ________________

미술심리치료사: ______________

부록12

치료를 위한 가족 개입 [6] - 일상생활 상황

이름: ______________

날 짜	
문제상황 및 자녀의 반응	
어머니의 생각	
문 제 점	
개선 방안	

날짜 / 회기: ________________

미술심리치료사: ______________

부록13

종결 후 지속적인 성장을 위한 가족 개입

이름: ______________

날 짜					
문제상황 및 자녀의 반응					
어머니의 생각					
문 제 점					
개선 방안					
평가	매우 불만족	다소 불만족	그저 그렇다	다소 만족	매우 만족

날짜 / 회기: ______________

미술심리치료사: ______________

부록14

사례 개념화를 위한 요소들

사례개념화는 기본적으로 진단적, 임상적, 문화적, 개입적 등의 네 가지 구성요소로 이루어진다(Berman, 1997; Sperry, Backwell, Gudeman & Faulkner, 1992; Sperry, 2005, 2010; 이윤주, 2007; 옥금자정신건강연구소 임상연구 수련교재, 2002-2014; 옥금자정신건강연구소 사례개념화 연구수업자료 2014, 등의 사례개념화방법 참조). 역동접근의 미술치료사가 자신이 돕고 있는 치료대상의 사례개념화를 어떻게 실천해 나가야하는지에 대해서는 앞의 제3장에서 이미 접근방법과 구체적인 내용을 다루었다. 부록에서는 좋은 사례개념화를 위해 미술치료사가 숙지하고 유의해야할 사항에 초점을 두었다.

인간의 경험은 매우 다양하고 복잡하므로 미술치료사가 임상에서 반드시 유념해야할 내용이 있다.

- 인간의 정신건강에 절대적인 표준은 없다.
- 완전한 진리나 해답은 없다.
- 임상가로서 미술치료사는 치료대상의 특성들을 이론과 방법론에 대입하는 연습을 반복함으로써 현재 가지고온 문제에 대해 이해하고 가장 합당한 대안을 찾아야 한다. 예를 들면,

  치료대상의 연령, 발달, 성, 문화, 환경이 치료에 어떻게 연결될 것인가?

  치료경험, 학대, 특정사건, 질병, 그 외의 다른 기타 특정배경이 있는가?

  문제로 가져온 특정패턴이 병리적인가?

  일반적이라고 볼 수는 없지만 발달적 특성상 이 문제를 건강으로 볼 것인가?

사례개념화의 기본적인 4가지 구성요소 숙지하고 필요요소 적용하기

구성요소	내용
진단적	• 호소문제(제기된 문제나 특징적인 반응)는 무엇인가? • 문제를 촉발(문제를 일으키는 자극)시키거나 유지시키는 요인(문제패턴을 지속하게 하는 자극)이 있는가? • 현재 어떤 일들이 그에게 일어나고 있는가?
임상적	• 치료대상의 특성적인 패턴(지각, 사고, 행동을 경직시키는 부적절한 행동)이 있는가? • 문제가 왜 일어났는지 진단적요소와 개입적요소를 연결한다.
문화적	• 사회적 문화적 요인(특정집단에 대한 소속감)은 무엇인가? • 문화가 드러난 문제에 어떠한 영향(고통, 질환, 장애의 원인에 대한 신념)을 미치는가? • 문화적 특성으로 인해 받는 스트레스수준(심리사회적 어려움을 포함한 문화적응 관련 스트레스)은 어느 정도인가? • 문화와 성격역동간의 상호작용정도는 어느 정도인가?
개입적	확인된 문제요소들 간의 관련성을 어떻게 변화시킬 것인가와 관련하여 • 치료의 목표는 무엇인가? • 치료의 초점(치료에서 긍정적인 결과의 방향성을 제공하는 중요한 치료적강조점)은 무엇인가? • 구체적인 개입계획과 방법은 무엇인가? • 예측되는 치료의 방해요소(주요체계의 비협조 등 예측되는 장애요소들)와 도움자원(인적, 물적, 심리사회적 자원)은 구체적으로 무엇인가? • 예후(문제의 경과, 기간, 결과에 대한 예측)는 어떠한가?

좋은 사례개념화를 위해 스스로 평가하기

- 전체적인 설명이 제시한 계획과 방법에 논리적 근거가 있는지 확인한다.
- 계획과 실천방법이 가능한 것이고 예후가 현실적인지 확인한다.
- 각각의 요소들이 일관적이고 논리적으로 연결되어 있는지 확인한다.
- 사례개념화요소가 충분히 포함된 내용으로 사례요약이 되었는지 확인하고 평가한다.
- 사례개념화한 요소들의 내용에서 무엇이 초점인지 평가하고 확인한다.

사례개념화기술을 위해 반복학습하기

- 사례개념화의 기본적인 구성요소와 그에 따른 필수내용을 이해하고 숙지한다.
- 지속적이고 반복적인 연습이 필요하다.
- 임상감독 또는 동료집단에서 반복적이고 꾸준한 피드백을 받는다.
- 모범사례를 기준으로 다양한 관점에서 반복 연습함으로써 자기만의 통합적 기술이 가능해진다.
- 준비가 되면 역동적 접근 또는 개인의 선호이론에 근거한 사례개념화를 반복 연습한다.

찾아보기

<한글>

(가)

가족만의 문화적 특성 평가 질문 134
가족 미술치료 과정 기록지 261
가족 규칙 179-180
가족 내 위기사건 135
가족력 35, 65, 77, 84, 90, 129-131, 182, 230
가족만의 문화적 특성 평가 질문 132
가족면담 109, 113, 187
가족문화 131-132
가족사 66, 90, 110, 113, 130-132, 135-136
가족신화 180-181
가족평가에서 유의할 사항 177
가족항상성 177-178, 180
가학성 23
감정의 주제 59, 226
강점접근의 효과성 143
개별 미술치료 과정 기록지 259
개별성 19-20, 61, 71, 167
개인력 65-66, 83-84, 90, 97, 104, 112-114, 125-126, 129-130
거리두기 166, 168, 221
거절적인 애착유형 66
거짓자기 53, 80, 111, 117
경계선병리 117
경직된 가족경계 182
계약의 명료화 22
고전적 정신분석학적 시각 71
공간설정 20
공간의 상징적 의미 19
공간의 안전성 17
공감적 만남 88
공감적 능력 49
공감적 실패 47
공감적 태도 69, 154
공식적 사적자원 141
공식적 외적자원 140
과대자기 발달 75
과정기록과 종결 기록 211
관심의 능력 26, 84, 96
구조주의적 접근 182
기록방법 104, 211
기록 유형 210
기록에 대한 윤리적 책임 212
기술적 진단 71, 77
기질적문제의 가능성 115
기초면담 64

(나)

나쁜 대상 38
내적감정 19
내적대상 41, 44
내적대상관계 45, 47, 66, 77
내적세계 25, 33, 37-39, 41, 52, 88, 167
내적자원 140, 142-143, 151
내적 장애물 145-146, 148
내적투쟁 33

노년기 발달 129
노년기 특성과 경험수준 평가 질문 129

(다)

다축진단 71
단기계획 157, 159
단기목표 87, 151, 159, 205
단기 치료 67, 85, 87, 165, 169
단기치료에서의 그림표현 165
담아주기 20, 25
대상관계 18, 28, 39, 73-75, 77, 82-83
대상관계 특징 77
대상관계와 투사적 동일시 28
동일시 28, 41, 46-47, 54-55, 166, 171

(마)

마음의 눈 35
말러(Mahler) 72
명확한 가족경계 181
모호한 가족경계 181
목표설정 145, 151-155, 186
목표설정의 동기화와 적합성 153
목표설정의 핵심조건 152
무의식의 단서 29
무의식적 동기 29
문제를 유발시키는 장애물의 유형 144
문제의 기질성 평가 질문 116
문제의 전조징후 94
문제해결의 실마리 27
물리적 환경 16-18, 22
미술작품 활용 동의서 215
미술치료 결과물의 보관 213
미술표현의 보편성 70

(바)

발달사 65-66, 95, 112-113, 136
발달수준의 성숙도 평가 82
발테그기법 101
방어기제 53-55, 77, 169, 218-219
방어욕구 53
방어패턴 54, 67
방어현상 70
보웬(Bowen) 182
보호막으로서 문제 109
보호막으로서의 작품 170
보호시설 미술치료의 특성 208
보호시설에서의 접근방법 206
보호시설에서의 집단치료 효과성 209
보호시설에서의 치료목표 208
부모면담 100, 110, 113-114, 187, 230
부모환경 평가질문 115
부정적 역전이 96
분리개별화 59, 118-119, 224
비공식적 외적자원 140
비밀보장문제 97, 105
비밀보장성의 조건 106
비언어적 행동평가 98
비온(Bion) 34
비자발적인 참여자의 목표 153

(사)

사례 개념화를 위한 요소들 270
사례개념화 36, 56, 78-79, 85-87, 102, 139, 141, 143, 145, 147, 149, 152, 156, 158, 160, 163

사례개념화기술 272
사례개념화의 기본적인 4가지 구성요소 271
사실적 정보와 작품언어 104
사진콜라주 171-172
사회체계 73
사후관리 의미와 방법 229
사후관리와 사후개입의 유사성과 차별성 229
삼각관계 177-179
삼각관계의 형태 179
상실의 보상욕구 59, 226
상징과 메시지 및 행동과의 관계평가 218
생애초기경험 87
설리반(Sullivan) 72
성격발달수준 76
성격의 심리적유전 72
성격진단 70, 72
성숙한 방어기제 55
성인기 갈등 93
성인기 특성과 경험수준 평가 질문 127
성인용 초기 면담 기록지 254
신경증적 역전이 49
신경학적 발달적 문제 94
신체인식 74
신체적 정서적학 20
심리성적발달 71, 76
심리적 공간 17, 25-26, 33, 36, 40, 65
심리적 삶 26
심리적 치료환경 21
심리적 환경 16, 20, 22, 25, 37, 92, 98
심층적 접근 103

(아)

아동청소년치료의 과정 230
안아주기 20, 25, 40, 41, 59, 65
안전성과 만족감을 주는 재료 171
안전한 치료환경 17
애착유형 66
애착이론 84
애착행동 66, 77, 83
어머니(부모)개입 연습 188
에릭슨(Erikson) 72
역기능적 가족 179
역동심리치료 16, 80
역동적 사례개념화 85
역동적 평가 75
역동진단 71, 73, 77
역전이 32, 37, 45, 47, 49-51, 55, 66, 77, 84, 87, 95-97, 99, 106
역전이 대처 32, 50
역전이 탐색 37, 87, 106
역전이요소 22
예비치료 63, 85
예비평가 63
외적자원 140-142, 148
외적 장애물 146-147
욕구와 강점 수준 평가 질문 125
울타리로서의 한계설정 99
원시적기제 117
위기 중재에서 고려되어야 할 사항 186
위기개입 기술의 필요 요소 186
위니캇 25, 40, 117
유아동기 특성과 경험수준 평가 질문 120
유아동발달의 특성 119

은퇴기 128-129
은퇴기 삶의 방향 128
은퇴기 특성과 경험수준 평가 질문 128
의뢰경로 89
의뢰경로 확인방법 89
의뢰에서 치료사의 자세와 역할 229
의료기관의 팀 접근 159
의료적 진단 68
이상적인 면담공간 97
이상징후 76
이차적 방어 55
이차적인 서비스 155
일차적 방어기제 54-55
임상감독 34, 50-51
임상감독의 목적 51
임상기록의 기능 210
임상면담 88, 98-99, 131, 133, 135
임상적 자원 149
임상적 정보 107
임상평가 62, 219, 221

(자)

자기 연속성 74
자기결정의 가치 155
자기대상 실패 75
자기대상의 성숙도 75
자기분석 36, 51
자기통합 74
자아손상 70, 76
자원 사용에서의 윤리적 대처 149
자원체계의 유형 140
자원평가 기술의 4단계 141
자원평가 척도활용 142
자학적 욕구 23
작업 반응 평가 기록지 217
작업능력 평가 85
작품언어의 의미 167
장재적 공간 25
장기계획 157, 159
장기목표 151, 159, 208-209
장애물 143-145, 147-149
저항 41-43, 59, 148, 153, 168-169, 171, 173, 181, 194, 198, 217, 224
전이 23, 37-41, 45, 47-48, 56, 73, 77, 97, 99, 106, 148
전이대상 40-41
전이와 역전이 탐색 106
전이의 초점 48
전이행동 40
전이현상 37, 39
전화면담 81
전환과 의뢰 228
절제된 관찰 22
정보수집 35, 114, 220
정신건강의 척도 83
정신역동 평가 77
정신역동적 평가 70
제3의 귀 103
제3의 눈 103
종결 의미 224
종결 준비와 사후계획을 위한 평가지 226
종결단계 59, 220, 225-226, 228
종결에 대한 양가감정 58, 225
종결의 이유 58-95, 224

종결준비 59, 79, 224-227
종결준비 평가지 사용방법 227
종결준비에 대한 평가 225
종료시점 26-27
좋은 기록을 위한 유의사항 212
좋은 사례개념화 270-271
주 호소 90, 107
주관적 세계와 객관적 세계 101
주요 문제 90
중·후기 청소년용 초기 면담 기록지 247
중간공간 25
중간대상 60, 113, 118-119, 213
중간대상 경험에 대한 평가 질문 118
중간대상 창조의 중요성 118
중간현상 121
중기청소년기 특성과 경험수준 평가 질문 123
중년기 치료대상의 치료적 주제 127
증상의 발병시기 111
증상의 의미 107, 111, 126
지식학의 방어 64, 81, 169
지식화의 방어 사용 169
지연과 퇴행현상 70
직접면담 112
직접면담 80-81, 98, 110, 112
진단분류체계 71
진단적 가설 77
진행수준을 평가 110
집단 미술치료 과정 기록지 260
집단따돌림 38
집단에서 다루어져야 하는 일반적인 문제 174
집단응집력을 파악할 수 있는 기준 175
집착적인 애착유형 66

(차)

첫 면담 22, 64, 81-82, 88-89, 98, 113
청소년 개입에서 유의사항 166
청소년 위기 개입 유형 184
청소년 위기개입 185
청소년 집단 미술치료의 장점 172
청소년 집단에서 지켜져야 할 기본사항 174
청소년 치료의 특성 164
청소년기 갈등 92
청소년기 동일시 현상 166
청소년의 발달 단계별 선호매체 171
청소년의 이중적 욕구 170
청소년의 최대관심사 166
청소년임상 176, 182, 226
청소년초기발달 122
체계론적 접근 145
초기 면접기록 211
초기 애착경험 116
초기 애착관계 특성 평가 질문 117
초기 양육환경 40
초기 청소년용 면담 기록지 237
초기 평가면담 79
초기면담 19, 64, 80, 87, 89, 91, 96-97, 108, 116, 130, 160, 188
초기면담 준비 97
초기발달사 66
초기청소년기 100, 121
초기청소년기 특성과 경험수준 평가 질문 121
초기평가면담 67
초점전이 40-41
치료 상황 관찰 평가 기록지 216
치료거부 41

치료경험의 포괄적 이해 91
치료계약 22, 58, 91, 101, 106, 113, 157, 161, 214, 224, 231
치료계약초기 95
치료계획 56, 79, 87, 92, 109, 125, 138, 148, 156-161, 176, 210, 219, 230
치료계획단계 158
치료계획서 161-162
치료계획의 사전 재점검 160
치료계획의 체계학 162
치료공간 16-18, 27, 55, 65, 161, 207
치료과정 기록 동의서 214
치료관계 16-18, 36-45, 65-69, 79-80, 87, 105, 130, 146, 164, 197, 224
치료관계 갈등 93
치료기관쇼핑 94
치료대상의 내적기능 147
치료를 위한 가족 개입 262-265
치료를 위한 가족 개입 [5]-종결준비 267
치료를 위한 가족 개입 [6]-일상생활 상황 268
치료사 자기평가 221
치료사 자신의 평가 223
치료사의 공감능력 49
치료사의 박탈감 48
치료사의 실수 46
치료사의 역할 경계와 윤리적 의무 31
치료사의 전문성 보호장치 51
치료사의 중립적 자세 92
치료사조정문제 105
치료실의 일반적 조건 17
치료울타리 16, 64
치료의 체계적 순서 156
치료적울타리 19, 22
치료전환문제 32
치료조건의 명시적 틀 22
치료중단 42-43
치료중단 이유 42
치료환경 17-19, 59, 80, 90, 109, 224

(카)

코헛(Kohut) 74
클라인(Klein) 73

(타)

퇴행이미지 76
투사 19, 23, 41, 105, 173, 193, 221
투사된 전이문제 45
투사요소 19
투사적 공격 33
투사적 동일시 28, 47
투사적동일시원리 117

(파)

평가면담 63-66, 79-80, 83, 85, 87-88
평가면담의 기본 원리 64
표현 양식의 의미 167
폭력십난 173
프로이트식 미술평가 82

(하)

학령기의 특성 119
합리화 46, 53, 55, 96
해석기술 44
해석의 오류 102

해석의 위험 30
해석적 개입 44
해석적 접근 45-46
현실적 역전이 49
호소내용의 의이 67
호소문제 26, 85, 107, 111, 113, 151, 211
호소문제 관련 질문 108
혼돈된 애착유형 66
환경전이 40-41
회피방어 70
효과적인 사례개념학 79
후기청소년기 특성파 경험수준 평가 질문 124

<영어>

(A)
Anna Freud 53, 233

(D)
DSM-5 71, 77
DSM-IV 54, 71, 77

(K)
Kernberg 54, 234
Klein 73
Kohut 74

(N)
Nancy Mcwilliams 55

(S)
Scharff & J. Scharff 40

(W)
Winnicott 40, 117, 235

저자 약력

옥금자

임상사회사업학석사, 상담학박사, 철학박사이며, 간호사로서 그리고 임상사회사업가로서 일반병원과 정신건강의학과전문병원에서 수년간 일하고, 이후 15년 이상 한양대학원과 명지대학원 및 광주대학교에서 겸임교수로 있었다. 현재는 예술심리치료사와 정신건강상담사들을 훈련하고 있고 한국표현예술심리치료협회 수련감독자와 미국 Lighthouse Counseling Center 수련감독자, 사)마음등대-한국학교미술치료연구회 대표, 미국 Cumberland University 협력교수로서, 미국 Lighthouse Counseling Center(North Carolina 소재)와 연계기관으로 옥금자정신건강연구소를 운영하고 있다. 주요 임상대상은 정신건강 및 정신장애를 가진 대상이며 개별치료와 부부 및 가족치료를 집중적으로 하고 있다. 임상자격증은 정신보건전문요원, 정신건강 상담전문가, 예술심리치료전문가, 가족상담사, 대상관계정신분석심리치료전문가이다.

· **옥금자 정신건강연구소 카페** : http://cafe.naver.com/okmhc **블로그** : http://blog.naver.com/purplekok

저서와 역서

- 청소년임상미술치료방법론(하나의학사, 2005)
- 미술치료평가방법의 이론과 실제(하나의학사, 2005)
- 집단미술치료 방법론 I - 이론과 기법(하나의학사, 2006)
- 집단미술치료 방법론 II - 임상적 실제(하나의학사, 2007)
- 모든 연령의 아동을 위한 미술치료-치료사들을 위한 요리책(하나의학사, 2010, 역서)
- 미술치료의 발달적 심리학적 매체선택과 적용(하나의학사, 2013)
- 의료미술치료의 실제(하나의학사, 2015, 공역)
- 아동청소년의 트라우마 극복을 위한 인지적 접근 미술치료(하나의학사, 2016, 공역)
- 이상심리 미술치료 지침서(하나의학사, 2016)
- 집단미술치료 방법론 I - 이론과 기법 · 개정판(하나의학사, 2016)
- 집단미술치료 방법론 II - 임상적 실제 · 개정판(하나의학사, 2016)
- 신경발달장애와 행동장애 미술치료(하나의학사, 2018)
- 표현예술치료로 만나는 정신건강이야기(시그마프레스, 2009)
- KSATI 학교미술치료지침서 1편 - 학교미술치료의 실제(시그마프레스, 2008)
- KSATI 학교미술치료지침서 2편 - 위기의 아동청소년을 위한 학교미술치료지침서(시그마프레스, 2010)
- KSATI 학교미술치료지침서 3편 - 학교미술치료지침서 - 아동청소년치료의 평가방법과 임상준비를 위한(시그마프레스, 2013)
- KSATI 학교미술치료지침서 4편 - 발달적 접근과 특성별 지침서 - 미술치료사의 아동청소년정신건강을 위한(시그마프레스, 2014)
- KSATI 학교미술치료지침서 5편 - 미술치료 프로그램 매뉴얼 - 아동청소년의 부적응예방을 위한(시그마프레스, 2015)
- 학교표현예술치료 - 임상감독과 프로그램 개발가이드(시그마프레스, 2007, 역서)

이 외에 10여 편이상의 논문과 미술치료 및 정신의료관련 자료집을 10권 이상 발간하였다.

정신역동 임상미술치료 방법론

초판인쇄일 2018년 10월 19일
초판발행일 2018년 10월 29일

지 은 이 옥금자
펴 낸 이 소정영
펴 낸 곳 하나醫學社

주 소 서울특별시 서대문구 거북골로 7-7(홍은동) 하나빌딩 1층
등록번호 제25100 2013-000061호(1988. 4. 1)
전 화 (02)730-2555, 2556
팩 스 (02)730-2557
홈페이지 www.hanampc.co.kr
E-mail hanampc1@naver.com

정가 21,000원

ISBN 979-11-85696-61-4 93180